Reiner Engelmann · Urs M. Fiechtner (Hg.)
Frei und gleich geboren

W0198209

cbt

DIE HERAUSGEBER

Reiner Engelmann wurde 1952 in Völkenroth im Hunsrück geboren. Nach dem Studium der Sozialpädagogik ist er seit 1977 im Schuldienst und in der Lehrerfortbildung tätig. Seine Schwerpunkte sind Leseförderung, Gewalt und Menschenrechte. Er ist Autor und Herausgeber zahlreicher Anthologien zu gesellschaftlichen Brennpunktthemen und seit 1969 aktiv bei amnesty international.

Urs M. Fiechtner wurde 1955 in Bonn geboren und wuchs in Chile auf. Zurück in Deutschland, gründete er 1976 die interkulturelle »Autorengruppe 79« und machte sich schnell einen Namen als Lyriker und Schriftsteller für Erwachsene wie Jugendliche. Zusammen mit Sergio Vesely hat er eine neue Form von »Konzertlesungen« erschaffen, in der sich Literatur, Lyrik und Musik verbinden und die zahlreiche Nachahmer gefunden hat. Viele seiner Bücher befassen sich mit zeitgeschichtlichen Themen, die ihn nicht allein als Schriftsteller, sondern auch als Mitarbeiter von Menschenrechtsorganisationen beschäftigen.

Weitere lieferbare Titel von Reiner Engelmann:

cbt:
Keiner hat was gesehen (30387)

omnibus:
Klassenzimmergeschichten (21543)
Der Zauber der Buchstaben. Schulgeschichten aus aller Welt (21717)

Reiner Engelmann · Urs M. Fiechtner (Hg.)

Frei und gleich geboren

Ein Menschenrechte-Lesebuch

cbt – C. Bertelsmann Taschenbuch
Der Taschenbuchverlag für Jugendliche
Verlagsgruppe Random House

FSC
Mix
Produktgruppe aus vorbildlich
bewirtschafteten Wäldern und
anderen kontrollierten Herkünften

Zert.-Nr. SGS-COC-1940
www.fsc.org
© 1996 Forest Stewardship Council

Verlagsgruppe Random House FSC-DEU-0100
Das für dieses Buch verwendete FSC-zertifizierte
Papier *Munken Print* liefert
Arctic Paper Munkedals AB, Schweden.

1. Auflage
Überarbeitete und gekürzte Neuausgabe Juni 2008
Gesetzt nach den Regeln der Rechtschreibreform
Erstmals erschienen 1998 bei Verlag Sauerländer,
Aarau und Frankfurt am Main.
© 2008 bei cbt/cbj Verlag, München
Alle Rechte vorbehalten
Umschlaggestaltung: init.büro für gestaltung,
Bielefeld
MI · Herstellung: ReD
Satz: KompetenzCenter, Mönchengladbach
Druck und Bindung: GGP Media GmbH,
Pößneck
ISBN: 978-3-570-30456-3
Printed in Germany

www.cbj-verlag.de

Inhaltsverzeichnis

Vorwort:
60 Jahre »Allgemeine Erklärung der Menschenrechte« . 9

Urs M. Fiechtner
Die Allgemeine Erklärung der Menschenrechte
Ein Bühnenstück 14

Bernd Thomsen
Herkunft, Geschichte und rechtliche Verankerung
der Menschenrechte 44

Kapitel I   Politische Gefangenschaft

Sergio Vesely
Lieder aus dem Gefängnis 51

Cornelia Gräbner
Die Freiheit ist eine wundervolle Sache 54

Urs M. Fiechtner
Das Schicksal in die eigenen Hände nehmen
Wie Menschenrechtsorganisationen arbeiten 62

Ali Schirasi
»Lebt wohl, Freunde!« 70

Kapitel II   Folter

Harald Bauer
Die Würde des Menschen ist (un)antastbar
Aspekte der Folter 82

Urs M. Fiechtner
Andeutungen über Opfer. Und Täter.
Und das Publikum. 100

Bruno Staudenrausch
Folter im Krieg gegen den Terror 111

Kapitel III   Todesstrafe

Thomas Hensgen
Wenn der Staat tötet 125

Dorothea B. Morefield
»Das Leben meines Sohnes war mir zu wichtig.« 134

Reiner Engelmann
Zhila – Die Geschichte einer Frau aus dem Iran 141

Kapitel IV   Die Rechte der Kinder

Mecka Lind
Nur ein Straßenjunge 146

Sr. Lea Ackermann
Sind wir ein Spiegelbild dieser Welt?
Gewalt an Kindern und Frauen 155

Hans-Martin Große-Oetringhaus
Kinderrechte sind Menschenrechte 159

Kapitel V   Verschleppt und verschwunden

Osvaldo Bayer
Die Erinnerung: die beste Waffe der Zukunft 165

Reiner Engelmann
Zeitlose Erinnerung (memoria sin tiempo) 173

Francisco Heredia
Erscheinungen 180

Michail Krausnick
Null problemo 181

Bruno Staudenrausch
**Geheime Gefangenentransporte und
Verschwindenlassen im Krieg gegen den Terror** 189

Kapitel VI   Diskriminierung und Vorurteile

Markus Munzer-Dorn
Die Weisheit und die Macht 204

Carolin Philipps
Ein Traum in Weiß 206

Lutz van Dijk
Verdammt starke Liebe 214

Markus Munzer-Dorn
Flaches Lied 221

Reiner Engelmann
Gekauft und missbraucht 223

Kapitel VII   Auf der Flucht

Manfred Theisen
Die große Freiheit von Lanzarote 236

Christine Grunert
Flüchtlinge – niemand flieht ohne Grund 244

Reiner Engelmann
Eine Zeitungsente? 256

Kapitel VIII   Umgang mit den Tätern

Wiebke Poschmann
Wider die schwersten Verbrechen –
der Internationale Strafgerichtshof 258

Dieter Schenk
Der beste Freund der Schwarzen ist der Mensch 269

Ken Saro-Wiwa
Schlusswort 278

Anhang

Autorenverzeichnis 282

Quellenverzeichnis 287

Vorwort:
60 Jahre »Allgemeine Erklärung der Menschenrechte«

Die Menschenrechte, wie sie von den Vereinten Nationen am 10. Dezember 1948 verabschiedet wurden, gehören zu den grundlegenden Voraussetzungen für ein menschenwürdiges Leben. Ohne den Respekt vor der Würde und den Rechten eines jeden einzelnen Menschen ist – wie die Vergangenheit bewiesen hat und wie die Gegenwart uns immer wieder zeigt – ein friedliches und sicheres Zusammenleben nicht möglich. Die Auseinandersetzung um die Verwirklichung der Menschenrechte hat eine sehr lange Geschichte, eine empörende Gegenwart und ist das wahrscheinlich wichtigste Thema für unsere Zukunft.

Obwohl fast alle Staaten der Erde die Menschenrechtserklärung anerkannt haben, besteht zwischen dem darin formulierten Anspruch und der alltäglichen Wirklichkeit in den meisten Ländern der Welt ein enormer Gegensatz. Nimmt man zum Beispiel die Jahresberichte von amnesty international aus den vergangenen Jahrzehnten zur Hand, so muss man feststellen, dass die Zahl der Länder, aus denen Menschenrechtsverletzungen berichtet werden, auch nach dem Ende der »Epoche der Militärdiktaturen« sowie des Kalten Krieges ständig angestiegen ist: Wurden zwischen 1970 und 1990 dort jeweils 120–130 Länder aufgeführt, so sind es heute bereits über 150.

Trotz zahlreicher internationaler Abkommen wie der Europäischen Konvention zum Schutz der Menschenrechte, der Schlussakte der Konferenz über Sicherheit und Zusammenarbeit in Europa, dem Internationalen Pakt über bürgerliche und politische Rechte, dem Internationalen Übereinkommen zur Beseitigung jeder Form von Rassendiskriminierung oder der UN-Konvention über die Rechte des Kindes, die allesamt verpflichtenden Charakter für die Unterzeichnerstaaten haben, beschäftigt sich ein Großteil der Berichte nach wie vor mit willkürlichen Inhaftierungen, Folter, staatlichem Mord, dem »Verschwindenlassen« von Menschen und der Vollstreckung der Todesstrafe. Selbst Kinder und Jugendliche sind davon nicht ausgenommen. Zunehmend geraten Berichte über den Umgang mit Flüchtlingen ins Blickfeld, nicht nur, aber auch in Deutschland. Seit der Änderung des Grundgesetzartikels über das Asylrecht – dem sogenannten »Asylkompromiss« von 1993 – fühlt sich die Bundesrepublik für viele Schutzsuchende nicht mehr zuständig, sondern überträgt diese Aufgabe mutmaßlich »sicheren Drittstaaten«. So werden viele Flüchtlinge, die glaubten, in einer freien, wohlgeordneten Demokratie die ersehnte Sicherheit gefunden zu haben, in ihre Heimatländer abgeschoben, obwohl ihnen dort Verhaftung und Folter drohen.

Die wachsende Zahl der Berichte über Menschenrechtsverletzungen ist bedrückend. Aber auf den zweiten Blick spiegelt sich darin auch eine positive Entwicklung: Die Welt ist transparenter geworden und unsere Augen schärfer. Immer weniger Menschenrechtsverletzungen bleiben unentdeckt, immer mehr Regierungen werden von Menschenrechtsorganisationen und der internationalen Öffentlichkeit kritisch unter die Lupe genommen. Das gibt Anlass zur Hoffnung, denn auch wenn der überwiegende Teil der Weltbevölkerung noch immer weit von einem Leben in dauerhaftem Frieden und Sicherheit entfernt ist, so hat es doch niemals zuvor so viele, so vielfältige und so Erfolg versprechende Initiativen zur Durchsetzung der Menschenrechte gegeben wie heute.

Dennoch dürfen die Rückschläge nicht verschwiegen werden. Der nach den Anschlägen am 11. September 2001 erklärte *Krieg gegen den Terror* hat die Welt nicht sicherer gemacht, sondern im

Gegenteil eine neue und doch altbekannte Rechtsunsicherheit geschaffen. Dem »Terror von unten« wurde in manchen Teilen der Welt nichts Klügeres entgegengesetzt als der kaum verblümte »Terror von oben«, während in Europa sogar gemäßigte Regierungen die Furcht vor Anschlägen gezielt nutzen, um Rechtsstaatlichkeit und Menschenrechte zugunsten einer verschärften Sicherheitspolitik einzuschränken. Wenn man hinzurechnet, dass das Wissen um die eigenen Rechte heute nur in den Entwicklungsländern zunimmt, in den mächtigen Industrienationen aber abzunehmen scheint – so sind etwa 20% der Deutschen der Überzeugung, dass es allgemein gültige Menschenrechte gar nicht gibt, weitere 30% sind sich über die Existenz eines solchen Dokumentes nicht sicher –, dann gibt es mehr als nur einen Grund, die Menschenrechtserklärung noch einmal zu lesen, sie an andere weiterzugeben und darüber nachzudenken, ob wir stillschweigend in jene Zeiten zurückfallen wollen, als die Rechte des Menschen nur die Angelegenheit von weltfremden Träumern waren.

Die Autorinnen und Autoren, die wir um Beiträge für dieses Buch gebeten haben, erzählen aus vielen unterschiedlichen Perspektiven vom Umgang mit den Rechten und der Würde des Menschen in unserer Zeit. In ihren Texten, die durchgehend auf Berichten und Zeugenaussagen oder auf eigenem Erleben beruhen, geben sie anschauliche und nachvollziehbare Einblicke in Einzelschicksale, aber auch in die Hintergründe und Zusammenhänge, die zur Verletzung von Menschenrechten führen. Ein besonderes Gewicht haben wir auf Beiträge gelegt, die exemplarisch besonders weit verbreitete Menschenrechtsverletzungen ansprechen.

In diesem Buch haben wir uns auf die bürgerlichen und politischen Menschenrechte konzentriert – nicht, weil ihnen ein Vorzug vor den wirtschaftlichen, sozialen und kulturellen Menschenrechten einzuräumen wäre, sondern weil gerade diese Freiheitsrechte auch in den scheinbar gefestigten Demokratien Europas immer wieder in die Diskussion geraten – man denke etwa an den immer wieder aufflammenden Ruf nach der Wiedereinführung der Todesstrafe oder an die Debatten um die Aufweichung des Folterverbotes. Zudem hat die Auseinandersetzung um diese Rechte die Geschichte aller deutschen Staaten des 20. Jahrhunderts geprägt.

Ebenso wichtig wie die Information über die Menschenrechte und ihre weltweite Missachtung ist uns die Würdigung der zahlreichen Organisationen, Projekte und Initiativen, die sich heute mit wachsendem Erfolg für die Durchsetzung der Menschenrechte engagieren. Es gehört zu den wenigen guten Nachrichten unserer Zeit, dass die Zahl der Nichtregierungs-Organisationen, die sich in irgendeiner Form mit Menschenrechtsfragen beschäftigen, heute so groß ist, dass eine vollständige Auflistung oder auch nur eine gerechte Auswahl den Rahmen des Buches sprengen würde. Stellvertretend für viele andere haben wir daher eine zwar nur sehr kleine, dafür aber beispielhafte Auswahl von Menschenrechtsorganisationen um Berichte aus ihrer Arbeit gebeten.

Der Anlass für die vorliegende neue Ausgabe von *Frei und gleich geboren* ist der 60. Jahrestag der »Allgemeinen Erklärung der Menschenrechte«. In diesen sechs Jahrzehnten hat sich sehr viel getan. Aber es war nicht genug. Noch immer halten sich die Erfolge beim zähen Ringen um die Durchsetzung der Menschenrechte die Waage mit den Niederlagen, noch immer braucht es einen langen Atem und sehr viel Geduld, um in kleinen Schritten voranzukommen. Dass diese Schritte manchmal sehr klein sein können, spiegelt sich auch in diesem Buch wieder. Neben vielen neuen Erzählungen und Berichten, die eigens für die neue Ausgabe entstanden, haben wir auch einige Texte aus der ersten Ausgabe des Buches von 1998 in aktualisierter Form übernommen – ganz einfach, weil die damals geschilderten Probleme noch immer fortbestehen. Manches Mal bestehen die Aktualisierungen nur in der schlechten Nachricht, dass einige Menschenrechtsverletzungen heute noch weiter verbreitet sind als vor zehn Jahren; aber hier und dort kann auch von ein paar Fortschritten berichtet werden.

Vor etwa 130 Jahren schrieb der französische Dichter Arthur Rimbaud einen Satz, den man heute in vielen Elendsvierteln Lateinamerikas, Afrikas und Asiens auf Häuserwänden nachlesen kann: »Im Morgenrot, gewappnet mit glühender Geduld, werden wir in die glänzenden Städte einziehen.«

Der Weg dahin ist noch weit. Aber mit jedem einzelnen Menschen, der sich bereitfindet, für seine Rechte und für die Rechte anderer einzutreten, wird der lange Weg zur Verwirklichung der Menschenrechte um einen Schritt kürzer.

Es ist unsere Hoffnung, dass dieses Buch ein wenig dazu beitragen kann.

Reiner Engelmann & Urs M. Fiechtner

URS M. FIECHTNER

Die Allgemeine Erklärung der Menschenrechte

Ein Bühnenstück

Die Bühne ein offener, leerer Raum in kühlem, sachlichem Licht. Im Hintergrund ein Regierungsgebäude. Davor ein Fahnenmast. Anstelle der Fahne trägt er einen altertümlichen Lautsprecher. Der Lautsprecher beherrscht die Bühne und trägt einen Hut.

MENSCH: betritt die Bühne und entrollt, zum Publikum gewendet, ein Dokument
> *Da die Anerkennung der allen Mitgliedern der menschlichen Familie innewohnenden Würde und ihrer gleichen und unveräußerlichen Rechte die Grundlage der Freiheit, der Gerechtigkeit und des Friedens in der Welt bildet,*
> *da Verkennung und Missachtung der Menschenrechte zu Akten der Barbarei führten, die das Gewissen der Menschheit tief verletzt haben, und da die Schaffung einer Welt, in der den Menschen, frei von Furcht und Not, Rede- und Glaubensfreiheit zuteil wird, als das höchste Bestreben der Menschheit verkündet worden ist,*

LAUTSPRECHER: räuspert sich

MENSCH: liest weiter
> *da es wesentlich ist, die Menschenrechte durch die Herrschaft des Rechtes zu schützen, damit der Mensch nicht zum Aufstand gegen Tyrannei und Unterdrückung als letztem Mittel gezwungen wird,*

LAUTSPRECHER: räuspert sich lauter

MENSCH: unbeeindruckt

da es wesentlich ist, die Entwicklung freundschaftlicher Beziehungen zwischen den Nationen zu fördern,

da die Völker der Vereinten Nationen in der Satzung ihren Glauben an die grundlegenden Menschenrechte, an die Würde und den Wert der menschlichen Person und an die Gleichberechtigung von Mann und Frau ...

LAUTSPRECHER: hüstelt

MENSCH:

... und an die Gleichberechtigung von Mann und Frau erneut bekräftigt und beschlossen haben, den sozialen Fortschritt und bessere Lebensbedingungen bei größerer Freiheit zu fördern,

LAUTSPRECHER: hustet stärker

MENSCH: betont

... bei größerer Freiheit zu fördern,

da die Mitgliedstaaten sich verpflichtet haben, in Zusammenarbeit mit den Vereinten Nationen die allgemeine Achtung und Verwirklichung der Menschenrechte und Grundfreiheiten durchzusetzen,

da eine gemeinsame Auffassung über diese Rechte und Freiheiten von größter Wichtigkeit für die volle Erfüllung dieser Verpflichtung ist ...

LAUTSPRECHER:

Sagen Sie mal, was tun Sie da eigentlich?

MENSCH:

Ich lese aus der Allgemeinen Erklärung der Menschenrechte vor. Vom 10. Dezember 1948. Aus der Präambel.

LAUTSPRECHER: väterlich

Und – habe ich das denn erlaubt?

MENSCH: kühl

Sie haben sie unterschrieben.

LAUTSPRECHER:

Im Ernst?

MENSCH:

Das weiß ich nicht. Aber Sie haben sie unterschrieben.

LAUTSPRECHER: räuspert sich

MENSCH:

Ich fahre fort:
… proklamiert die Generalversammlung diese Allgemeine Erklärung der Menschenrechte als das von allen Völkern und Nationen zu erreichende gemeinsame Ideal, damit jeder Einzelne und alle Organe der Gesellschaft sich diese Erklärung stets gegenwärtig halten und sich bemühen, durch Unterricht und Erziehung die Achtung dieser Rechte und Freiheiten zu fördern und durch fortschreitende Maßnahmen im nationalen und internationalen Bereiche ihre allgemeine und tatsächliche Anerkennung und Verwirklichung bei der Bevölkerung sowohl der Mitgliedsstaaten wie der ihrer Oberhoheit unterstehenden Gebiete zu gewährleisten.

LAUTSPRECHER:

War das schon alles?

MENSCH:

Nein. Das war nur die Einleitung.

LAUTSPRECHER:

Dacht' ich's mir doch. Ich höre immer »Rechte und Freiheiten«. Es wird Zeit für die Pflichten.

MENSCH:

Die kommen jetzt.

LAUTSPRECHER:

Gut so. Weitermachen.

MENSCH:

Die Pflichten des Staates.

LAUTSPRECHER: väterlich

Du hast dich wohl versprochen, mein Sohn. Du meinst die Rechte des Staates und die Pflichten der Menschen.

MENSCH:

Ich meine die Rechte des Menschen. Und die sind Pflichten des Staates. Im Übrigen bin ich nicht Ihr Sohn, sondern Ihr Arbeitgeber.

LAUTSPRECHER: amüsiert

Wie bitte?

MENSCH:

Ich habe Sie erfunden, um meine täglichen Angelegenheiten zu regeln und mein Überleben zu sichern. Dafür bezahle ich Sie mit meinen Steuern. Leider sind Sie mir ein bisschen aus dem Ruder gelaufen. Also rufe ich Sie jetzt zur Ordnung. So einfach ist das.

LAUTSPRECHER: lacht gemütlich

»Verwegener, diese Sprache deinem Herren?«[1]

---

1 Dieses und die folgenden Textzitate stammen, soweit nicht anders angegeben, von Friedrich Schiller, mit wenigen Ausnahmen aus seinem Schauspiel »Wilhelm Tell«.

MENSCH:

Sie verwechseln die Machtverhältnisse.

LAUTSPRECHER:

Ach ja? So, wie sie sind?

MENSCH:

So, wie sie zu sein haben.

wendet sich vom Lautsprecher ab und liest weiter

Artikel 1.

Alle Menschen sind frei und gleich an Würde und Rechten geboren. Sie sind mit Vernunft und Gewissen begabt und sollen einander im Geiste der Brüderlichkeit begegnen.

LAUTSPRECHER: ernst

Aber nicht mit mir! Wer die Macht hat, hat das Recht und verleiht die Würde nur den Würdigen. Und die Macht muss frei walten können, das Gewissen bindet ihr nur die Hände. Mit Vernunft erzieht man keine Untertanen, nur mit einem Scheffel Angst und einem Quäntchen Mystik. Rufe »Vernunft!« auf der Straße, und keiner wird dir folgen. Aber wenn ich »Fahne!«, »Rasse!«, »Glauben!«, »Vaterland!« schreie, rennen mir alle hinterher wie die Lemminge. Das, mein Junge, ist die Realität!

Übrigens,

katzenhaft freundlich

das mit der Brüderlichkeit, ist das als Aufruf zur Verschwörung gemeint?

MENSCH: unbeeindruckt

Artikel 2

(1) Jeder Mensch hat Anspruch auf die in dieser Erklärung verkündeten Rechte und Freiheiten ohne irgendeine Unterscheidung, wie etwa nach Rasse, Farbe, Geschlecht, Sprache, Religion, politischer oder sonstiger Überzeugung, nationaler oder sozialer Herkunft, nach Eigentum, Geburt oder sonstigen Umständen.

(2) Weiter darf keine Unterscheidung gemacht werden aufgrund der politischen, rechtlichen oder internationalen Stellung des Landes oder Gebietes, dem eine Person angehört, ohne Rücksicht darauf, ob es unabhängig ist, unter Treuhandschaft steht, keine Selbstregierung besitzt oder irgendeiner anderen Beschränkung seiner Souveränität unterworfen ist.

LAUTSPRECHER: großväterlich
Dummerle, Macht stützt sich auf Privilegien für die einen und möglichst viele Unterschiede unter den anderen. Divide et impera sage ich immer, nicht wahr, divide et impera ...

MENSCH: erhebt ein wenig die Stimme
Artikel 3
Jeder Mensch hat das Recht auf Leben, Freiheit und Sicherheit der Person.

LAUTSPRECHER: spöttisch
So weit kommt's! Wenn du und deinesgleichen mir nicht mehr mit Haut und Haaren gehören, wie soll ich euch unter Kontrolle halten?

MENSCH:
Artikel 4
Niemand darf in Sklaverei oder Leibeigenschaft gehalten werden; Sklaverei und Sklavenhandel sind in allen Formen verboten.

LAUTSPRECHER: albern
Huch, jetzt zieht er auch noch gegen die freie Wirtschaft vom Leder! Wer, glaubst du, hat denn die hübschen Teppiche in meiner Staatskanzlei geknüpft?

MENSCH:
Artikel 5
Niemand darf der Folter oder grausamer, unmenschlicher oder erniedrigender Behandlung oder Strafe unterworfen werden.

LAUTSPRECHER:

»Diese Gunst muss erst erworben werden durch Gehorsam!«

MENSCH:

Artikel 6

Jeder Mensch hat überall Anspruch auf Anerkennung als Rechtsperson.

Artikel 7

Alle Menschen sind vor dem Gesetz gleich und haben ohne Unterschied Anspruch auf gleichen Schutz durch das Gesetz. Alle haben Anspruch auf gleichen Schutz gegen jede unterschiedliche Behandlung, welche die vorliegende Erklärung verletzen würde, und gegen jede Aufreizung zu einer derartigen unterschiedlichen Behandlung.

Artikel 8

Jeder Mensch hat Anspruch auf wirksamen Rechtsschutz vor den zuständigen innerstaatlichen Gerichten gegen alle Handlungen, die seine ihm nach der Verfassung oder nach dem Gesetz zustehenden Grundrechte verletzen.

LAUTSPRECHER: leise

Wenn ich das Recht nicht beugen kann, wer beugt sich dann noch mir?

MENSCH: laut

Artikel 9

Niemand darf willkürlich festgenommen, in Haft gehalten oder des Landes verwiesen werden.

LAUTSPRECHER: zischelnd-böse

Langsam frage ich mich, ob du mehr ein Fall bist für den Psychiater oder für die Polizei …

MENSCH:

Artikel 10

Jeder Mensch hat in voller Gleichberechtigung Anspruch auf ein der Billigkeit entsprechendes und öffentliches Verfahren vor einem unabhängigen ...

LAUTSPRECHER:

Ha!

MENSCH:

... vor einem unabhängigen und unparteiischen Gericht, das über seine Rechte und Verpflichtungen oder über irgendeine gegen ihn erhobene strafrechtliche Beschuldigung zu entscheiden hat.

Artikel 11

(1) Jeder Mensch, der einer strafbaren Handlung beschuldigt wird, ist so lange als unschuldig anzusehen, bis seine Schuld in einem öffentlichen Verfahren, in dem alle für seine Verteidigung nötigen Voraussetzungen gewährleistet waren, gemäß dem Gesetz nachgewiesen ist.

(2) Niemand kann wegen einer Handlung oder Unterlassung verurteilt werden, die im Zeitpunkt, da sie erfolgte, aufgrund des nationalen oder internationalen Rechts nicht strafbar war. Desgleichen kann keine schwerere Strafe verhängt werden als die, welche im Zeitpunkt der Begehung der strafbaren Handlung anwendbar war.

LAUTSPRECHER: zu sich

Also ich tippe auf irre!

MENSCH:

Artikel 12

Niemand darf willkürlichen Eingriffen in sein Privatleben, seine Familie, sein Heim oder seinen Briefwechsel noch Angriffen auf seine Ehre und seinen Ruf ausgesetzt werden, jeder Mensch hat Anspruch auf rechtlichen Schutz gegen derartige Eingriffe oder Anschläge.

LAUTSPRECHER:

Das reicht jetzt! Was du brauchst, mein Junge, sind keine Rechte, sondern die rechte Behandlung. »Der Wahn ist kurz, die Reu' ist lang«, wie der Dichter sagt.

Im Befehlston:

Doctores, zu mir!

DOCTORES: mehrere Personen in weißen Kitteln betreten die Bühne und verbeugen sich vor dem Lautsprecher

Man hat nach uns verlangt?

LAUTSPRECHER:

Hier redet einer irre. Nehmt ihn in eure Obhut.

DOCTORES:

Wer ist es denn, Chef?

LAUTSPRECHER: verärgert

Na, wer wohl? Wie viele Leute sind denn hier?!

DOCTORES: suchen die Bühne ab, werfen forschende Blicke ins Publikum, versammeln sich schließlich um den Menschen, der sie ruhig erwartet; untersuchen ihn ausführlich, reden mit ihm; der Mensch hält ihnen die Erklärung der Menschenrechte hin; die Doctores untersuchen auch diese und reden miteinander; einer sagt vernehmlich:

»Ich finde diese Rede voll Verstand.«

sie tuscheln gestikulierend miteinander

LAUTSPRECHER:

Ich warte!

DOCTORES: wenden sich dem Lautsprecher zu

Wir sind uns nicht sicher.

LAUTSPRECHER: ungeduldig
Was soll das heißen?

DOCTORES: zögernd
Wir können uns nicht entscheiden.

LAUTSPRECHER: ungeduldiger
Aber ihr habt doch alles untersucht!

DOCTORES:
Eben.

LAUTSPRECHER: drohend
Und?!

DOCTORES: gehemmt
Mit Verlaub, wir haben einen Menschen gesehen, der ruhig und gesammelt eine Zusammenfassung seiner Rechte vorträgt.

LAUTSPRECHER: drohender
Und?!!

DOCTORES: von einem Fuß auf den anderen tretend
Wir können uns nicht entscheiden, ob jemand irre ist und, falls ein Irrer anwesend sein sollte, wo sich selbiger befinden mag.

LAUTSPRECHER: am drohendsten
Und?!!!

DOCTORES: schneller tretend, stockend
Nun, wir haben – halten zu Gnaden – einen Menschen gesehen, der seine Rechte vorträgt, und wir haben …, wir haben …
nach einer langen Pause mit verzweifelter Entschiedenheit:

und wir haben einen Lautsprecher gesehen, der an einem Fahnenmast hochgeklettert ist und einen Hut trägt …

Stille

LAUTSPRECHER: brüllend
»Fort! Schafft das freche Volk mir aus den Augen!«

DOCTORES: treten fluchtartig ab

MENSCH: grinst

LAUTSPRECHER: stößt unverständliche Verwünschungen aus

MENSCH: spricht in das abebbende Gegrummel des Lautsprechers hinein
Artikel 13
(1) Jeder Mensch hat das Recht auf Freizügigkeit und freie Wahl seines Wohnsitzes innerhalb eines Staates.
(2) Jeder Mensch hat das Recht, jedes Land, einschließlich seines eigenen, zu verlassen sowie in sein Land zurückzukehren.

LAUTSPRECHER: trotzig
Dann bau ich eben eine Mauer!

MENSCH: über die Schulter, fröhlich
Aber das Verfallsdatum drauf schreiben! Schon vergessen?
Artikel 14
(1) Jeder Mensch hat das Recht, in anderen Ländern vor Verfolgungen Asyl zu suchen und zu genießen.
(2) Dieses Recht kann jedoch im Falle einer Verfolgung wegen nicht-politischer Verbrechen oder wegen Handlungen, die gegen die Ziele und

Grundsätze der Vereinten Nationen verstoßen, nicht in Anspruch genommen werden.

LAUTSPRECHER: lauernd
Kannst du das noch einmal wiederholen?

MENSCH: achselzuckend
(1) Jeder Mensch hat das Recht …

LAUTSPRECHER: hocherfreut
Eben nicht! Eben nicht! Jetzt bin ich dran! Jetzt kannst du mir mal zuhören. Pass auf!
höhnisch, langsam:
»Absatz (1): Politisch Verfolgte genießen Asylrecht.«
Aber:
liest von nun an in rasendem Tempo
»Absatz (2): Auf Absatz 1 kann sich nicht berufen, wer aus einem Mitgliedstaat der Europäischen Gemeinschaft oder aus einem anderen Drittstaat einreist, in dem die Anwendung des Abkommens über die Rechtsstellung der Flüchtlinge und der Konvention zum Schutze der Menschenrechte und Grundfreiheiten sichergestellt ist. Die Staaten außerhalb der Europäischen Gemeinschaften, auf die die Voraussetzungen des Satzes 1 zutreffen, werden durch Gesetz, das der Zustimmung des Bundesrates bedarf, bestimmt. In den Fällen des Satzes 1 können aufenthaltsbeendende Maßnahmen unabhängig von einem hiergegen eingelegten Rechtsbehelf vollzogen werden.
Absatz (3): Durch Gesetz, das der Zustimmung des Bundesrates bedarf, können Staaten bestimmt werden, bei denen aufgrund der Rechtslage, der Rechtsanwendung und der allgemeinen politischen Verhältnisse gewährleistet erscheint, dass dort weder politische Verfolgung noch unmenschliche oder erniedrigende Bestrafung oder Behandlung stattfindet. Es wird vermutet, dass ein Ausländer aus einem solchen Staat nicht verfolgt wird, solange er nicht Tatsachen vorträgt, die die Annahme begründen, dass er entgegen dieser Vermutung politisch verfolgt wird.

Absatz (4): Die Vollziehung aufenthaltsbeendender Maßnahmen wird in den Fällen des Absatzes 3 und in anderen Fällen, die offensichtlich unbegründet sind oder als offensichtlich unbegründet gelten, durch das Gericht nur ausgesetzt, wenn ernstliche Zweifel an der Rechtmäßigkeit der Maßnahme bestehen; der Prüfungsumfang kann eingeschränkt werden und verspätetes Vorbringen unberücksichtigt bleiben. Das Nähere ist durch Gesetz zu bestimmen.

Absatz (5): Die Absätze 1 bis 4 stehen völkerrechtlichen Verträgen von Mitgliedstaaten der Europäischen Gemeinschaften untereinander und mit dritten Staaten nicht entgegen, die unter Beachtung der Verpflichtungen aus dem Abkommen über die Rechtsstellung der Flüchtlinge und der Konvention zum Schutze der Menschenrechte und Grundfreiheiten, deren Anwendung in den Vertragsstaaten sichergestellt sein muss, Zuständigkeitsregelungen für die Prüfung von Asylbegehren einschließlich der gegenseitigen Anerkennung von Asylentscheidungen treffen.« Punkt.

befriedigt schnaufend
Das musst du mir erst mal nachmachen!

MENSCH: konsterniert
Was war denn das?

LAUTSPRECHER:
Das war das Grundgesetz der Deutschen. Nicht ganz ursprünglich natürlich, sondern in der am 28. Juni 1993 leicht geänderten Fassung. Man nennt es »Asylkompromiss«. So macht man das!

MENSCH: verständnislos
Und was soll das heißen?

LAUTSPRECHER: triumphierend
Das-sollen-heißen-du-Menschenrechte-haben-so-viel-wie-du-wollen-aber-du-nix-Asyl-in-Deutschland. Kapito?

MENSCH: mustert schweigend das Publikum

LAUTSPRECHER: munter
Wir haben euch reingelegt!
kindisch:
Reingelegt! Reingelegt!

MENSCH: beiseite
»Die deutsche Sprache ist auf einen so hohen Grad der Ausbildung ge-
langt, dass einem jeden in die Hand gegeben ist, sowohl in Prosa als in
Rhythmen und Reimen sich dem Gegenstande wie der Empfindung gemäß
nach seinem Vermögen glücklich auszudrücken.« Goethe.

LAUTSPRECHER:
Hä? – Ich meine: Wie beliebt?

MENSCH:
Ich meine: An ihrer Sprache zeigt sich, wes Geistes Kind sie sind.

LAUTSPRECHER:
Ging das jetzt wieder gegen mich?

MENSCH:
Ich fahre fort: Artikel 15
(1) Jeder Mensch hat Anspruch auf eine Staatsangehörigkeit.
(2) Niemandem darf seine Staatsangehörigkeit willkürlich entzogen
noch ihm das Recht versagt werden, seine Staatsangehörigkeit zu wech-
seln.
Artikel 16
(1) Heiratsfähige Männer und Frauen haben ohne Beschränkung durch
Rasse, Staatsbürgerschaft oder Religion das Recht, eine Ehe zu schließen
und eine Familie zu gründen. Sie haben bei der Eheschließung, während
der Ehe und bei deren Auflösung gleiche Rechte.

(2) Die Ehe darf nur aufgrund der freien und vollen Willenseinigung der zukünftigen Ehegatten geschlossen werden.

(3) Die Familie ist die natürliche und grundlegende Einheit der Gesellschaft und hat Anspruch auf Schutz durch Gesellschaft und Staat.

Artikel 17

(1) Jeder Mensch hat allein oder in Gemeinschaft mit anderen Recht auf Eigentum.

(2) Niemand darf willkürlich seines Eigentums beraubt werden.

MENSCHEN: von nun an betreten nach und nach zahlreiche Personen schweigend die Bühne. Vorneweg Frauen mit weißen Kopftüchern, auf denen Namen eingestickt sind; an die Brust geheftet tragen sie kleine Fotografien von »Verschwundenen«, politischen Gefangenen, Hingerichteten. Es folgen ältere Männer mit Trauerflor am Revers. Menschen in Totenhemden. Kinder in zerlumpten Uniformen mit Kriegsverletzungen. Langsam füllt sich die Bühne mit Menschen aller Völker, Hautfarben, Religionen und Berufe.

MENSCH: liest langsamer

Artikel 18

Jeder Mensch hat Anspruch auf Gedanken-, Gewissens-, und Religionsfreiheit; dieses Recht umfasst die Freiheit, seine Religion oder seine Überzeugung zu wechseln, sowie die Freiheit, seine Religion oder seine Überzeugung allein oder in Gemeinschaft mit anderen, in der Öffentlichkeit oder privat, durch Lehre, Ausübung, Gottesdienst und Vollziehung von Riten zu bekunden.

LAUTSPRECHER:

Kann man das nicht freundlicher sagen?

MENSCH: wendet sich fragend dem Lautsprecher zu

LAUTSPRECHER: versöhnlich

Schau, mein Sohn, du stehst hier und deklamierst und demonstrierst und proklamierst und forderst und forderst und forderst und stellst seltsame Behauptungen als gültige Wahrheiten hin. Dabei könnten wir uns doch hier und dort auch ganz gütlich einigen. Ganz zivilisiert.

MENSCH:

Wie denn?

LAUTSPRECHER:

Nun, du könntest zum Beispiel höflich vor mich hintreten, einen netten Diener machen und so etwas sagen wie: »Sire, geben Sie Gedankenfreiheit.«

MENSCH: erleichtert

Aber das ist doch genau der Punkt, um den es hier geht!

LAUTSPRECHER: sehr gemütlich, befriedigt und selbstgerecht, wie ein Schwabe beim Wein

Jaa, gell!

MENSCH: schneidend

Der Punkt ist, dass es nicht ums Bitten oder Betteln geht. Hier wird nur festgestellt, was offensichtlich ist. Der Punkt ist, dass von nun an kein Mensch mehr dienernd auf die Güte seines Staates hoffen muss und dass es keine Gunst mehr zu erweisen und keine Gnade zu gewähren gilt. Von nun an haben Sie im Gegenteil mein Recht zu achten. Sie sind nicht mehr mein Herr und ich bin nicht Ihr Untertan. Dort, wo Sie sind, hab ich Sie hingestellt. Und kann Sie jederzeit herunterholen. Punkt.

LAUTSPRECHER:

Das ist Verrat!

MENSCH: trocken

Es war Ihr Verrat. Sie haben mich über Jahrhunderte hinweg für Ihre Eitelkeit und Ihre Macht und Ihre Gier verraten. Von nun an werden Sie mich achten oder untergehen.

LAUTSPRECHER:

Sieh' dich vor. Es ist ein dünnes Seil, auf dem du gehst. Du sprichst die Sprache der Revolution!

MENSCH: statt einer Antwort

Artikel 19

Jeder Mensch hat das Recht auf freie Meinung und Meinungsäußerung; dieses Recht umfasst die Freiheit, sich Informationen und Ideen mit allen Verständigungsmitteln ohne Rücksicht auf Grenzen zu beschaffen, zu empfangen und zu verbreiten.

LAUTSPRECHER:

Jetzt ist es raus – der Mensch muss in Behandlung!
bläst in eine Trillerpfeife

POLIZIST: betritt im Laufschritt die Bühne, salutiert vor dem Lautsprecher

LAUTSPRECHER:

Wer nicht hören will, muss fühlen. Nehmen sie den Menschen in Verwahrung!
POLIZIST: salutiert erneut, macht auf den Hacken kehrt, holt Handschellen heraus und geht auf den Menschen zu

MUTTER: Frau mit weißem Kopftuch löst sich aus den Umstehenden und stellt sich schützend vor den Menschen

Halt!

POLIZIST: will um die Mutter herumgehen, wird an der Hand festgehalten, zögert

MUTTER: freundlich
Willst du gegen deinesgleichen vorgehen?

POLIZIST: schaut sich um
Ich sehe hier keinen, der mir gleicht!

MUTTER: führt ihn wie ein Kind an der Hand zum Menschen
Sieh ihn dir an!

POLIZIST: mustert ernst und aufmerksam den Menschen. Blickt auf seine Füße. Seine Beine. Seine Hände. Seine Arme. Seinen Kopf. Er sieht ihm lange ins Gesicht. Auf der Bühne herrscht Stille.

MUTTER: nimmt den Polizisten wieder bei der Hand und führt ihn langsam zum Lautsprecher.
   Die Menschen auf der Bühne haben sich inzwischen links und rechts der Bühne zu zwei langen Reihen gruppiert, die auf den Lautsprecher zulaufen.
   Die Mutter führt den Polizisten an einer dieser Reihen entlang. Er bleibt vor einzelnen Menschen stehen, die Spuren von Misshandlungen tragen. Er sieht sich die Fotografien der Verhafteten und Ermordeten an. Zuletzt hebt er vorsichtig den Witwenschleier einer jungen Frau und studiert lange ihr Gesicht. Dann treten sie vor den Lautsprecher.

MUTTER:
Und jetzt schau dir das da an.

POLIZIST: blickt langsam und sorgfältig am Mast hoch und herunter

MUTTER:
Wem gleichst du mehr?

POLIZIST: nimmt die Mütze vom Kopf, dreht sie in den Händen. Sein Blick wandert zwischen seiner Mütze und dem Hut des Lautsprechers auf und nieder. Er prüft das Gewicht der Mütze wiegend mit den Händen. Endlich, leise, wie zu sich selbst:
Ich muss nachdenken.

LAUTSPRECHER: jedes Wort akzentuierend
Ich habe dir die Uniform nicht zum Nachdenken gegeben!

POLIZIST: entschlossen
Ich muss nachdenken!
legt seine Mütze behutsam am Fuß des Mastes ab und geht

LAUTSPRECHER: nach einer Schrecksekunde
Bin ich von lauter Verrückten umgeben?

MENSCH:
Artikel 20
(1) Jeder Mensch hat das Recht auf Versammlungs- und Vereinigungsfreiheit zu friedlichen Zwecken.

LAUTSPRECHER: argumentierend
Du stiftest Unfrieden mit deiner Rede.

MENSCH:
(2) Niemand darf gezwungen werden, einer Vereinigung anzugehören.

LAUTSPRECHER:
Ich habe noch keinen gezwungen, in meine Partei einzutreten. Nur die Folgen muss dann jeder selber tragen.

MENSCH:

Artikel 21

(1) Jeder Mensch hat das Recht, an der Leitung der öffentlichen Ange-
legenheiten seines Landes unmittelbar oder durch frei gewählte Vertreter teil-
zunehmen.

LAUTSPRECHER:

Das schafft nur Unordnung. Ich such mir meine Leute lieber selber aus.
Die dürft ihr dann auch wählen.

MENSCH:

(2) Jeder Mensch hat unter gleichen Bedingungen das Recht auf Zulas-
sung zu öffentlichen Ämtern in seinem Lande.

LAUTSPRECHER:

Selbstverständlich. Und die Bedingungen lauten: Erstens, er muss staats-
treu sein. Zweitens, er muss besitzend sein. Denn nur die Besitzenden wol-
len den Besitzstand wahren.

MENSCH:

(3) Der Wille des Volkes bildet die Grundlage für die Autorität der
öffentlichen Gewalt; dieser Wille muss durch periodische und unverfälschte
Wahlen mit allgemeinem und gleichem Wahlrecht bei geheimer Stimmabgabe
oder in einem gleichwertigen freien Wahlverfahren zum Ausdruck kommen.

LAUTSPRECHER:

Erstens: Ich bin das Volk! Und was das andere betrifft – Moment –
ein Schuss ertönt

ALLE: blicken sich erschrocken um

LAUTSPRECHER:

Hände hoch!

ALLE: heben verunsichert die Hände

LAUTSPRECHER:

Danke, ich nehme die Wahl an!

ALLE: treten empört einen Schritt auf den Lautsprecher zu, einige ballen die Fäuste

LAUTSPRECHER:

Schon gut, war nur'n Scherz. Aber im Ernst: Solange eure Medien meine Medien sind, dürft ihr auch gerne wählen!

MENSCH:

Artikel 22

Jeder Mensch hat als Mitglied der Gesellschaft Recht auf soziale Sicherheit; er hat Anspruch darauf, durch innerstaatliche Maßnahmen und internationale Zusammenarbeit unter Berücksichtigung der Organisation und der Hilfsmittel jedes Staates in den Genuss der für seine Würde und die freie Entwicklung seiner Persönlichkeit unentbehrlichen wirtschaftlichen, sozialen und kulturellen Rechte zu gelangen.

Artikel 23

(1) Jeder Mensch hat das Recht auf Arbeit, auf freie Berufswahl, auf angemessene und befriedigende Arbeitsbedingungen sowie auf Schutz gegen Arbeitslosigkeit.

LAUTSPRECHER:

Ich denke, du willst Freiheit, oder? Doch Recht und Sicherheit engen die Freiheit immer ein. Ich schlage dir die Freiheit vor, frisch, fromm und fröhlich im Hechtsprung einzutauchen ins wilde, schäumende Wasser des Lebens – und dich dann freizuschwimmen, bis du ans Ufer kommst oder vielleicht, wie ich, zu einem Konto bei 'ner Schweizer Bank. Und wenn du untergehst, ist's auch nicht schlimm – so bleibt ein größerer Brocken für die anderen übrig …

MENSCH:

(2) Alle Menschen haben ohne jede unterschiedliche Behandlung das Recht auf gleichen Lohn für gleiche Arbeit.

LAUTSPRECHER:

Diese gnadenlose Gleichmacherei ist zum Gähnen. Und nicht gerecht – Frauen zum Beispiel werden schon früh ans Arbeiten gewöhnt, also geht ihnen die Arbeit auch leichter von der Hand, und deshalb ist es nur gerecht, ihnen den leichteren Lohn zu zahlen …

MENSCH:

(3) Jeder Mensch, der arbeitet, hat das Recht auf angemessene und befriedigende Entlohnung, die ihm und seiner Familie eine der menschlichen Würde entsprechende Existenz sichert und die, wenn nötig, durch andere soziale Schutzmaßnahmen zu ergänzen ist.

(4) Jeder Mensch hat das Recht, zum Schutze seiner Interessen Berufsvereinigungen zu bilden und solchen beizutreten.

LAUTSPRECHER:

Dagegen habe ich nichts, solang es profitabel ist. Du hast, mein Sohn, von mir aus gern das Recht, dem Verein der Banken oder dem der Fabrikanten beizutreten.

MENSCH:

Artikel 24

Jeder Mensch hat Anspruch auf Erholung und Freizeit sowie auf eine vernünftige Begrenzung der Arbeitszeit und auf periodischen, bezahlten Urlaub.

LAUTSPRECHER: hält Ansprache

Meine lieben Mitbürgerinnen und Mitbürger, ich wünsche Ihnen allen ein frohes neues Jahr und erkläre, dass es auch im neuen Jahr, wie schon im vergangenen, keinen Grund zur Sorge gibt, obwohl wir alle, wie schon in

allen vergangenen Jahren, eine vorübergehende Krise zu meistern haben.
Darum heißt es nun für alle, den Gürtel enger zu schnallen und zu sparen.
Sie alle – ich meine: wir alle – müssen Opfer bringen um unserer künftigen
blühenden Landschaften willen. Gott segne unser Vaterland!

MENSCH:

Artikel 25

(1) Jeder Mensch hat Anspruch auf eine Lebenshaltung, die seine und
seiner Familie Gesundheit und Wohlbefinden einschließlich Nahrung, Klei-
dung, Wohnung, ärztlicher Betreuung und der notwendigen Leistungen so-
zialer Fürsorge gewährleistet; er hat das Recht auf Sicherheit im Falle von
Arbeitslosigkeit, Krankheit, Invalidität, Verwitwung, Alter oder von ander-
weitigem Verlust seiner Unterhaltsmittel durch unverschuldete Umstände.

LAUTSPRECHER:

Ich weiß genau, was du im Schilde führst. Du willst den Menschen
Angst einjagen und den Sozialneid schüren. »Sorgt ihr für euch; ich tu',
was meines Amtes ...«

MENSCH:

(2) Mutter und Kind haben Anspruch auf besondere Hilfe und Unter-
stützung. Alle Kinder, eheliche wie uneheliche, genießen den gleichen so-
zialen Schutz.

LAUTSPRECHER: amüsiert

Da habe ich ein besseres Gesetz: Alle Kinder haben gleich das Recht, von
mir im Wahlkampf abgeküsst zu werden. Sofern sie sich vorher gewaschen
haben.

MENSCH:

Artikel 26

(1) Jeder Mensch hat Recht auf Bildung. Der Unterricht muss wenigs-
tens in den Elementar-und Grundschulen unentgeltlich sein. Der Elemen-

tarunterricht ist obligatorisch. Fachlicher und beruflicher Unterricht soll allgemein zugänglich sein; die höheren Studien sollen allen nach Maßgabe ihrer Fähigkeit und Leistung in gleicher Weise offen stehen.

(2) Die Ausbildung soll die volle Entfaltung der menschlichen Persönlichkeit und die Stärkung der Achtung der Menschenrechte und Grundfreiheiten zum Ziele haben. Sie soll Verständnis, Duldsamkeit und Freundschaft zwischen allen Völkern und allen rassischen oder religiösen Gruppen fördern und die Tätigkeit der Vereinten Nationen zur Aufrechterhaltung des Friedens begünstigen.

(3) In erster Linie haben die Eltern das Recht, die Art der ihren Kindern zuteil werdenden Bildung zu bestimmen.

LAUTSPRECHER:

»Man freut sich, dass das Volk sich mehrt, nach seiner Art behaglich nährt, sogar sich bildet, sich belehrt. – Und man erzieht sich nur Rebellen.« Sagt Goethe, zu dem bekanntlich alle Bildung führt. Basta. Ich brauch' nur Bildung, damit die Leute wissen, wie sie im Leben funktionieren sollen – aber wenn sie erfahren, wie das Leben funktioniert, sät man doch nur den Keim der Unordnung und Insubordination. Was soll mir diese Art von Bildung? Ich kann nur Bürger brauchen, die in meiner Ordnung denken und nicht auf eigenen Wegen gehen!

MENSCH:

Artikel 27

(1) Jeder Mensch hat das Recht, am kulturellen Leben der Gemeinschaft frei teilzunehmen, sich der Künste zu erfreuen und am wissenschaftlichen Fortschritt und dessen Wohltaten teilzuhaben.

(2) Jeder Mensch hat das Recht auf Schutz der moralischen und materiellen Interessen, die sich aus jeder wissenschaftlichen, literarischen oder künstlerischen Produktion ergeben, deren Urheber er ist.

LAUTSPRECHER:

Die Künste weiß ich wohl zu schätzen. Doch ich verlange eine Kunst, *die Menschen nicht zum Nachdenken verführt, sondern sie unterhält und ihnen hilft, die Zeit, die zwischen ihren Pflichten liegt, zu füllen. Der Mensch ist ungefährlich, wenn er glaubt, er habe so viel Zeit im Überfluss, dass sie zum Totschlag freigegeben sei. Der Künstler aber ist gefährlich, wenn er die Kunst mit Wahrheit mischt. Dann soll er selbst zum Totschlag freigegeben sein!*

MENSCH:

Artikel 28

Jeder Mensch hat Anspruch auf eine soziale und internationale Ordnung, in welcher die in der vorliegenden Erklärung angeführten Rechte und Freiheiten voll verwirklicht werden können.

LAUTSPRECHER: ernsthaft, eindringlich

Die Ordnung, in der Recht und Freiheit voll verwirklicht sind, ist keine Ordnung mehr, denn sie verliert die Führung. Wo alle führen wollen, führt am Ende keiner mehr. Aber ihr Menschen seid wie Kinder. Ihr braucht Führung, und da ihr euch nicht gerne müht und denken mühsam ist, muss es ein anderer für euch tun. »Verstand ist stets bei wen'gen nur gewesen ...«

MENSCH: ebenso

Artikel 29

(1) Jeder Mensch hat Pflichten gegenüber der Gemeinschaft, in der allein die freie und volle Entwicklung seiner Persönlichkeit möglich ist.

(2) Jeder Mensch ist in Ausübung seiner Rechte und Freiheiten nur den Beschränkungen unterworfen, die das Gesetz ausschließlich zu dem Zweck vorsieht, um die Anerkennung und Achtung der Rechte und Freiheiten der anderen zu gewährleisten und den gerechten Anforderungen der Moral, der öffentlichen Ordnung und der allgemeinen Wohlfahrt in einer demokratischen Gesellschaft zu genügen.

(3) Rechte und Freiheiten dürfen in keinem Fall im Widerspruch zu den Zielen und Grundsätzen der Vereinten Nationen ausgeübt werden.

LAUTSPRECHER: im Hintergrund murmelnd

Ach was, wozu auf andere hören – ich bin mir selbst genug …

MENSCH:

Artikel 30

Keine Bestimmung der vorliegenden Erklärung darf so ausgelegt werden, dass sich daraus für einen Staat, eine Gruppe oder eine Person irgendein Recht ergibt, eine Tätigkeit auszuüben oder eine Handlung vorzunehmen, welche auf die Vernichtung der in dieser Erklärung angeführten Rechte und Freiheiten abzielt.

LAUTSPRECHER: sachlich

Im Gegenteil: Nichts anderes darfst du von mir erwarten, Mensch. Ich hab genug von dir und deiner Rede – so neu ist dies doch alles nicht. Seit es mich gibt, hast du versucht, mir Fesseln anzulegen und dir die Freiheit anzumaßen, die nur dem Stärkeren gebührt, weil er allein sie fruchtbar zu gestalten weiß. Ich bin es leid, von dir mit tausend kleinen Fäden eingefangen und gezähmt zu werden. Ich hab es satt, vor dir zurückzuweichen Schritt um Schritt. Du hast das »Zeitalter der Aufklärung«, wie du es nennst, erfunden, und nützt seit mehr als drei Jahrhunderten es weidlich aus, um mir die Fetzen aus dem Fleisch zu beißen. Doch treib es nicht zu weit!

Wenn es nicht anders geht, geb' ich auch zu, dass ich – in einem schweren Augenblick – dies alles unterschreiben musste. Aber es ist nicht wörtlich zu verstehen. Du hast es selbst gesagt: Hier geht es nur um ein Ideal. Um dein Ideal. Dem mag man folgen oder nicht. Ich mag es nicht und bin zu mehr als ein paar Kompromissen nicht bereit. Ich weiche nur dem Druck, nicht der Vernunft. Was immer du von mir verlangst, du musst es dir schon selber holen.

Doch dafür reicht es nicht. Ich kenne dich zu gut – du hast auch mich erfunden. Von dir hab ich gelernt, dass es so oft die Unterdrückten selber sind, die sich das Joch der Unterdrückung auf die Schultern legen. Durch Schweigen oder Kleinmut. Durch Unverstand oder Bequemlichkeit. Durch Indolenz und Selbstzufriedenheit. Oder weil du schon immer ein Wolf für deinesgleichen warst.

Ich werde immer nützliche Idioten finden, die meiner Fahne folgen und mir blind gehorsam sind und die, wo der Befehl allein nicht hilft, bereit sind, blindlings zuzuschlagen, um mir Gehorsam zu erzwingen.

Doch du – wie viele wirst du finden, die ihre Angst beherrschen, um nicht von ihr beherrscht zu werden?

MENSCH: hat inzwischen das Dokument langsam und sorgfältig wieder aufgerollt, ohne die Rede des Lautsprechers zu beachten

Er geht zu dem kleinsten unter den Kindern auf der Bühne und übergibt ihm die Schriftrolle. Danach reiht er sich unter die Menschen ein.

LAUTSPRECHER: setzt ohne Unterbrechung fort

Ich geb' es zu – du hast schon viel erreicht. Du hast mir manches abgerungen. Doch hinterrücks werd' ich dir alles wieder nehmen. In einem unbedachten Augenblick. So mach ich's immer. Meist leise, scheibchenweise. Wenn du schläfst. Und wenn du aufwachst, notfalls mit Gewalt.

redet sich langsam in Wut

Verlass dich drauf, so gut ich kann, werd' ich besorgen, dass Freiheit, Recht und Würde Träume bleiben, denn diese drei wären der Anfang einer anderen Welt. Von mir bekommst du nichts, wofür du nicht bereit bist einzustehen. Vielleicht mit deinem Leben.

ALLE: beginnen, dem Lautsprecher zugewandt, flüsternd zu skandieren

Alle-Menschen-sind-frei / und-gleich-an-Würde-und-Rechten-geboren / Alle-Menschen-sind-frei / und-gleich-an-Würde-und-Rechten-geboren …

LAUTSPRECHER: gleichzeitig

Dann träumt mal schön von eurer Freiheit, eurem Recht. Die Würde habt ihr schon – als Konjunktiv.

ALLE: nähern sich sehr langsam, mit kaum wahrnehmbaren Bewegungen, dem Lautsprecher, ununterbrochen skandierend
Alle-Menschen-sind-frei / und-gleich-an- Würde-und-Rechten-geboren ...

LAUTSPRECHER: monoton, mit Pausen, die Menschen übertönend
– *Ich versage es!*
– *Ich verhindere es!*
– *Ich verbiete es!*

ALLE: werden etwas lauter

LAUTSPRECHER:
– *Ich verschleppe es!*
– *Ich verlade es!*
– *Ich verdrehe es!*

ALLE: werden etwas lauter

LAUTSPRECHER:
– *Ich verkrüpple es!*
– *Ich verbrenne es!*
– *Ich verlache es!*

ALLE: werden etwas lauter

LAUTSPRECHER: nach längerer Pause als zuvor, empört
Ich verbitte mir das!

ALLE: werden immer lauter
Alle Menschen sind frei und gleich an Würde und Rechten geboren ...

LAUTSPRECHER:

»Ist es dahin gekommen? Endet die Furcht so schnell und der Gehorsam?«

ALLE: laut

Alle Menschen sind frei! Und gleich an Würde und Rechten geboren!

LAUTSPRECHER: verwirrt, zitiert Erich Mielke:

Aber – aber ich liebe euch doch alle!

ALLE: sehr laut

Alle Menschen sind frei! Und gleich an Würde und Rechten geboren!

LAUTSPRECHER: entfesselt kreischend

»Ein allzu milder Herrscher bin ich noch
gegen dies Volk – die Zungen sind noch frei,
es ist noch nicht ganz, wie es soll, gebändigt.
Doch es soll anders werden, ich gelob' es!
Ich will ihn brechen, diesen starren Sinn,
den kecken Geist der Freiheit will ich beugen.
Ein neu Gesetz will ich in diesen Landen
verkündigen – ich will –«

ALLE: holen tief Luft; dann, brüllend

Halt's Maul!

HUT: fliegt, wie von einem mächtigen Windstoß getragen, davon

Stille

KLEINES KIND: *kräht, mit der Schriftrolle auf den Lautsprecher zeigend*

Guckt mal, der ist ja ganz nackt!

VORHANG

BERND THOMSEN

Herkunft, Geschichte und rechtliche Verankerung der Menschenrechte

Im Jahr 1948 war, nach einer Epoche der Barbarei, die Zeit reif für eine neue Qualität im Zusammenleben der Völker: der Mensch wurde als schützenswertes Subjekt der Völkergemeinschaft anerkannt. Nicht nur Staaten, wie im herkömmlichen Völkerrecht, sondern auch einzelne Menschen sollten die Verletzung ihrer Rechte international geltend machen können.

Die Präambel der »Allgemeinen Erklärung der Menschenrechte vom 10.12.1948« sieht in der Anerkennung der Würde des Menschen eine Grundlage für Freiheit, Frieden und Gerechtigkeit in der Welt. Unter Beachtung der Menschenrechte soll – so Absatz 2 der Präambel – eine Welt geschaffen werden, in der die Menschen frei von Furcht und Not und ausgestattet mit Rede- und Glaubensfreiheit leben können.

Handelt es sich bei dieser Allgemeinen Erklärung der Menschenrechte um eine »Erklärung der Supermächte«, wie es einmal der ehemalige malaysische Ministerpräsident Mahathir bin Mohamad auf der Ministerkonferenz des Verbandes Südostasiatischer Staaten (ASEAN) formulierte? Richtig ist zunächst, dass es der amerikanische Präsident F.D. Roosevelt war, der angesichts der Gewalttaten des NS-Staates im Jahre 1941 ein Konzept vorlegte, das die Freiheit von Mangel und Furcht sowie Rede-, Meinungs- und Glaubensfreiheit zu unabdingbaren Zielen der Weltgemeinschaft nach dem Ende des II. Weltkrieges erklärte. Die Vereinten Nationen hatten zum Zeitpunkt der Verabschiedung der Allgemei-

44

nen Erklärung der Menschenrechte am 10.12.1948 lediglich 57 Mitgliedstaaten; heute sind es 192 Staaten (Stand 29.01.2007). 48 der 57 Staaten im Jahre 1948 stimmten für die Erklärung, 8 Länder (UdSSR, Ukraine, Weißrussland, Polen, Jugoslawien, Tschechoslowakai, Südafrika und Saudi-Arabien) enthielten sich der Stimme. Ein Staat war bei der Abstimmung nicht anwesend, erklärte aber die nachträgliche Zustimmung. Da sich unter den der Erklärung zustimmenden Staaten Länder wie beispielsweise El Salvador, Luxemburg, Äthiopien, Thailand und der Irak befunden haben und die damalige UdSSR sich der Stimme enthalten hat, dürfte die These des ehemaligen malaysischen Ministerpräsidenten von der »Erklärung der Supermächte« nicht haltbar sein.

Die Allgemeine Erklärung der Menschenrechte von 1948 ist vielmehr ein Teil eines Gesamtkonzeptes. Die Charta der Vereinten Nationen, der alle Mitgliedstaaten zugestimmt haben, bestimmt in Artikel 55, dass die Vereinten Nationen »die allgemeine Achtung und Verwirklichung der Menschenrechte und Grundfreiheiten für alle ohne Unterschied der Rasse, des Geschlechts, der Sprache und der Religion« fördern sollen. Damit ist die verbindliche völkerrechtliche Ausgestaltung der Menschenrechte und ggf. ihre völkerrechtliche Durchsetzung gemeint. Die Präambel der Allgemeinen Erklärung der Menschenrechte formuliert folgendermaßen: »… da es wesentlich ist, die Menschenrechte durch die Herrschaft des Rechtes zu schützen, damit der Mensch nicht zum Aufstand gegen Tyrannei und Unterdrückung als letztem Mittel gezwungen wird.«

Die Tendenz der Verankerung der Menschenrechte im Völkerrecht ist eine Entwicklung seit 1945. In der Völkerbundsatzung vom 28.06.1919 war noch nicht vorgesehen, dass der einzelne Mensch sich auf die Verletzung seines Menschenrechtes berufen und dieses gar einklagen könnte. Vor der Zeit des Völkerbundes galt es bestenfalls als Aufgabe des einzelnen Nationalstaates, die Menschenrechte (z. T. auch Grundrechte genannt) zu schützen. Dass es im 19. Jahrhundert durchaus ernsthafte Versuche in diese Richtung gab, zeigt z. B. die belgische Verfassung von 1831. In Deutschland versuchte die Paulskirchenversammlung von 1848, bürgerliche und politische Freiheiten zu etablieren. Das scheiterte aber sehr bald an den feudalen Strukturen der damaligen deutschen Länder.

Die Beschäftigung des Menschen mit den ihm eigenen Rechten reicht schon über 2000 Jahre zurück. Beginnend mit einer philosophischen Entwicklungslinie in der Antike (so z. B. die Beschäftigung der Schule der Stoa mit dem Wesen des Menschen), über die theologischen Diskussionen des Mittelalters über das Naturrecht und menschliche Würde (so in den Werken von Thomas v. Aquin), führte der Weg zu staatstheoretischen Auseinandersetzungen über Souveränität und Menschenrechte (bei Jean Bodin, Thomas Hobbes und anderen).

Auf der Basis der Aufklärung folgte der politische Kampf um die Menschenrechte. Die Französische Revolution proklamierte »Die Erklärung der Rechte des Menschen und Bürgers von 1789«. Zeitlich vorangegangen war die Verabschiedung der »Grundrechte von Virginia vom 12.06.1776«.

Da sich die Ideale der Französischen Revolution von der Freiheit, Gleichheit und Brüderlichkeit der Menschen in der Allgemeinen Erklärungen der Menschenrechte von 1948 wiederfinden, sind einige Staaten der Vereinten Nationen heute der Meinung, es handele sich dabei um in Europa gewachsenen Menschenrechte. Diese These wurde von der Volksrepublik China auf der eingangs erwähnten Regierungskonferenz der ASEAN-Staaten vertreten. Sie wird dem historischen Stellenwert der Allgemeinen Erklärung der Menschenrechte nicht gerecht. Die wirksame Geltung der Rechte in einem Staat ist notwendig, um nicht Verhältnisse von Barbarei und Tyrannei eintreten zu lassen. Somit erweisen sich die Rechte als eine allgemeine Antwort auf Unrechtserfahrungen. Menschenrechtsverletzungen hat es ja nicht nur in Europa oder westlich orientierten Staaten gegeben.

In der Präambel der Allgemeinen Erklärung der Menschenrechte wird die Geltung der Menschenrechte als das »von allen Völkern und Nationen zu erreichende gemeinsame Ideal« bezeichnet. Den Vereinten Nationen war bewusst, dass eine Erklärung allein nicht ausreichen würde, um das »gemeinsame Ideal« zu verwirklichen. Deshalb sollten die Menschenrechte mit verbindlichem Charakter ausgestattet und letztlich Wege zu ihrer Durchsetzung gefunden werden.

Die völkerrechtlich verbindliche vertragliche Grundlage wurde mit den beiden (Zwillings-)Pakten vom 19.12.1966, dem Internationalen Pakt über wirtschaftliche, kulturelle und soziale Rechte und dem Internationalen Pakt über bürgerliche und politische Rechte geschaffen. Beide Pakte traten im Jahr 1976 in Kraft. Der erstgenannte Pakt ist heute von 160 Staaten, der zweite Pakt von 156 Staaten ratifiziert, d. h. in innerstaatliches Recht übernommen worden (Stand 20.07.2007). Sie sind Weiterentwicklungen der in der Allgemeinen Erklärung der Menschenrechte niedergelegten Punkte, die so formuliert sind, dass sie für Rechtssysteme umsetzbar sind.

Zahlreiche weitere internationale Abkommen dienen zudem der genaueren Definition von Menschenrechten, so beispielsweise das Internationale Übereinkommen zur Beseitigung jeder Form von Rassendiskriminierung vom 07.03.1966 (173 Vertragsstaaten) oder das Übereinkommen gegen Folter und andere grausame, unmenschliche oder erniedrigende Behandlung oder Strafe vom 10.12.1984 (144 Vertragsstaaten, Stand 20.07.2007).

Die Allgemeine Erklärung der Menschenrechte von 1948 hat auch die inhaltliche Ausgestaltung vieler Staatsverfassungen beeinflusst. So bekennt sich das Grundgesetz für die Bundesrepublik Deutschland vom 23.05.1949 in Artikel 1 zur Würde des Menschen und »zu unverletzlichen und unveräußerlichen Menschenrechten als Grundlage jeder menschlichen Gemeinschaft, des Friedens und der Gerechtigkeit in der Welt«.

Warum gibt es trotz dieser starken Verankerung der Menschenrechte in zahlreichen Abkommen noch so viele Menschenrechtsverletzungen? Im letzten Jahresbericht von amnesty international sind über 100 Länder mit Problemen auf dem Gebiet der Menschenrechte verzeichnet. Die Bundesrepublik Deutschland muss sich gegen den Verdacht verteidigen, sie habe sich im Zusammenhang mit dem von den USA geführten »Krieg gegen den Terror« nicht energisch genug für deutsche (Fall El-Masri) und ausländische Staatsbürger (Fall Kurnaz) eingesetzt, die von Folter bedroht waren. Außerdem sind Flüchtlinge aus dem Irak in Deutschland in Gefahr, in ihre unsichere Heimat abgeschoben zu werden.

Das Menschenrechtsschutzsystem der Vereinten Nationen ist noch schwach entwickelt. Lange Zeit gab es nur ein Petitionsverfahren, mit dem festgestellt werden sollte, ob die jeweiligen Fälle auf einen Gesamtzusammenhang von schweren und systematischen Menschenrechtsverletzungen in einem Staat schließen ließen. Wenn dieser Sachverhalt festgestellt werden konnte, musste sich der betreffende Staat vor der Menschenrechtskommission der Vereinten Nationen verantworten. Häufig kam es danach zu Untersuchungen in bestimmten Ländern, wie zum Beispiel in Chile nach dem Putsch von 1973.

Die Menschenrechtskommmission ist im Jahr 2006 in einen Menschenrechtsrat umgewandelt und im System der Vereinten Nationen aufgewertet worden. Dennoch wurde im Rahmen der Beschreibung der Aufgaben des Menschenrechtsrates deutlich, welchen Widerstand Staaten gegenüber einem wirksamen Menschenrechtsschutz leisten können. Dies galt insbesondere dem System von Sonderberichterstattern, das die Menschenrechtskommission entwickelt hatte. Sie beschäftigt sich mit Menschenrechtsthemen wie z. B. Folter oder bestimmten Ländern. Ihre Aufgabe ist es, Fakten zu ermitteln und den Vereinten Nationen darüber zu berichten. Die nichtstaatlichen Organisationen sehen hierin bedeutsame Instrumente des Menschenrechtsschutzes.

Als weiteres wichtiges Organ des Menschenrechtsschutzes ist das Amt der Hohen Kommissars für Menschenrechte zu erwähnen, das im Anschluss an die Weltmenschenrechtskonferenz in Wien 1993 geschaffen worden ist. Des Weiteren gibt es zwei Gerichtshöfe zur Verfolgung und Ahndung schwerer Verstöße gegen das humanitäre Völkerrecht im ehemaligen Jugoslawien und in Ruanda mit Sitz in den Niederlanden und in Tansania. Durch das Römische Statut von 1998 ist der Internationale Strafgerichtshof errichtet worden. Der Sitz dieses Gerichtshofes befindet sich in Den Haag. Es werden die ersten Anklagen gegen mutmaßliche Menschenrechtsverletzer vorbereitet.

Was lässt sich 60 Jahre nach Verkündung der Allgemeinen Erklärung der Menschenrechte sagen? Die Verwirklichung des geschilderten Ideals der allgemeinen Geltung der Menschenrechte steht weitgehend noch aus. Gründe des Machterhaltes, wirtschaftliche Interessen sind Ursachen für eine fehlende menschenrechtsbezogene Ausrichtung staatlichen Handelns. Die Anstrengungen müssen auf wirkungsvolle Schutzinstrumente konzentriert werden. Die Menschenrechte der Allgemeinen Erklärung der Menschenrechte sind ein politisch-rechtliches Konzept. Der bedeutsame mit der Allgemeinen Erklärung der Menschenrechte geschaffene Standard muss immer wieder gegen Angriffe verteidigt werden. Denn letztendlich geht es nicht um die Interessen einer Regierung, sondern um das Leiden der Opfer von Menschenrechtsverletzungen.

Kapitel I

Politische Gefangenschaft

Diktatoren, Folterknechte, Inquisitoren:
Der Schrecken hat seine Beamten,
genau wie die Post oder die Banken,
und er wird angewandt, weil er nötig ist.
Es handelt sich nicht um eine Verschwörung
von Perversen.

EDUARDO GALEANO

SERGIO VESELY

Lieder aus dem Gefängnis

I. Was kann ich tun, um dir ein Bild zu zeichnen

Was kann ich tun, um dir ein Bild zu zeichnen
von diesem traurigen Universum aus Stahl und Zement
von diesen kranken Schreien
die meine kalten und endlosen Nächte durchdringen
von dieser gefühllosen Wüste
in der ich dieses Lied für dich schreibe.

Was kann ich tun, um dir ein Bild zu zeichnen
von dem absurden Vertrauen, noch immer
ein Teil von deiner Welt zu sein,
von den Stunden, die ich einsam verbringe,
um an dem endlosen Rade zu drehen,
das meine Schritte auf dem Boden der Zelle entwerfen.

Was kann ich tun, um dir ein Bild zu zeichnen
von dem Hass, der meine Träume bedroht,
von meinen täglichen Kämpfen
gegen die Peitschenschläge der Sehnsucht
und von dem Wahnsinn, der langsam
am Schatten der Mauer emporsteigt.

Was kann ich schließlich tun,
um diesen winzigen Raum in deinen Gedanken
möglich zu machen. Damit du mich sehen kannst,
dort, wo ich jeden Abend zum Schlafen mich lege,

und für ein Weilchen bei mir bleibst,
Seite an Seite,
beruhigend und still.

II. Die Spur

Solange ich nicht aufhöre
die offene Klarheit eines Vogels zu bewundern

Solange ich noch Sehnsucht empfinde
im wärmenden Versprechen des Sonnenuntergangs

Solange ich noch Freude spüre
Mit den Tauben, die sich auf Mauerzinnen paaren

Oder solange ich trotz allem noch
die Stunden fühlen und in Ruhe
das Meer betrachten kann und
die Hügel jenseits der Gitter

So lange wird in meinem Gesicht
in meinen Handlungen
in meinen Worten
immer
eine Spur von etwas Menschlichem sein.
Unberührt.

III. Auch diese Mauern nicht

Meine Einsamkeit
eines begleiteten Menschen

Werden auch diese Mauern nicht
zerstören können

IV. Der Überwinder

Sie verhafteten ihn
sie knebelten ihn
sie verbanden ihm die Augen
sie fesselten ihn
sie quälten ihn

Und als der Wind sich drehte
ließ er sie holen
und schlug ihnen vor
an seiner Seite
eine neue Gemeinschaft aufzubauen

Auf dem Fundament
der Liebe.

V. Geduld

Geduld
sagte das Meer

und der Felsen
Geduld

Übersetzung aus dem chilenischen Spanisch
von Urs M. Fiechtner

CORNELIA GRÄBNER

Die Freiheit ist eine wundervolle Sache

»La libertad es una cosa tan hermosa.«
(Carla Rutila Artes, »verschwunden« 1976–1985)

15. 4.

Gestern hat die Schule wieder angefangen und heute hat sich die amnesty-Schülergruppe zum ersten Mal wieder getroffen. Wir haben eine Neue bekommen, Tanja. Bin gespannt, wie lange sie durchhält – hoffentlich hält sie durch. Wir hatten letztes Jahr durchs Abi einen ganz schönen Mitgliederschwund, und es fällt schwer, neue Leute zu begeistern.

16. 4.

Hier im Menschenrechtsbüro häuft sich die Arbeit. Ich schreibe von jetzt ab stichpunktartig auf, was ich hier so mitbekomme. Heute habe ich den Auftrag bekommen, mir einen Arbeitskampf anzusehen, der hier in der Gegend geführt wird. Es handelt sich um die Belegschaft einer Fabrik, die für bessere Arbeitsbedingungen streikt. Ich rechne ihnen keine große Chance aus. Sie arbeiten bei einem größeren Konzern der Textilindustrie, die werden sich nichts sagen lassen.

17. 4.

In Ethik haben wir heute mit dem Thema »Menschenwürde« angefangen. Hat auch ein unwürdig behandelter Mensch noch Würde? Ist Menschenwürde angeboren? Muss man Menschenwürde verteidigen? Wessen Würde? Was geht uns die Würde anderer Leute an?
Ich hatte den Eindruck, dass keiner von uns eine wirkliche Idee davon hat-

te, wovon wir reden – was das bedeutet: »Menschenwürde«. Aber falls es
doch eine gibt, muss wohl jeder seine eigene Würde verteidigen. Dass
jemand zu schwach dazu sein könnte oder der Möglichkeiten dazu be-
raubt, schien den meisten Mitschülern ein sehr fremder Gedanke zu sein.
Obwohl sie behaupten, täglich Nachrichten zu sehen.

17. 4.

Heute habe ich die Streikenden besucht. Es sind ungefähr hundert
Leute, die auf einem Gelände in der Nähe der Fabrik leben. Einige von ihnen kamen mir sehr entschlossen vor, andere ziemlich
ängstlich, aber das ist immer so, und sie scheinen ein paar sehr fähige
Führungspersönlichkeiten zu haben. Die Arbeitsbedingungen sind
sehr schlecht: Arztbesuche während der Arbeitszeit werden nicht
gestattet, nicht einmal für Schwangere. Urlaub gibt es natürlich erst
recht nicht. Die tägliche Arbeitszeit beträgt 12 Stunden, der Lohn
ist lächerlich gering. Die Betriebsführung feuert normalerweise
diejenigen, die sich gewerkschaftlich organisieren. Das sind aber
keine großen Unterschiede zu anderen Betrieben.

22.4.

Die amnesty-Schülergruppe in D. lebt! Wir werden eine Aktionswoche ma-
chen. Jeden Tag entweder eine Aktion während der Schulzeit oder abends.
Die Schulleitung hat uns freie Hand gelassen. Nett.

28. 4.

In dem Streik verhärten sich die Fronten. Die Leute bekommen
Drohungen ins Haus geschickt und viele von ihnen haben natürlich Angst. Ich habe heute mit einer der zentralen Persönlichkeiten
gesprochen, Martin, einem vielleicht zweiunddreißigjährigen
Mann aus der Hauptstadt. Er hat einen Sohn, dessen beide Beine
gelähmt sind. Er hat mir erzählt, dass er früher schon in der Ge-
werkschaft aktiv war. Irgendwelche Leute (wer, kam natürlich nie
heraus) haben ihm eine Briefbombe geschickt, aber der Kleine hat

den Brief aufgemacht. Eigentlich bräuchte das Kind eine besondere Behandlung, aber das können sie sich finanziell nicht leisten. Schuldgefühle hat er nicht, obwohl er sich natürlich um das Kind sehr sorgt. Aber nicht er ist der Verbrecher, weil er seinen Sohn gefährdet hat, sondern die Leute, die ihm die Bombe geschickt haben. Das wird gelegentlich verwechselt.

29. 4.

Unser Programm für die Aktionswoche nimmt Gestalt an: An drei Tagen zeigen wir in der fünften und sechsten Stunde Filme, für die die Klassen sich anmelden können. Da werden sich genügend Leute finden, denn lieber als Unterricht ist denen das allemal. Wir organisieren ein oder zwei Aktionen auf dem Schulhof und am Freitag machen wir als Abschluss einen Konzert- und Leseabend in der Aula. Einige Leute haben schon zugesagt, sich zu beteiligen: Einer spielt Klavier und singt Chansons, ein Folk-Trio haben wir und eine Jazz-Gruppe. Zwischen den Stücken lesen wir Texte, die was mit der ai-Arbeit zu tun haben.

1. 5.

Heute ist die junge Frau eines der Fabrikarbeiter entführt worden. Man sah gerade noch, wie sie in ein Auto gezerrt wurde. Sie ist im siebten Monat schwanger, und ihr Mann sitzt seit zwei Stunden kreidebleich bei uns im Büro und telefoniert mit allen Polizeistationen, obwohl ihm klar ist, dass das nicht viel Sinn hat. Ich habe den Bischof eingeschaltet, der will mit der Betriebsleitung reden, aber ob das viel bringt, bezweifeln wir alle. Was soll ich dem jungen Mann sagen?

1. 5.

Ich habe der hiesigen Ortsgruppe am Info-Stand ausgeholfen und mich mit allen möglichen bornierten Leuten aus dem gesamten politischen Spektrum herumgeschlagen. Von »Ich will aber nicht unterschreiben!« bis hart an »Verpiss' dich!« war so ziemlich alles dabei. Am Stand der DLRG habe ich gefragt, ob die unterschreiben wollen, aber nachdem mir ein paar Leute offenbar zu aufmerksam zugehört haben, fing eine Frau an herumzukrakeelen, dass ich weggehen solle, hier unterschreibe keiner. Das hat sie ein paarmal über den Platz gerufen, dann bin ich gegangen. Vielleicht war das falsch, aber manche Leute sind nicht mehr zu retten.

3. 5.

Die junge Frau ist wieder aufgetaucht. Sie haben sie ziemlich misshandelt, aber sie lebt. Die Typen, die sie entführt haben, waren schwer bewaffnet und zum Teil in Zivil, zum Teil in Uniform. Sie haben ihr gedroht, sie, das Baby, und ihren Mann umzubringen, wenn der nicht augenblicklich seine Schnauze hält. »Das Baby soll später mal keinen Staub fressen müssen, anders als wir«, hat Martin dazu gesagt. Ich möchte seinen Glauben haben, seine tiefe Überzeugung, dass er im Recht ist und die anderen im Unrecht sind, und dass deswegen seine Sache früher oder später siegen wird.

Ich habe die ganze Geschichte ins Ausland weitergeleitet, an amnesty international und ein paar andere Organisationen. Ich hoffe, dass da was kommt – die Leute brauchen dringend Unterstützung, sie haben Angst und fühlen sich alleingelassen. Wen interessiert es auch, wenn sie hier umgelegt werden? Dafür, dass sie 12 Stunden am Tag für einen Hungerlohn arbeiten müssen und nicht mal einen Arztbesuch gestattet bekommen, geschweige denn Urlaub. Sie verbrauchen sich in ein paar Jahren. Wen kratzt's?

7. 5.

Nina hat über irgendeinen ai-Verteiler einen Brief von einem südamerikanischen Gewerkschaftsverband bekommen. Es geht dabei um einen Streik, bei dem Leute bedroht werden. Eine Frau wurde schon entführt, aber wieder freigelassen. amnesty hat eine Eilaktion herausgegeben. Wir haben beschlossen, dass wir uns daran beteiligen und den Fall in unser Programm für die Aktionswoche aufnehmen.

15. 5.

Eine ausländische Dachgewerkschaft hat reagiert und einen Brief mit solidarischen Grüßen geschrieben. Das hat den Leuten Mut gemacht. Aber das reicht nicht, die müssen den Schutz der Leute fordern. Es bekommen schon einige Leute Drohungen, und eines der Kinder hat einen Jeep eine ganze Weile am Werksgelände stehen sehen, aus dem offenbar die Szenerie beobachtet wurde. Die Werksleitung behauptet, sie hätte damit nichts zu tun.

21. 5.

Das Programm für die Lesung steht. Übermorgen beginnt die Aktionswoche mit einer Aktion auf dem Schulhof, bei der wir die Arbeit von ai und den Streik in Südamerika vorstellen werden. Ich habe mit der Gruppe telefoniert, die die Arbeit zu diesem Land koordiniert. Sie bemühen sich, in Kontakt mit dem örtlichen kirchlichen Menschenrechtsbüro und den Streikenden zu kommen. Wäre toll, wenn wir einen Brief von denen vorlesen könnten.

22. 5.

Der Streik geht jetzt in die sechste Woche – das ist ungewöhnlich lang. Die Betriebsführung will nicht verhandeln und vielen Familien ist das Geld schon lange ausgegangen. Viele reden vom Aufgeben, denn von irgendwas müssen sie schließlich leben. Ich frage mich jetzt schon, wie das funktioniert. Vermutlich so, dass viele von den Kindern arbeiten – und ein bisschen hungern… Die Diözese überlegt, ob sie irgendwoher Nahrungsmittel zaubern soll, aber woher? Wir können sie nicht aus der Speisung für die Straßenkinder abziehen.

23. 5.

Heute hat unsere Aktionswoche begonnen, aber leider ist der Auftakt nicht so toll gelaufen. Eigentlich wollten wir auf dem Schulhof eine Demo nachstellen, in der die Arbeiter ihre Probleme zur Sprache bringen (Verbot der gewerkschaftlichen Organisation, Arbeitszeit, Krankenschutz – auch wenn letztere beide nicht ins ai-Mandat fallen). Dazu wollten wir auch Parolen skandieren, aber wir waren nur sehr wenige Leute und kamen uns komisch vor. Wir hatten nicht den Mut, trotzdem laut zu werden.

25. 5.

Nun bekommen auch wir Drohungen. Sollen uns nicht um Kommunisten kümmern, sondern Seelsorge bei anständigen Leuten betreiben. Angst habe ich schon, aber sie werden wohl noch ein bisschen öfter drohen, bevor irgendwas passiert. Der Sekretär des Bischofs meinte, ich solle ein bisschen vorsichtig sein, von allen aus dem Büro sei ich diejenige, die im Zusammenhang mit dem Streik in der exponiertesten Position sei.

Übrigens scheint auch der Bischof Druck von oben zu bekommen, sich in Sachen Menschenrechte etwas zurückzunehmen. Er meinte aber, dass er seinem Bibelverständnis nach das Richtige tue.

25. 5.

Heute haben wir den ersten Film gezeigt. Ich war nicht da, aber einige Mitschüler müssen ziemlich schockiert gewesen sein, andere hat das wohl nicht weiter gekratzt. Haben ein paar blöde Bemerkungen gerissen und das war's.

27. 5.

amnesty international hat offenbar eine Eilaktion gestartet und um Schutz für die Streikenden und uns ersucht. Mir ist ein Stein vom Herzen gefallen – häufig sind die ziemlich effektiv, und so merken auch die Streikenden, dass sie nicht alleine sind.

Außerdem hat eine der größeren Zeitungen über den Streik berichtet. Das ist gut. Es könnte den Leuten helfen, die Betriebsführung zu Verhandlungen zu bewegen, und es rückt sie etwas weiter ins Licht der Öffentlichkeit. Vielleicht schützt sie das. Das Nahrungsmittelproblem ist aber noch lange nicht gelöst.

28. 5.

In den letzten paar Tagen haben wir noch drei Filme gezeigt, in zwei Pausen einen Info-Stand gemacht und Unterschriften gesammelt für eine Petition, die den Schutz der Streikenden in Südamerika fordert. Leider haben wir von der Ländergruppe noch nichts gehört – entweder haben die noch keinen Kontakt oder kein Material. Die Konzertlesung lief sehr, sehr gut, auch wenn nur wenige Leute da waren. Aber es war eine tolle Atmosphäre, wir haben unsere Anliegen gut herüberbringen können, und das wird sicher auch nach außen dringen.

3. 6.

Jetzt ist es passiert, sie haben Martin verschleppt, schon vorgestern. Ich war die ganze Zeit auf den Beinen und habe alles Mögliche versucht, aber angeblich hat keiner was damit zu tun. Er ist schon so lange weg, und für seine Entführer wahrscheinlich sowieso der Rädelsführer – mir graut bei der Frage, ob sie ihn am Leben lassen. Er durchlebt wahrscheinlich sowieso gerade Furchtbares. Übrigens weiß der Himmel, wie die Familie ohne ihn zurechtkommen soll.

Martin hat vor seinem »Verschwinden« noch eine Rede gehalten, um den schon ziemlich niedergeschlagenen Leuten Mut zu machen. »Die Freiheit«, sagte er, »ist eine wundervolle Sache«. Ich bete, dass er überlebt, aber eine Chance hat er wohl nur, wenn wir noch mal Hilfe von außen bekommen. Ich habe schon an amnesty und an alle möglichen ausländischen Gewerkschaften gefaxt. Hoffentlich tun die was.

Der Streik kann jetzt jeden Tag zusammenbrechen. Die anderen haben mal wieder gesiegt.

14. 6.

Heute hat uns die Ländergruppe einen Brief geschickt, in dem steht, dass in Südamerika wieder einer der Streikenden »verschwunden« ist. Außerdem war die Kopie einer Rede dabei, die er kurz zuvor gehalten hat: »Die Freiheit ist eine wundervolle Sache«. Ich habe das gleich kopiert und an allen möglichen Stellen in der Schule ausgehängt. Ich glaube, wir müssen das wieder lernen – dass die Freiheit wundervoll ist und dass auch die Freiheit der anderen was mit der eigenen Freiheit zu tun hat.

Übrigens hat uns unsere Aktionswoche viel Ruhm (und Spaß), aber keine neuen Mitglieder eingebracht. Wir machen geduldig weiter und warten auf neue Gesichter.

URS M. FIECHTNER

Das Schicksal in die eigenen Hände nehmen

Wie Menschenrechtsorganisationen arbeiten

Als die Mitgliedsstaaten der neu gegründeten Vereinten Nationen am 10. Dezember 1948 die Allgemeine Erklärung der Menschenrechte verabschiedeten, war vieles getan, aber noch längst nicht alles. Zum ersten Mal in der Geschichte waren Menschenrechte international festgeschrieben und von vielen Staaten gleichzeitig anerkannt worden – doch ist es eine Sache, eine schöne Erklärung zu unterzeichnen, und eine ganz andere, sie auch in die Tat umzusetzen. Außerdem hatte man vorgebaut. Die Allgemeine Erklärung der Menschenrechte war nicht als verbindlicher Vertrag und einklagbares Recht gemeint, sondern – wie es in der Präambel vorsichtshalber heißt – als »gemeinsames Ideal« der Völker und Nationen, das man irgendwann und irgendwie zu erreichen hoffte. Oder auch niemals und nirgendwo. An schönen Idealen hat es in der Geschichte der Völker noch nie gefehlt. Ihre Verwirklichung hat man aber in aller Regel den großen Machtapparaten überlassen – den Staaten, Regierungen, Parteien und zuweilen auch Kirchen –, die nach vielem streben, nur nicht unbedingt danach, ihre Macht zugunsten der Rechte des einzelnen Menschen zu begrenzen. Genau das aber verlangt die Erklärung der Menschenrechte und bürdet zudem den Staaten ein Bündel von Pflichten auf, das nicht leicht zu schultern ist.

Hier liegt einer der vielen Gründe für das Entstehen von Menschenrechtsorganisationen. Die meisten wurden von Privatleuten gegründet in dem Bewusstsein, dass der Schutz der Menschenrechte nicht allein den Staaten überlassen werden darf, sondern dass ihre Verwirklichung und Weiterentwicklung durch die Menschen selbst gefordert und gefördert werden muss. Nun ist diese Erkenntnis nicht unbedingt neu, aber es fehlte ihr bisher ein entscheidendes Element: Über viele Jahrhunderte hinweg waren es Parteien, philosophische Strömungen, wirtschaftliche Interessengruppen oder – in begrenztem Umfang – auch religiöse Bewegungen gewesen, die sich einzelne Elemente des Menschenrechtsbegriffs auf die Fahnen geschrieben hatten. Doch meist forderten sie nur ausgewählte Rechte und Freiheiten ein, die einer umfassenden Ideologie oder einem konkreten politischen oder ökonomischen Zweck untergeordnet waren. Oder sie forderten alle Rechte und Freiheiten nur für sich selber ein, für ihre Gruppierungen, ihre Gesellschaftsschichten, für die Menschen ihrer Hautfarbe und ihres eigenen religiösen Bekenntnisses.

Die überwiegende Mehrzahl der heutigen Menschenrechtsorganisationen geht einen anderen Weg. Unabhängig von Weltanschauungen, Parteien und Konfessionen machen sie die Menschenrechte selbst zum Maßstab aller Politik und fordern die Durchsetzung der Menschenrechte so, wie sie gemeint sind: als die Rechte aller Menschen. Sie bieten kein in sich geschlossenes Weltbild und keine umfassenden Lösungsmodelle für alle Probleme des Daseins. Ihnen geht es nur um die Menschenrechte selbst und darum, Menschen von unterschiedlicher politischer und sozialer, kultureller und weltanschaulicher Herkunft für ein gemeinsames Ziel jenseits aller Ideologien und Konfessionen zu engagieren. Sie verstehen die Allgemeine Erklärung der Menschenrechte und die ergänzenden Pakte und Konventionen als den »kleinsten gemeinsamen Nenner«, der alle Menschen über alle Grenzen hinweg verbindet.

Die Zahl der großen und kleinen, internationalen oder lokal begrenzten Menschenrechtsorganisationen, Projekte, Gruppen und Initiativen geht heute weltweit in die Tausende. Sie alle über einen Kamm zu scheren ist unmöglich, aber es gibt doch eine ganze Reihe von Gemeinsamkeiten. So konzentrieren sich die allermeisten – es gibt Ausnahmen – auf bestimmte Arbeitsschwerpunkte und einzelne Artikel aus der Menschenrechtserklärung. Beispielsweise kümmerte sich amnesty international (ai) anfangs in erster Linie um die bürgerlichen und politischen Freiheitsrechte und dehnte erst in den 90er Jahren ihr Arbeitsgebiet auf die vollständige Menschenrechtserklärung aus; terre des hommes (tdh) konzentriert sich auf die Rechte der Kinder; die Gesellschaft für bedrohte Völker (GfbV) nimmt sich der Rechte ethnischer Minderheiten an, Food First international (FIAN) der wirtschaftlichen, sozialen und kulturellen Rechte. Dahinter steht nicht etwa die Überzeugung, dass bestimmte Menschenrechte wichtiger seien als andere, sondern die eher praktische Erwägung, dass man mit einem kleinen Hammer wohl einen Nagel in die Wand schlagen kann, aber schwerlich einen Baumstamm. Eine Organisation arbeitet erfolgreicher, wenn sie ihr Arbeitsgebiet überschaubar hält und sich nicht verzettelt. Natürlich gibt es gelegentlich auch unterschiedliche Auffassungen unter den Organisationen, im Großen und Ganzen aber verstehen sich alle als Glieder einer umfassenden Bewegung.

Gemeinsamkeiten gibt es auch in der Form des Vorgehens und in der Wahl der Arbeitstechniken. Hier steht meist die *Information über Menschenrechtsverletzungen* im Vordergrund. Verletzungen der Menschenrechte müssen bekannt (und bewiesen) werden, schon allein dadurch kann Veränderungsdruck entstehen. Alle Menschenrechtsorganisationen sammeln und recherchieren Berichte von Betroffenen und Zeugenaussagen, untermauern sie durch Beweise und versuchen, ihnen die größtmögliche öffentliche Aufmerksamkeit zu verschaffen. Besonders konsequent geht hier beispielsweise »Witness« vor, eine Gruppe in den USA, die an Menschenrechtsaktivisten in verschiedenen Ländern der Welt Videokameras verteilt und sie bittet, bestimmte Brennpunkte (zum Beispiel Demonstrationen, Streiks usw.) zu beobachten. Filmdokumente von Verhaftungen, Polizeiübergriffen und Ähnlichem werden zentral gesammelt, journalistisch aufbereitet und dann Nachrichtenagenturen angeboten.

Auch die *Information über Menschenrechte* ist von großer Bedeutung. Wohl haben fast alle Länder der Welt die Menschenrechtserklärung anerkannt und die meisten haben sich über Pakte und Konventionen auch völkerrechtlich verbindlich daran gebunden. Das heißt aber noch nicht sehr viel, solange die Bevölkerung wenig über ihre Rechte weiß und diese nicht einfordert. Dies gilt nicht nur für Entwicklungsländer – auch in den scheinbar hochentwickelten Demokratien gehört das Wissen um die eigenen Rechte nicht automatisch zur Alltagskultur. Nach einer Umfrage der Universität Leipzig aus dem Jahr 2003 kennen nur 4% der Deutschen die Menschenrechtserklärung der UNO unter ihrem korrekten Titel; etwa ein Drittel der Befragten hatte keine Ahnung, dass die Menschenrechte weltweit definiert worden sind, etwa ein Viertel war sogar der Überzeugung, dass die Menschenrechte niemals zusammenfassend zu Papier gebracht worden sind.

Viele Organisationen bemühen sich daher, in möglichst vielen Sprachen Menschen über ihre Rechte zu informieren. Es geht ihnen aber nicht nur darum, die Staaten und damit ihre Regierungen zur Einhaltung der Menschenrechte zu bewegen. Die Diskriminierung von Minderheiten, die Unterdrückung von Frauen, ethnische, rassische und religiöse Konflikte und viele andere alltägliche Menschenrechtsverletzungen werden nicht nur durch Regierungen verursacht, sondern entstehen auch im Umgang der Menschen miteinander und können daher nicht allein durch staatliche und zwischenstaatliche Gesetze bekämpft werden; es ist noch längst nicht überall selbstverständlich, dass die eigene Freiheit dort endet, wo die des anderen Menschen beginnt, und dass jedes Recht zuerst das Recht des Anderen ist. Die Bildung eines allgemeinen Bewusstseins für den Wert und die Schutzwürdigkeit der Menschenrechte sowohl auf der staatlichen als auch auf der privaten Ebene gehört daher zum Anliegen der meisten Menschenrechtsorganisationen.

Die *Hilfe für einzelne Opfer* ist ein selbstverständlicher Bestandteil der Arbeit fast aller Organisationen. Hier gibt es eine unüberschaubare Vielfalt von Möglichkeiten, sodass sehr viele Menschen – auch außerhalb der Organisationen – mitarbeiten können, oft mit sehr einfachen und doch wirkungsvollen Mitteln. amnesty international zum Beispiel hat einige weltweite Aktionsnetze geschaffen, deren Teilnehmer und Teilnehmerinnen über gewaltfreie politische Gefangene, drohende Folterungen oder Hinrichtungen, unmenschliche Haftbedingungen und Ähnliches informiert werden. Sie schicken innerhalb eines bestimmten Zeitraums Protestbriefe, Faxe und E-Mails an die zuständigen Behörden und erreichen oft schon allein mit dieser massiven Protestflut die Freilassung eines Gefangenen oder doch wenigstens eine Verbesserung seiner Überlebenschancen. Beispiele dieser Art gibt es sehr viele. Ihnen gemeinsam ist die Erzeugung öffentlichen und internationalen Drucks auf verantwortliche Behörden, der desto mehr bewirkt, je massiver er ist. Scheinbar einfache Mittel wie Mahnwachen, Demonstrationen, Protestbriefe oder Unterschriftslisten darf man nicht unterschätzen: Die für Menschenrechtsverletzungen Verantwortlichen scheuen das Licht der Öffentlichkeit und lassen oft genug von ihren Opfern ab, sobald man einen Scheinwerfer auf sie richtet.

Die praktische Hilfe für die Opfer lässt sich natürlich nicht auf Proteste begrenzen, sondern schließt auch unzählige Projekte zur Verbesserung der Lebensbedingungen der Betroffenen ein. Sie wird von den meisten Organisationen übrigens nicht nur als Reaktion auf bereits erfolgte Menschenrechtsverletzungen gesehen, sondern auch als Teil einer Strategie zur Verhinderung künftiger Menschenrechtsverletzungen. Um bei dem Beispiel der politischen Gefangenschaft zu bleiben: Je unbequemer die Existenz von politischen Gefangenen für eine Regierung wird, desto vorsichtiger wird sie mit weiteren Verhaftungen sein.

Unabhängig davon, mit welchen Mitteln und Möglichkeiten die

einzelnen Menschenrechtsorganisationen arbeiten, so ist in jedem Fall die *Verhinderung von Menschenrechtsverletzungen (Prävention)* ihr eigentliches Ziel. Hier geht es zunächst darum, die Ursachen und Hintergründe von politischen und sozialen, kulturellen und wirtschaftlichen Konflikten zu verstehen. Dieses Verständnis ist die Voraussetzung, um vorbauen und Menschenrechtsverletzungen schon im Ansatz verhindern zu können. Dem Unrecht rechtzeitig einen Riegel vorzuschieben ist besser, als danach den Opfern zu helfen.

Ist die Ursachenforschung bereits ein besonders kompliziertes Feld, das nach wissenschaftlicher Genauigkeit verlangt, so ist die Umsetzung der so gewonnenen Einsichten noch schwieriger, etwa wenn die Missachtung von Menschenrechten auf wirtschaftliche oder kulturelle Motive zurückgeht. Ein begrenztes, aber dennoch übertragbares Beispiel dafür ist die Ausbeutung von Kindern, der terre des hommes und zahlreiche andere Kinderhilfsorganisationen nicht allein mit der Forderung nach gesetzlichen Schritten zum Verbot der Kinderarbeit entgegentreten können. Hier ist vielmehr ein ganzes Bündel von Maßnahmen notwendig, die sich mit dem Markt, der den Absatz von Produkten aus Kinderhänden – wie zum Beispiel handgeknüpfte Teppiche – erst möglich macht, ebenso befassen wie mit den sozialen, kulturellen, wirtschaftlichen und politischen Bedingungen in einem Land, das Kinderarbeit duldet. Aufgrund der Armut und der Unwissenheit der Betroffenen müssen Verbote und Gegenmaßnahmen außerdem immer mit Alternativangeboten für die Familien begleitet und ergänzt werden.

Zu dem weiten Feld der Prävention gehören auch indirekte Maßnahmen, wie etwa die Forderung nach strafrechtlicher Verfolgung der Täter. Verbrechen gegen die Menschenrechte dürfen nicht anders behandelt werden als andere Verbrechen auch. Politische Mörder, Unterdrücker und Folterknechte sind Kriminelle und gehören vor Gericht. Dabei geht es nicht um Schuld und Sühne, Strafe oder gar Rache, sondern zunächst um die Aufdeckung und sorgfältige Aufklärung einer Menschenrechtsverletzung – nur dann lässt sich für die Zukunft daraus lernen – und nicht zuletzt um das unmissverständliche Signal, dass Verbrechen nicht folgenlos bleiben und die Täter nicht davonkommen werden.

Aus dem Wissen, dass öffentliche Kontrolle eine vorbeugende Wirkung haben kann, haben einige Organisationen auch sehr direkte Aktionsmöglichkeiten zur Verhinderung von Übergriffen entwickelt. Die Peace Brigades International (PBI) schicken zum Beispiel Beobachter in verschiedene Länder, um dort Menschenrechtsaktivisten bei ihrer Arbeit zu begleiten oder sich deutlich sichtbar im Umfeld potenzieller Konfliktsituationen zu zeigen. Unter den Augen eines internationalen Beobachters wird sich manch ein Einsatzleiter doppelt überlegen, ob und in welcher Form er etwa gegen Demonstranten oder Streikende vorgehen will.

Von der Öffentlichkeit oft unbemerkt, zählt auch die *Weiterentwicklung und rechtliche Verankerung der Menschenrechte* zu den Aufgaben, denen sich viele Menschenrechtsorganisationen intensiv widmen. Die Allgemeine Erklärung der Menschenrechte war ursprünglich nicht viel mehr als eine weitgehend unverbindliche Willensbekundung. Ernsthaftes Gewicht erhalten ihre Artikel erst, wenn sie in die nationale Gesetzgebung der einzelnen Staaten übernommen und durch internationale, völkerrechtlich verbindliche Verträge untermauert werden. Das Ziel ist es, jedes einzelne Menschenrecht durch internationale Verträge in die verpflichtende und verbindliche Gesetzgebung jedes einzelnen Landes der Welt zu übernehmen. Viele Menschenrechtsorganisationen haben heute beobachtenden oder beratenden Status bei zwischenstaatlichen Einrichtungen wie den Vereinten Nationen oder der Europäischen Union und nutzen diese Rolle, um die Diskussion über internationale Verträge, Menschenrechtspakte und -konventionen zu fördern oder überhaupt erst auf den Weg zu bringen. Nicht wenige zwischenstaatliche Übereinkommen tragen inzwischen deutlich die Handschrift von Menschenrechtsorganisationen und eröffnen so neue Wege, um auf die Einhaltung der Menschenrechte zu pochen, die Mächtigen unserer Zeit zu kontrollieren und Opfer zu verhindern.

Der Ruf nach den Menschenrechten ist nicht neu, ebenso wenig wie Empörung und Verbitterung angesichts von Unrecht und Gewalt überall in der Welt. Neu aber ist, dass die damit von alters her verbundenen Ohnmachtsgefühle des Einzelnen heute keine Berechtigung mehr haben. Mehr noch: Die alte, allzu wohlbekannte Schutzbehauptung der Resignierten und der Mutlosen: »Einer allein kann ja doch gar nichts tun«, entpuppt sich immer mehr als glatte Lüge. Die Menschenrechtsorganisationen unserer Zeit, die nichts anderes sind als freie und unabhängige Zusammenschlüsse vieler einzelner Menschen, haben längst bewiesen, dass man sehr wohl »etwas tun« kann, und dies auch noch sehr erfolgreich. Schon ihre schiere Existenz macht Mut. Zahllose Selbsthilfegruppen von Betroffenen in aller Welt, wie etwa die Mütter der Plaza de Mayo in Argentinien oder die Samstagsmütter in der Türkei, vertrauen bei ihrem gefährlichen Engagement auf ein weltweites Netz der Solidarität. Wer heute für seine Rechte und die Rechte anderer einsteht und gegen Unrecht aufbegehrt, ist nicht mehr allein. Und wer heute seinen Beitrag zur Veränderung der Welt leisten will, wird in der reichen Vielfalt der Menschenrechtsorganisationen immer eine Möglichkeit zur Mitarbeit finden, die den eigenen Interessen und Wünschen entspricht.

ALI SCHIRASI

»Lebt wohl, Freunde!«

Mein einziger Kontakt zur Außenwelt war die Spalte unter der Tür. Die Zelle war ungefähr zweieinhalb Meter lang und zwei Meter breit. Waschbecken und Klo waren in der Zelle. Als Bettzeug dienten mir drei ausgediente Militärdecken. Die Zellentür hatte ein kleines Loch, durch das die Wärter hereinschauen konnten, um das Zelleninnere zu kontrollieren. Dreimal täglich schoben mir die Wärter eine kärgliche Menge Essen unter der Tür durch. Nach einer Phase täglicher Verhöre riefen sie mich etwa drei Monate lang kein einziges Mal.

Manchmal dachte ich, dass sie mich in diesem Verlies ganz vergessen hätten, manchmal, dass sie vielleicht noch weitere Erkundigungen über mich einziehen. Manchmal hatte ich das Gefühl, als sei ich in dieser großen Welt verloren gegangen. Mühevoll markierte ich die verstreichenden Tage mit einem Streichholz an der Wand. Mitunter wäre es mir lieber gewesen, zum Verhör zu gehen, selbst wenn sie mir dort ein paar Peitschenhiebe verpassten, das wäre nicht so wichtig gewesen, wenigstens hätte ich die Chance gehabt, vielleicht etwas Neues zu hören. Ich hätte erfahren können, wie es um den Krieg zwischen Iran und Irak steht, und hätte vielleicht mitbekommen, was sie über mich herausbekommen hatten. Aber das war bloßes Wunschdenken.

Nach drei Monaten holte mich die Stimme eines Wärters wieder in die Gegenwart zurück. Er stand vor der Tür und sagte, ich solle meine Augenbinde anlegen. Als ich mir die Augen verbunden hatte, ging die Tür auf, der Wärter fasste mich am Hemdärmel und führte mich ab. Erst dachte ich, es gehe zum Verhör, und zahlreiche Gedanken bestürmten mich gleichzeitig. Schnell versuchte ich, mich zu erinnern, was sie bis jetzt gefragt hatten, und ließ mir meine bisherigen Antworten durch den Kopf gehen, um mich nicht in Widersprüche zu verwickeln. So oft hatten sie mich schon zum Verhör und zur Folterkammer zwei Stockwerke tiefer gebracht, dass ich den Weg auswendig wusste. Nach 23 Schritten kam ein Gang, in dem sich die Verhörzimmer befanden.

Ich fühlte, dass der körperliche und seelische Kampf mit den Verhörbeamten wieder begann. Aber zu meiner Überraschung brachte mich der Wärter ein Stockwerk tiefer. Ich sagte mir, dann führen sie mich diesmal wohl direkt zur Folterkammer. Der Verhörende wartet wahrscheinlich schon dort und ist bereit, mich auspeitschen zu lassen, wenn ich nicht gleich bei der ersten Frage die gewünschte Antwort gebe. Ich täuschte mich, denn der Wärter führte mich aus dem Gebäude hinaus.

Ich genoss die frische Luft. Schnell nahm ich ein paar tiefe Atemzüge. Ich hatte nur zerrissene Hausschuhe und keine Strümpfe an. Der Wärter führte mich über vereisten Schnee, ich weiß nicht, wohin. Nach ein paar Minuten ließ er mich im Freien auf Schnee und Eis stehen und sagte, ich solle hier warten. Allmählich wurden meine Füße immer kälter und fingen an zu schmerzen. Ich begann, am ganzen Leib zu zittern, aber die freie Luft war mir wirklich lieb. Da vernahm ich aus einigen Schritten Entfernung die Stimme eines Wärters. »Komm näher!«, sagte er. Ich merkte, dass außer mir auch noch andere da standen. Der Wärter befahl, dass wir uns an der Kleidung des Vordermannes halten sollten. Ich war der Letzte in der Reihe. Er brachte uns zu einem anderen Gebäude, dort ging es zwei Stockwerke hoch, wir kamen wieder in einen Gang. Zu beiden Seiten waren Zellen. Er öffnete die Zellentüren der Reihe nach und schickte jeweils einen von uns hinein. Ich war der Letzte, den er in eine Zelle schob. Hinter mir schloss er die Tür.

Da merkte ich, dass noch andere in der Zelle waren. Eine Stimme sprach: »Willkommen, du kannst deine Augenbinde abnehmen.« Als ich sie abgenommen hatte, sah ich, dass die Zelle ringsum voll war. Sogar in der Mitte saßen welche. Jemand rückte zur Seite und bot mir einen Platz an. Ich setzte mich hin. Mein Nachbar hieß mich noch einmal willkommen.

Während er redete, gab er mir einen Apfel und ein anderer ein paar Datteln. Mein Nachbar stellte sich zuerst vor: »Ich heiße Masud und bin 1982 verhaftet worden.« Dann nannte er die Organisation, in der er aktiv gewesen war. Nach Masud stellten sich alle anderen der Reihe nach vor, bis ich schließlich drankam. Ich berichtete, wann ich verhaftet worden war und was mir vorgeworfen wurde. Ich war hier, das spürte ich, in eine überaus lebendige Welt eingetreten, schon bei der Vorstellung zeigte sich ihr ungebrochener Stolz und ihre Anteilnahme. Aus ihren Gesprächen erfuhr ich, dass sie Masud zum Zellensprecher gewählt hatten. Ich wusste inzwischen auch, dass unsere Zelle täglich zwanzig Minuten Hofgang hatte, manchmal vormittags, manchmal auch nachmittags. Man konnte sich dort die Füße vertreten und in einem Waschbecken auch seine Wäsche waschen, falls man welche hatte. Gegenüber der Tür war ein Regal an der Wand, in dem jeder seine Sachen in einem Beutel verstaut hatte. Die Beutel waren völlig eng hineingezwängt. Das Zusammensein mit anderen Menschen, der freundliche Umgang miteinander, ihre Gespräche und Diskussionen, die Abwesenheit jeglicher Reuiger, die täglich zwanzig Minuten Hofgang, die Existenz eines Fernsehers in der Zelle, mit dem wir Nachrichten hören konnten, das Verhalten und die Reden von Masud, das alles erweckte wieder Leben in mir. Aber am meisten freute ich mich auf den Hofgang, aufs Freie. Und am Nachmittag ging tatsächlich die Zellentür auf, ein Wärter rief »Hofgang!« und ging wieder. Wir verließen die Zelle, durchquerten einen langen Flur, gingen die Treppe hinunter und kamen auf den Hof. Die Mitgefangenen hatten mir Strümpfe und gute Hausschuhe gegeben. Ich ging langsam, Schritt für Schritt, und sog die frische Luft tief ein. Ein paar Minuten später gesellte sich Masud zu mir und fing ein Gespräch an. Er erklärte mir, dass einige aus der Zelle keinen Besuch bekämen und deshalb keine Kleider und kein Geld von ihrer Familie erhielten. Daher legen alle, die Geld und Kleider haben, diese an eine bestimmte Stelle, und alle können nach Bedarf etwas davon nehmen. Beim Schlafen, so erzählte er, wird besondere Rücksicht auf die Kranken genommen, weil der Platz knapp ist. Auch bei der Verteilung der Mahlzeiten und des Obstes, das Mangelware ist, sorgen sie besonders für die Kranken. Das Geschirrspülen, Essenausteilen und Saubermachen der Zellen wird ebenfalls unter den Gefangenen aufgeteilt, jeden Tag ist eine bestimmte Gruppe daran. Morgens wird in der Zelle zwanzig Minuten Gymnastik getrieben, freiwillig, wer will. Das alles berichtete mir Masud. Unterdessen war der Hofgang zu Ende und wir kehrten in die Zelle zurück. In den folgenden Tagen sollte ich feststellen, wie hilfsbereit Masud den anderen gegenüber in allen Dingen war. Wenn welche vom Verhör zurückkamen, versorgte und pflegte er sie, sofern er in der Zelle war, und hatte keine ruhige Minute. Er glich einem Arzt, der mit Leib und Seele bei der Sache ist. Auch wenn jemand bedrückt war und Sorgen hatte, stets versuchte Masud, ihm zu helfen, so gut er konnte. Im Laufe der Zeit lernte ich ihn noch besser kennen. Die anderen hatten mir erzählt, dass er verheiratet ist und eine kleine Tochter hat.

Eines Tages, als ich ihn fragte, ob er von ihnen Besuch bekomme, antwortete er: »Ich sehne mich sehr nach ihnen. Wenn ich sie doch nur einen Moment lang sehen dürfte, nur einen Blick auf sie werfen! Aber leider habe ich weder von meiner kleinen Tochter noch von meiner Frau Nachricht. Ich weiß nichts, nicht wo sie sind, und nicht, wie es ihnen geht.« »Wie das?«, fragte ich. Er berichtete: »Wir gingen die Schademan-Straße entlang. Ich hatte meine Tochter auf dem Arm. Auf einmal merkte ich, dass ich von vorn und von hinten beobachtet wurde. Ich wusste nicht, ob sie uns verhaften wollten oder bloß beschatteten. Irgendwie müssen wir fliehen, dachte ich. Während ich meiner Frau die Tochter übergab, machte ich ihr die Lage klar. Ich nahm ihr die Tasche mit den

Kinderkleidern ab, und während ich darin herumsuchte, Kleidungsstücke herausholte und wieder hineintat, sagte ich zu meiner Frau: »Ein Stückchen weiter biegen zu beiden Seiten zwei enge Straßen ab. Die eine trifft auf die Sandschan-Straße, die andere auf die Setarchan-Straße. Sobald wir an die Stelle kommen, gehe ich auf die andere Straßenseite und biege in das Sträßchen ein, das zur Setarchan-Straße führt. Du biegst auf dieser Seite ein und gehst ganz ruhig weiter. Sobald du sicher bist, dass du nicht mehr verfolgt wirst, versuche so schnell wie möglich, aus dieser Gegend wegzukommen.« Meine Frau nahm die Tasche mit den Kleidern wieder an sich. Wir gingen weiter und ich verabschiedete mich leise von ihr. Als wir an die vereinbarte Stelle kamen, rannte ich mit vollem Tempo über die Straße und bog in die gegenüberliegende Seitenstraße ein. Ich rannte weiter. In der Seitenstraße hörte ich auf halbem Weg ein Motorrad, das mit Vollgas hinter mir herkam. Das Motorrad überholte mich, es saßen zwei Personen darauf. Ein ganzes Stück weiter stieg einer ab und das Motorrad fuhr fort. Ein paar Augenblicke später kam ein weiteres Motorrad mit zwei Personen und überholte mich. Sie stiegen ab. Beide waren bewaffnet. Ich merkte, dass es sinnlos war, weiterzulaufen. Ich blieb stehen, schaute mich um und entdeckte, dass ich in die Falle gegangen war, denn von hinten kamen auch mehrere auf mich zugerannt. Ich lief auf eine wenige Schritte entfernte Haustür zu und klingelte. Aber bis die Haustür geöffnet wurde, stürzten sich die Verfolger von beiden Seiten auf mich und versetzten mir Faustschläge und Fußtritte. Da hörte ich Leute fragen: »Wieso schlagt ihr den armen Menschen? Was hat er denn getan?«, und sie wollten mich aus den Händen der Verfolger befreien. Darauf gab einer der Verfolger ein paar Schüsse in die Luft ab und sagte: »Wir sind Pasdaran, und dies ist ein Feind der Revolution. Er wollte fliehen, und wir haben ihn festgenommen.« Während sie mich von beiden Seiten in die Zange nahmen, banden sie mir die Hände auf dem Rücken zusammen und brachten mich zu einem Motorrad. Die Seitenstraße hatte sich mit

Frauen und Kinder gefüllt, die Haustüren waren aufgegangen und von überallher kamen Menschen, die Leute beugten sich aus den Fenstern und schauten hinunter. Sie redeten leise miteinander, sodass ich sie nicht verstehen konnte. Ich musste aufs Motorrad steigen, vor mir der Fahrer, dann ich und einer hinter mir, der mich festhielt. Das Motorrad startete. Als wir in die Setarchan-Straße einbogen, hielt das Motorrad neben einem Fahrzeug, in dem drei Pasdaran saßen. Ich musste einsteigen. Meine Augen wurden verbunden, dann brachten sie mich nach Ewin. Sogleich gingen die Verhöre los, und seitdem habe ich keine Nachricht mehr von meiner Frau und meiner Tochter.« Ich fragte ihn, wie seine Verhöre waren. Er wies auf seine Fußsohlen. Ich schaute hin. Schon die Tage davor hatte ich seine Füße gesehen, die Form seine Zehen war mir aufgefallen. Von den anderen hatte ich auch erfahren, wie lange er den Verhören ausgesetzt war und was er alles durchmachen musste. Während ich auf seine Füße schaute, fragte ich, ob er deswegen vielleicht gar ins Krankenhaus musste. Er bestätigte mit einem Kopfnicken. Ich fragte, ob er auch schon seine Gerichtsverhandlung gehabt habe. »Schon vor längerer Zeit!«, antwortete er. Was für eine Strafe er denn bekommen hätte, wollte ich wissen. Darauf er: »Der Verhörbeamte hat die Hinrichtung gefordert.« Ich fragte, was er bei der Verhandlung aus den Fragen und Antworten herausgelesen habe. Er antwortete: »Meine Verhandlung hat vielleicht gerade drei Minuten gedauert. Ich habe gar nicht mitbekommen, was los war. Meine Augen waren ja verbunden, jemand hat ein paar Fragen gestellt und ich habe geantwortet. Das war die Gerichtsverhandlung.« Auf die Frage was er jetzt denke, wie es weitergehe, meinte er: »Seit einiger Zeit holen sie mich zweimal pro Woche zum Verhör. Du weißt ja selbst, wie die Verhöre sind. Jedes Mal wenn sie mich holen, wollen sie, dass ich ein ›Interview‹ gebe, dass ich vor den Gefangenen meine ›Untaten‹ gestehe und bereue. Der Verhörende besteht jedes Mal darauf. Er sagt, wenn ich ein ›Interview‹ gebe, würde das Todesurteil in lebenslänglich umgewandelt.« Ich fragte: »Heißt das, dass ein einziges Interview dein ganzes Urteil ändert?« Er meinte: »Mag sein, dass dies bei einigen tatsächlich reicht und das Lebenslänglich dann nach und nach auf 15 Jahre reduziert wird. Aber in meinem Fall ändert ein Interview überhaupt nichts.« Ich wollte wissen, wie das komme. Er antwortete: »Sie wollen mich hinrichten. Gut. Sollen sie es tun. Dieses Fleisch und diese Knochen gehören ihnen. Aber wenn ich ein Interview gebe, dann habe ich mich selbst hingerichtet, und ›ein Interview‹ ist leicht gesagt. Zuerst muss man in den Gebetsraum und vor den versammelten Gefangenen seiner Überzeugung abschwören, Reue zeigen, seine Organisation in Grund und Boden verdammen, Chomeini und die Islamische Republik akzeptieren und tausenderlei Unsinn über sich selbst, seine Freunde und seine Überzeugung von sich geben – das ist die erste Hinrichtung. Nach dem Interview muss man dann seine Gefährten bespitzeln – das ist die zweite Hinrichtung. Und um zu beweisen, dass man ein echter Reuiger ist und die Regierung wirklich akzeptiert, muss man alles ausführen, was sie einem auftragen, auch Mitgefangene foltern und sogar hinrichten. Das ist die dritte Hinrichtung. Wenn ich dann meine eigene Überzeugung hingerichtet habe, meine Wünsche und Ziele, meine Liebe zu den Freunden, meinen Einsatz für die Organisation, wenn ich das alles hingerichtet habe, was bleibt mir dann noch zum Leben? Daraus folgt: Ein Interview bedeutet Hinrichtung, kein Interview – ebenfalls. Aber diese beiden Hinrichtungen sind nicht dasselbe. Die erste vollstrecke ich mit eigener Hand. Dann bin ich wirklich tot. Die andere Hinrichtung müssen sie selbst ausführen. Meinen Körper können sie töten, aber meine Sehnsüchte, meine Überzeugung, können sie die etwa hinrichten? Nein, das kann niemand, auf der ganzen Welt nicht. Ich bin sicher, dass meine Sehnsüchte und Ziele in meiner Tochter und in den kommenden Generationen weiterleben werden.« Er sprach so ruhig, so unverrückbar wie ein Fels. Sein Stolz und seine Würde machten einen tiefen Eindruck auf mich. Die Zelle war vom Geist des Widerstands erfüllt. Jeden Tag wurden einige aus der Zelle zum Verhör abgeholt. Nachts hatten sie dann nach den ganzen Folterungen und Schmerzen nicht einmal einen Platz, wo sie sich ausstrecken konnten. Auch meine Verhöre fingen wieder an, fast täglich holten sie mich; wir machten Schweres durch in diesen Tagen. Bei mir stand es schließlich so, dass ich ins Krankenhaus musste. Zehn Tage Krankenhaus und wieder zurück in die Zelle. Außer mir waren in der Zelle noch zwei weitere krank, auch sie infolge der Verhörmethoden. Die liebevolle Fürsorge Masuds und der anderen hatte bei mir mehr Erfolg, als jede erdenkliche ärztliche Behandlung haben konnte. Einen Tag später öffnete ein Wärter die Tür und rief Masud zu, er solle sich die Augenbinde anlegen und herauskommen. Alle wunderten sich. Es war nicht die Zeit, zu der wir normalerweise zum Verhör gerufen wurden. Keiner konnte sich denken, zu welchem Anlass sie ihn geholt hatten. Nach etwa zwei Stunden brachten sie ihn wieder. Beim Eintreten begrüßte er uns ganz herzlich und glückstrahlend, mit lächelndem Gesicht und leuchtenden Augen. Einer von uns fragte ganz ungeduldig: »Wo warst du denn? Zum Verhör bestimmt nicht.« – »Nein, ich habe Besuch bekommen, und dazu ohne Trennscheibe«, sagte Masud. Ein anderer fragte: »Im Ernst? Und von wem?« Masud erwiderte: »Von meinen Eltern.«

Betroffenes Schweigen allerseits. Masud setzte sich. Alle senkten den Blick und ließen die Köpfe hängen. Es war so still, als hätten sie zu atmen aufgehört. Einige weinten kaum hörbar in sich hinein. Ich begriff nicht, wie die Stimmung so plötzlich umschlagen konnte, es kam mir vor wie eine Totentrauer. Ich fragte leise einen neben mir, was das zu bedeuten habe, warum sie auf einmal alle so still geworden seien. Er fragte, ob ich wisse, was es bedeute, wenn jemand in Masuds Situation seine Eltern ohne Trennscheibe sehen dürfe, ich sagte: »Nein.« »Das heißt«, fuhr er fort, »dass Masud sehr bald hingerichtet wird. Wir haben die Erfahrung gemacht: Wenn sie jemand hinrichten wollen, darf derjenige einen oder ein paar Tage vorher noch einmal seine engsten Angehörigen sehen und umarmen. Solche Besuche kommen meist unerwartet.«

Da erklang Masuds Stimme: »Freunde, unser Kampf ist kein Spiel! Wenn man sich darauf einlässt, erst recht mit einer solchen Regierung, muss man auch mit so etwas rechnen. Hier wird keinem etwas geschenkt. Schon lange habt ihr gemerkt, wie sie versuchen, mich zu brechen. Nun, das ist ihnen nicht gelungen, sie mussten eine Niederlage einstecken. Aber diese Niederlage wollen sie mir heimzahlen. Das Wie ist klar – indem sie mich hinrichten. Wollt ihr wissen, was ich meinen Eltern gesagt habe? Ich weiß nicht, ob es falsch oder richtig war, aber ich wollte, dass meine Eltern ihre Hoffnung behalten, solange sie nicht von meiner Hinrichtung erfahren. Ich habe ihnen deshalb gesagt, dass ich vielleicht bald freigelassen werde.«

Er schwieg. Alle sahen ihn an. Da sprach er wieder: »Freunde, wer weiß, wie viele Tage ich noch unter euch bin. Vielleicht bin ich morgen früh schon weg. Gut. Aber wenn ihr hier Trübsal blast und solche Gesichter zieht, ändert das überhaupt nichts. Ich bitte euch, macht mir die letzten Momente, die ich bei euch bin, nicht unnötig schwer. Ihr wisst bestimmt auch gute, schöne Dinge zu erzählen; kommt, redet lieber und lacht!« Danach bat er um Stille und begann, leise eine heitere Melodie zu summen. Dann wünschte er sich, dass ein Mitgefangener, der eine ganz ergreifende Stimme hatte, eine alte iranische Weise singen möge. Nach und nach kehrte wieder die gewohnte Stimmung in die Zelle zurück, so als versuchte jeder, seinen Teil dazu beizutragen, die letzten Augenblicke mit Freude zu erfüllen. Masud ließ sich abwechselnd bei den verschiedenen Grüppchen in unserer Zelle nieder und beteiligte sich lebhaft am Gespräch. Eins schien seinem Gesicht, seinem ganzen Wesen völlig fremd: die Angst vor der Hinrichtung. Er sprach, als stünde ihm eine lange, interessante Reise bevor, auf der es viel zu sehen gebe.

Zur Schlafenszeit lag zwar jeder auf seinem Platz, aber keiner konnte schlafen. Am nächsten Morgen, noch vor dem Frühstück, schlug jemand kräftig an die Tür und öffnete sie. Ein Wärter stand da, der Masud aufforderte, seine Sachen zu packen und mitzukommen. Wenn jemand mit seinen ganzen Sachen herausgerufen wird, kann das mehreres bedeuten. Es kann heißen, dass er in eine andere Zelle, in eine andere Abteilung oder überhaupt in ein anderes Gefängnis verlegt wird. In Masuds Fall aber – erst recht nach dem Besuch – hieß das nur eins: dass er dem Hinrichtungskommando übergeben werden sollte. Masud ging zu seinem Beutel und packte sein Zeug ein. Neben ihm standen ein paar Gefangene, auch die anderen standen. Als er sich anschickte zu gehen, umringten ihn alle, umarmten ihn der Reihe nach, küssten ihn auf seine Wangen und suchten nach passenden Worten. Einige regten an, zu Masuds Andenken dreimal den Segensruf zu wiederholen, den die Gläubigen dem Namen der Propheten bei jeder Nennung folgen lassen. (Dass dies den Wärtern missfallen würde, lag auf der Hand, hatte Chomeini die dreimalige Wiederholung der Segensformel doch ausschließlich für sich vorbehalten. Jeder musste sie bei der Nennung seines Namens – sei es beim Freitagsgebet, sei es anderswo – aufsagen.) So riefen ihm die Zellengefährten zum Schluss dreimal den Segen zu, dann schüttelte ihm nochmal jeder reihum die Hand und verabschiedete sich.

Masud stand mitten in der Zelle, um ihn seine Freunde, als der Wärter wütend losschimpfte, Masud solle endlich herauskommen und die anderen ihm den Weg freigeben. Aber niemand achtete auf seine Worte. Der Wärter verschwand für einen Moment und kehrte mit Verstärkung zurück. Die Wärter stürmten in die Zelle, schlugen die Gefangenen mit Füßen und Fäusten und versuchten, ihnen Masud zu entreißen. Sie brachten ihn zur Tür, und während er noch im Türrahmen stand, wandte er uns den Kopf zu und rief: »Lebt wohl, Freunde!« Die Wärter schoben ihn hinaus und knallten die Zellentür wutentbrannt zu.

Die Gefangenen versanken in Schweigen, keiner hatte Lust zu

reden. In diesem absoluten Schweigen legten sie alles fürs Frühstück bereit, aber sie waren schnell fertig damit. Der Appetit war ihnen vergangen, keiner brachte einen Bissen hinunter. Auch zu Mittag ging es so. Nachmittags kamen dann neun Wärter in unsere Zelle, und einer begann, eine Rede zu halten: Die Gefangenen hätten nicht das Recht gehabt, sich von Masud zu verabschieden. Dann folgte eine lange Predigt über den »Bösewicht« Masud. Zum Schluss betonte er, dass wir nicht das geringste Recht hätten, ihm den Segensgruß zuzurufen. Worauf ein Wärter ergänzte, dass einige dieser verkommenen Existenzen – er meinte uns – Masud mit Parolen gefeiert und den Segensgruß gleich dreimal gerufen hätten. Da wollten die Wärter von uns wissen, wer das gewesen sei. Keine Antwort. »Bestimmt haben ein paar von euch die anderen angestiftet«, meinten sie darauf. »Es ist besser, wenn ihr die Anstifter nennt«, drohten sie, »sonst werden alle, die diese verwerfliche Sünde begangen haben, dies an der eigenen Haut zu spüren bekommen.« Sie gaben uns bis zum nächsten Tag Zeit, die »Anstifter« zu denunzieren. Zwei Tage vergingen. Am Nachmittag des dritten Tages erschienen dieselben Pasdaran mit Kabeln bewaffnet in der Zelle und versuchten noch einmal, uns zum Reden zu bewegen. Ohne Erfolg. Da fielen sie wütend über uns her und schlugen uns mit den Kabeln auf Kopf und Rücken. Wieder ohne Erfolg. Schließlich erklärten sie: »Da keiner von euch redet und die Anstifter nennt, bekommt jeder zwanzig Peitschenhiebe.« Sie zwangen uns, uns im Kreis aufzustellen, dann legten sie jeden der Reihe nach jeweils in der Mitte auf den Boden und verabreichten ihm zwanzig Peitschenhiebe. Eine kalte Wut stieg in uns auf, jeder biss die Zähne zusammen. Die Wärter kamen ganz außer Atem und schwitzten. Wie ein geschlagenes Heer sammelten sie ihre Kabel und Prügel ein und gingen. Die Zellentür schloss sich.

Wir blickten uns an und ein Lächeln breitete sich auf unseren Gesichtern aus.

Kapitel II

Folter

*Wer der Folter erlag,
kann nicht mehr
heimisch werden in der Welt.*

JEAN AMERY

HARALD BAUER

Die Würde des Menschen ist (un)antastbar – Aspekte der Folter

»Alle Menschen sind frei und gleich an Würde und Rechten geboren.« So lautet der erste Satz des ersten Artikels der Allgemeinen Erklärung der Menschenrechte, verkündet von der Generalversammlung der Vereinten Nationen am 10. Dezember 1948. »Die Würde des Menschen ist unantastbar.« So lautet der erste Satz des ersten Artikels im Grundgesetz für die Bundesrepublik Deutschland vom 23. Mai 1949. Beide Feststellungen sind keine Erfindungen der Neuzeit. Über die Jahrhunderte hinweg wurden sie immer wieder postuliert, mal von vielen, mal von wenigen Menschen. Zu Papier gebracht wurden sie unter dem Eindruck eines bis dahin und bis heute in seinem Wesen und seinem Ausmaß einzigartigen Angriffs auf die Menschenwürde, ausgegangen von Deutschen.

Um zu existieren, bedarf die Menschenwürde jedoch keines Rechtsaktes. Sie wird nicht verliehen oder zugestanden, sondern ist allen Menschen angeboren, auch dort, wo Recht und Gesetz keine Geltung mehr haben. Sie ist entweder allen Menschen zu eigen oder keinem. Wer – aus welchen politischen, rassischen, religiösen oder sonstigen Motiven auch immer – die Würde eines Menschen infrage stellt oder zu zerstören sucht, greift damit auch seine eigene und die aller Menschen an.

Obwohl jede Menschenrechtsverletzung die Würde von Täter und Opfer gleichermaßen infrage stellt, gibt es unzählige Beispiele, wie versucht wird, die Würde eines einzelnen Menschen, einer Gruppe oder eines ganzen Volkes aus der Welt zu schaffen. Die Folter ist dabei der deutlichste Ausdruck solch eines schleichenden Krieges gegen die Grundlagen unseres Zusammenlebens. Der Sinn der Folter liegt nicht in der körperlichen, sondern der seelischen Vernichtung einer Person, er liegt nicht in den erfinderisch zugefügten Schmerzen, sondern darin, einen Menschen zu erniedrigen und zu demütigen und zu brechen und ihm alles zu nehmen, was ihn zum Menschen macht – als Erstes die Würde und mit ihr den Anspruch, ein gleichwertiger und gleichberechtigter Teil der Menschheit zu sein.

Der Folterer muss zu seiner Rechtfertigung die Würde des Menschen – aller Menschen – infrage stellen oder leugnen. Umgekehrt gilt, dass jeder Staat, der nicht die Menschenwürde aller anerkennt, sie nicht aktiv verteidigt oder sie auch nur in Vergessenheit geraten lässt, der Folter und allen anderen Menschenrechtsverletzungen den Boden bereitet. Das geschieht oft langsam, fast unmerklich, in ganz kleinen Schritten …

Die Gründe

»Die Folter hat für immer aufgehört zu existieren«, schrieb vor mehr als 100 Jahren der französische Schriftsteller Victor Hugo. Abgesehen davon, dass seine Behauptung schon damals nur für die europäische Staatenwelt galt, spiegelt sich in seinen Worten der fortschrittsgläubige Optimismus des 19. Jahrhunderts wider, der in der Verbannung der Folter aus dem Rechtssystem der europäischen Länder einen endgültigen Sieg sah.

Heute wissen wir, dass – trotz aller Bemühungen um ein Verbot – die Folter in der Praxis der politischen Verfolgung nach wie vor eine zentrale Rolle spielt. Abu Ghraib hat deutlich vor Augen geführt, dass Folter heute unter anderem dazu dient, die Besiegten zu erniedrigen, den Sieg auszukosten – dies geschieht nur selten als Abirrung Einzelner, sondern in der Regel im Rahmen eines institutionalisierten Vorgehens. Die wichtigste Funktion der Folter besteht jedoch darin, die politischen Gegner, ihr Umfeld oder die gesamte Bevölkerung einzuschüchtern, um sie von politischen Aktivitäten abzuhalten. Durch Androhung von Folter soll ein Klima der Angst erzeugt werden. Körperlicher Schmerz, psychischer Druck, Isolation und Demütigungen jeglicher Art sind Mittel, die nicht nur dazu dienen, Informationen zu erhalten, sondern die das Opfer zerbrechen und seine Identität zerstören sollen. »Wir werden ihn von innen zerbrechen, weil wir wissen, wie man es tut, ohne eine einzige Spur zu hinterlassen. Wenn er überlebt, und solange er lebt, wird er nie den Preis seiner Kühnheit vergessen.« (Aus: »Dann werden die Steine schreien«) Neben physischer Brutalität bis hin zu Verstümmelungen wird der Einsatz von raffinierten mechanischen Geräten immer häufiger, genau wie die Anwendung psychologischer und pharmakologischer Foltermethoden. Während einst die bei einem Verhör anwesenden Ärzte dazu da waren, den Tod des Opfers zu verhindern, spielt heute die medizinische Wissenschaft eine aktive Rolle bei der »Verbesserung« der Foltermethoden.

Das System Folter

Die Berichte von amnesty international zeigen, dass Folter in Ländern mit den unterschiedlichsten Gesellschaftsordnungen und Ideologien angewandt wird. In welchem Maß die Regierungen für ihre Folterpraxis Verantwortung tragen, lässt sich daran ablesen, wer die Rolle des Folterers übernimmt. Häufig sind Polizei und Militär beteiligt, vor allem aber systematisch geschulte Spezialeinheiten, die meist beträchtliche Privilegien genießen. Die Sonderausbildung besteht aus intensiver politischer Indoktrination und einem harten Trainingsprogramm, das der später auszuführenden Folter gleicht. Größte Brutalität unter den »Rekruten« und bedingungsloser Gehorsam gegenüber den Vorgesetzten wird anerzogen, bis der künftige Folterer − seiner Persönlichkeit beraubt − so konditioniert ist, dass er eine verfälschte politische Wirklichkeit akzeptiert, in der menschliche Würde nicht mehr existiert.

Folterer sind prinzipiell ganz normale Menschen. Die allgemeine Vorstellung von »entmenschten, perversen Sadisten« trifft nur höchst selten zu und dient weniger der Erklärung als der Beruhigung des fassungslosen Beobachters. Als Angehörige des Militärs, der Polizei oder der Geheimdienste führen sie Befehle aus, die an Schreibtischen erdacht wurden. Hinter jedem Folterer steht ein Vorgesetzter, der dessen Handlungen plant, anleitet und koordiniert oder zumindest billigend in Kauf nimmt. In der Regel reicht die Befehlskette, direkt oder verschlungen, insgeheim oder offen, bis in das Regierungsgebäude.

In jedem Fall ist sich der Folterer bewusst, in höherem Auftrag zu handeln. Auch im übertragenen Sinne. Er stammt oft aus den verarmten Schichten der Bevölkerung, verfügt über gar keine oder nur minimale Schulbildung. Seine Ausbildung war meist sehr hart und die Behandlung, die er erfahren hat, menschenunwürdig. Der Staatsdienst, der ihn zunächst noch mehr erniedrigt hatte, als er es vordem war, bringt ihn unversehens in eine Machtposition. Als theoretisches Rüstzeug hat man ihm das unbedingte Vertrauen in seine Vorgesetzten mitgegeben und dazu einige Wertbegriffe (Fahne, Vaterland, Nation, Religion, Kultur, Rasse usw.) sowie die Information, dass diese Werte bedroht seien. Verantwortlich für die Bedrohung sei eine bestimmte Gruppe von Menschen, die sich durch ihr Denken oder ihre Herkunft von ihm unterscheiden und die mit allen Mitteln bekämpft werden müssten. Er, der die schmutzige Arbeit macht, wird sich daher nie als Handlanger begreifen, sondern als Angehöriger einer Elite im Dienste einer höheren Sache. Aufkommende Zweifel werden rasch verdrängt, weil seine Vorgesetzten »schon wissen werden, was sie tun« oder weil er am besten weiß, wie mit Dissidenten verfahren wird.

Elite- und Sendungsbewusstsein sind besonders bei den Folterern höherer Dienstgrade ausgeprägt. Sie stammen – etwa als Angehörige des Offizierskorps – meist aus dem Mittelstand oder aus den führenden Familien des Landes. Sie sind die Ausbilder der Handlanger und wurden selbst von hoch qualifizierten Fachleuten auf ihre Tätigkeit vorbereitet, oft in einer seriös anmutenden akademischen Atmosphäre und nicht selten auf der Basis internationaler Kooperation. Die Trainingskurse, Seminare und Fortbildungsveranstaltungen, die dieser Typus absolviert hat, stehen nur den Fähigsten offen und wurden von ihm daher als Auszeichnung empfunden. Davon abgesehen steht auch er »im Dienste der Sache«, »tut nur seine Pflicht« und kann sich darüber hinaus eines breiten und ausgefeilten Katalogs politischer, militärischer und philosophischer Erklärungen für die Art seiner Beschäftigung bedienen. Das Wort »Folter« verwendet er grundsätzlich nicht, sondern bemüht sich intensiv um eine wertfreie, wissenschaftlich klingende Terminologie. Nicht unbedingt an letzter, aber an herausragender Stelle steht der Politiker. Seine Aufgabe ist es, die großen Linien des Staatsschutzes festzulegen. Die Details sind ihm nicht fremd, aber er will mit ihnen nicht belästigt werden. Je nach den aktuellen Bedürfnissen der Außenpolitik wird er Foltervorwürfe als ganz und gar unerträgliche Gräuelpropaganda interessierter Kreise auf das Schärfste zurückweisen oder von bedauerlichen Einzelfällen sprechen und um Verständnis für überarbeitete, gestresste Beamte werben, die unter der hohen Belastung ihres schweren Berufes »auch mal durchdrehen können«. Den Begriff »Opfer« verwendet er nicht, sondern wird, egal um wen es sich handelt, immer von »Terroristen« sprechen, gegen die sich jede zivilisierte Nation zur Wehr setzen müsse. Auf die Vorhaltung, als Organisator oder Vertuscher systematischer Folter selbst Täter zu sein, wird er mit Unverständnis und Empörung reagieren. Oder mit einem Haftbefehl.

In diesem System ist es an der Tagesordnung, dass Folterer straffrei ausgehen. Soweit überhaupt Untersuchungen zur Aufklärung von Foltervorwürfen stattfinden, verlaufen sie oftmals im Sande, weil die zuständigen Ermittlungsbehörden untätig bleiben, ineffektiv arbeiten oder sogar mit den Tätern unter einer Decke stecken. Selbst wenn Foltervorwürfe strafrechtliche Verfahren nach sich ziehen, ist der Prozentsatz der daraus resultierenden Verurteilungen verschwindend gering. Dieses Klima der Straffreiheit ermutigt potenzielle Täter zu weiteren Folterungen. Daran ändern bisher auch die Vereinbarungen der internationalen Konvention gegen die Folter nichts, weil die Staaten ihren daraus resultierenden Verpflichtungen fast durchgängig nicht nachkommen.

Im Umfeld der Folter

Der Arzt

»Ich liege auf dem Boden der Zelle. Es ist heiß. Meine Augen sind verbunden. Die Tür geht auf, und jemand sagt, dass ich verlegt werde. Seit zwei Tagen foltern sie mich nicht mehr. Der Arzt besucht mich und nimmt mir die Binde von den Augen. Ich frage ihn, ob es ihn nicht stört, dass ich sein Gesicht sehe. Er ist erstaunt: ›Ich bin doch Ihr Freund. Ich bin der, der sich um Sie kümmert, wenn man Ihnen die Maschine [damit ist ein Elektroschockgerät gemeint] gibt …!‹ Er sagt, er sei stolz auf mich wegen der Art, wie ich durchgehalten habe. Manche sterben ihnen weg, ohne dass man die Absicht hatte, sie zu töten, und er betrachte das als einen beruflichen Misserfolg …«

Der Seelsorger

(Nach der Aussage einer ehemaligen politischen Gefangenen aus Argentinien)

»Nach 42 Tagen beinahe ununterbrochener Verhöre in verschiedenen Folterzentren wurde ich in das zentrale Frauengefängnis verlegt. Ich war körperlich und seelisch am Ende, schöpfte aber neue Kraft, weil die Verlegung für mich ein Zeichen war, dass ich wahrscheinlich überleben durfte. Außerdem gab es eine Reihe von Erleichterungen, die mir wie Gottesgeschenke erschienen: wir mussten keine Augenbinden mehr tragen und wurden nicht mehr gefesselt, es gab einen feststehenden Tagesablauf, regelmäßiges Essen und sogar ein Krankenzimmer und einen Gefängnisgeistlichen.

Auf ihn richteten sich viele unserer Hoffnungen. Es stellte sich aber bald heraus, dass er kein Gottesgeschenk war, eher im Gegenteil. Seine Predigten glichen Propaganda-Veranstaltungen für die Militärregierung. Er versuchte, uns einzureden, dass wir gegen Gott und Obrigkeit gleichermaßen gesündigt hätten und der ewigen Verdammnis verfallen wären, wenn das Militär uns nicht in letzter Minute gerettet hätte und uns in seiner humanen Güte durch beständige Prüfungen läutern würde. In Einzelgesprächen sagte er über die Folter, dass wir selbst schuld daran seien, weil wir gesündigt hätten, und dass sie uns reinigen würde, aber nur wenn wir alles gestehen. Mädchen, die im Beichtgespräch von Vergewaltigungen während der Verhöre berichtet hatten, legte er schwere Bußen auf, weil sie die Soldaten aufgereizt hätten. Außerdem schien er die Beichte zu einer Fortsetzung der Verhöre zu machen und alle Informationen direkt an die Verhörleiter weiterzugeben. Einer älteren Mitgefangenen, die zu sterben glaubte, wollte er die Sterbesakramente nur unter der Bedingung eines umfassenden Geständnisses geben. Auf alle Mädchen und Frauen, die sich an ihrem christlichen Glauben aufrecht hielten, muss er schlimmer als die Folter selbst gewirkt haben. Manche verfielen in tiefe Depressionen, hervorgerufen durch unerträgliche Schuldgefühle, besonders diejenigen, die eigentlich nichts zu gestehen hatten; einige verstiegen sich in wahnhafte Selbstanklagen. Andere betrachteten ihn, unabhängig von ihrer religiösen Überzeugung, einfach als Teil der Verfolgungsmaschinerie. So gesehen, war dieser Mann nur ein Rädchen in der Maschine, ob er es nun wusste und wollte oder nicht. Auf jeden Fall befand er sich im Einklang mit der Mehrheit der Bischöfe, vielleicht nicht mit jeder einzelnen seiner niederträchtigen Handlungen, aber sicher mit seiner generellen Haltung.«

Wie es anfängt: ein Experiment

Anfang der sechziger Jahre forderte der amerikanische Psychologe Stanley Milgram die Bewohner von New Haven in den USA zur Teilnahme an einem psychologischen Experiment auf. Der Versuch sollte angeblich die Auswirkungen von Strafe auf das Lernverhalten untersuchen. Dabei übernahm die Versuchsperson die Rolle des Lehrers, der Schüler blieb unsichtbar hinter einer Wand. Die Aufgabe des Lehrers bestand darin, dem Schüler Wortpaare vorzulesen, die dieser korrekt aus dem Gedächtnis wiedergeben sollte. Für falsche Antworten sollte der Lehrer den Schüler mit einem Elektroschock bestrafen. Dazu hatte der Lehrer eine Schalttafel vor sich, auf der die Spannungen von 15 bis 450 Volt aufgetragen waren. Bei jeder falschen Antwort wurde ein um 15 Volt stärkerer Schock verabreicht.

Die Versuchsteilnehmer wussten nicht, dass mithilfe dieses Experiments in Wirklichkeit untersucht werden sollte, unter welchen Bedingungen Menschen bereit sind, anderen Schmerzen zuzufügen. Milgram wollte feststellen, ob und wann die Versuchspersonen den Versuch von sich aus abbrechen würden. Ab einer bestimmten Spannung hörte der Lehrer Schreie des Schülers. Sie wurden jedes Mal heftiger, bis der Schüler »Lassen Sie mich hier raus!« schrie. Ab 330 Volt hörten die Schreie plötzlich auf. In Wirklichkeit wurden natürlich keine echten Elektroschocks verabreicht und die Schreie kamen vom Tonband. Überkamen den Lehrer Zweifel an seinem Tun, so wurde er vom Versuchsleiter mit standardisierten Sätzen wie z. B. »Sie müssen unbedingt weitermachen« zum Fortsetzen bewogen. In Wirklichkeit hatte der Versuchsleiter natürlich keine Mittel, um den Lehrer zum Weitermachen zu zwingen.

Bei der beschriebenen Anordnung verabreichten trotz der Schreie über 60% der Teilnehmer den höchsten Schock von 450 Volt. Wurde die Versuchsanordnung so verändert, dass Lehrer und Schüler Sicht- bzw. Berührungskontakt hatten, fiel dieser Anteil mit 40 Prozent bzw. 30 Prozent immer noch erschreckend hoch aus. Milgrams Experiment hat gezeigt, dass die meisten Menschen schon von einer schwachen Autorität – oft gegen ihr Gewissen – dazu gebracht werden können, anderen Gewalt anzutun.

Rückblick auf eine lange Geschichte

Es gibt verschiedene Definitionen für Folter. Ursprünglich war sie eine Methode zur Aufklärung und Ahndung von Straftaten und ist als solche fester Bestandteil der Rechtsgeschichte. Die Rechtsgeschichte in Europa beginnt im Wesentlichen mit den Griechen und Römern. In Griechenland trat wohl zum ersten Mal das Problem des »Beweises« bei einer gleichzeitigen hierarchischen Gliederung der Gesellschaft auf: Ein griechischer Stadtbürger hatte besondere Rechte, und es bedurfte konkreter Vorwürfe, um ihn anzugreifen und in seiner hoch eingeschätzten Ehre zu verletzen. Doch wie sollte man vor Gericht die Aussage eines freien, ehrenhaften Bürgers mit der eines elenden Sklaven vergleichen? Um die Aussagen von Unterprivilegierten – Sklaven und Ausländern – gewissermaßen »aufzuwerten« und als rechtsgültigen Beweis anerkennen zu können, wurde die Anwendung physischer Gewalt festgeschrieben. Die Folter durfte sowohl bei Angeklagten als auch bei Zeugen angewandt werden, jedoch nur im Zusammenhang mit schweren Verbrechen und nicht in rein finanziellen Angelegenheiten.

Die Römer übernahmen im Wesentlichen die Praxis der Griechen. Zunächst durften nur Sklaven in außergewöhnlichen Fällen gepeinigt werden. Später wurde die Anwendung der Folter dann immer weiter ausgedehnt, bis es schließlich im Kaiserreich im 2. Jahrhundert nach Christus zu einer Spaltung der römischen Gesellschaft in normale Bürger und Honoratioren kam, von denen Erstere gefoltert werden durften – als Angeklagte wie als Zeugen. Kritik an der Folter findet man bei vielen bekannten Autoren der Antike. Sie entspringt aber mitnichten einem aufkeimenden antiken Humanismus, sondern allein der Erkenntnis, dass Aussagen unter Folter wenig glaubwürdig sind und sehr von der Fähigkeit des Individuums abhängen, Schmerzen zu ertragen. Folterungen wurden dennoch weiterhin vorgenommen, zumal sie zunehmend nicht nur der Informationsgewinnung, sondern auch der reinen Bestrafung dienten.

Nach der Ablösung der römischen Vorherrschaft in Europa durch germanische Völker bestand die Jurisdiktion vorwiegend aus archaischen Regeln und übernommenem römischem Recht (Schlichtung vor Fürsten, Gottesurteile usw.). Im 12. Jahrhundert kam es zu einer regelrechten Revolution im Bereich der Rechtsprechung: Die schriftlich niedergelegten Rechtskataloge der Römer wurden wiederentdeckt, überall in Westeuropa entstanden juristische Fakultäten, es wurde ein verbindliches Rechtssystem für die gesamte christliche Interessensphäre geschaffen, das sich ab dem 15. Jahrhundert durch den Buchdruck schnell verbreitete. Dabei wurde auch die Rangfolge der Beweise neu festgelegt: War zuvor die feierliche Aussage unter Eid der höchste Beweis gewesen, trat nun das Geständnis des Täters in Form eines Schuldbekenntnisses oder indirekt in Form einer bewiesenen Falschaussage an ihre Stelle. Dies führte zur Wiederentdeckung der Folter, die eine einfache Methode war, um bei Mangel von Augenzeugen Geständnisse zu erzwingen.

Während bisher der Geschädigte selbst für sein Recht sorgen musste, gab es nun auch das Amt des öffentlichen Anklägers seitens des Staates und der Kirche, der eigenständig Ermittlungen einleiten konnte. Die Richter aber waren dabei strengen Regeln unterworfen: Die Folter galt als eine Art letztes Mittel und musste in Gegenwart eines Arztes und eines Notars erfolgen; Foltergeständnisse konnten nur eingeschränkt zur Beweisführung verwendet werden. Durch einige geschickte rechtliche Manöver gelang es den Päpsten im 13. Jahrhundert, Sonderermittler zu ernennen, die das Versagen der weltlichen und kirchlichen Gerichte in der Glaubenskrise auffangen sollten und im Kampf gegen Ketzer auch foltern durften, allerdings nur – genau wie die weltlichen Behörden – bei schweren Verbrechen. Darunter fielen Mord und Verrat. Die Ketzerei wurde als Verrat an der Seele interpretiert.

Zur Zeit des Ancien Régime im 17. und 18. Jahrhundert erfuhr die Folter ihre größte Reglementierung. So wurde beispielsweise festgelegt, dass der Tod nicht Ziel der Folter sein durfte und ein Foltergeständnis später ohne Folter wiederholt werden musste, um rechtskräftig zu werden. In einer Art Bewegung, die ganz Europa zu ergreifen schien, wurden seit 1750 die Foltergesetze durch immer neue Revisionen eingeschränkt, bis sie um 1800 kaum noch eine Rolle spielten. Für die moralischen Vertreter der Aufklärung war die Folter das symbolische Gegenteil der Menschenrechte, eine Bedrohung für Recht und Vernunft und der ärgste Feind des Liberalismus.

Neben der moralisch begründeten Kritik brachte wohl vor allem die erneute Umgestaltung der Rechtsprechung die Folter zu Fall. Durch die Einführung neuer Strafformen wie Deportation, Arbeitsdienst oder Langzeithaft gab es mehr Möglichkeiten als die alleinige Alternative zwischen Todesstrafe oder Freilassung. Somit war ein Geständnis nicht mehr unbedingt nötig und auch »niedrigere« Beweise konnten bei schweren Verbrechen vor Gericht zugelassen werden. Die Doppelbödigkeit der moralischen Kritik an der Folter zeigte sich allerdings im gleichzeitig beginnenden Kolonialismus: Dieselben aufgeklärten Gesellschaften, die die Folter in Europa ausmerzten, wendeten sie in ihren Kolonien hemmungslos gegenüber der »niederen« Urbevölkerung an.

Im 19. Jahrhundert entstand schließlich das Phänomen des Totalitarismus: ein rechtsfreier Raum, in dem der Einzelne nicht viel zählt. Wo es um die Ziele des Ganzen geht, verlieren die Argumente der Aufklärung zur Abschaffung der Folter an Wirkung. In der Zeit nach dem Zweiten Weltkrieg hielten viele in der westlichen Welt die Folter für eine Eigenheit psychotischer Regierungen, die keinesfalls das Einverständnis der Bevölkerung haben konnten. Um so tiefer saß der Schock, als bekannt wurde, in welchem Ausmaß das demokratische Frankreich im Algerienkrieg die Folter gegen Araber und eigene Bürger angewendet hatte. Nicht zuletzt der »Krieg gegen den Terrorismus« belebte die Diskussion um die Rechtfertigung der Folter auch in den westlichen Demokratien neu und sorgte für einen Rückfall in längst überwunden geglaubte Argumentationsschemata. Am akademischen Beispiel der »tickenden Bombe« wird über moralische Dilemmata diskutiert, um das absolute Folterverbot an einer einzigen Stelle infrage zu stellen und damit doch gleichzeitig alle Schleusen zu öffnen. Ist erst einmal eine Ausnahme geschaffen, geht es nicht mehr um Prinzipien, sondern nur noch um den Preis, für den man bereit ist, Folter zu legitimieren. Trotz vielfältiger internationaler Bemühungen zu ihrer Abschaffung gibt es Berichte über Folter aus zahlreichen Ländern dieser Erde, darunter auch z. B. Portugal, Griechenland, Südafrika, Chile, Brasilien, die Türkei und viele mehr. Die Berichte von amnesty international zeigen auf, dass in jedem zweiten Land der Erde gefoltert wird – in Europa genauso wie in anderen Erdteilen.

Methoden heute: Elektroschocks

Die Folter mit Elektroschocks zählt zu den bekanntesten und am weitesten verbreiteten Methoden. Sie ist besonders qualvoll und kann nahezu beliebig oft wiederholt werden, hinterlässt jedoch nur selten nachweisbare Spuren. Polizeidienststellen, Kasernen, Lager und Gefängnisse können ohne großen Aufwand ausgerüstet werden. Wenige Grundkenntnisse genügen, um nahezu jedes Strom erzeugende oder Strom regulierende Gerät umbauen und entsprechend einsetzen zu können. Primitive Generatoren werden ebenso verwendet wie Geräte, die ursprünglich für medizinische Zwecke entwickelt worden sind, etwa im Rahmen der (umstrittenen) Elektroschocktherapie in der Psychiatrie. Über den Verwendungszweck solcher Geräte scheinen sich manche Firmen durchaus klar zu sein: Es besteht der berechtigte Verdacht, dass beim Export in bestimmte Länder den bestellten Geräten Austauschteile beigelegt werden, mit denen sie »folterfähig« gemacht werden können.

Methoden heute: die Papageienschaukel
(Zusammenfassung von Schilderungen ehemaliger Folterer. Tonfall und Wortwahl sind beibehalten worden.)

Der Begriff stammt aus Brasilien (»pau de arara«), die Methode ist jedoch in vielen Ländern bekannt und weit verbreitet, vor allem, weil das notwendige Gerät überall verfügbar oder leicht herzustellen ist: eine Querstange, ähnlich einem Reck oder einer Teppichstange, die notfalls aber auch wie ein Trapez aufgehängt werden kann. Die Stange in einem Papageienkäfig ist der einzige Halt für den Vogel. Verliert er das Gleichgewicht, dann hängt er kopfunter, und so ergeht es auch einem Menschen. Meistens wird der oder die Gefangene an den Kniekehlen über die Querstange gelegt, während die Handgelenke an die Fußgelenke gefesselt werden. Allein die Haltung ist durch die damit verbundene Demütigung und vollständige Wehrlosigkeit sehr wirkungsvoll. Das pure Gewicht des Körpers und die nach einiger Zeit eintretenden und immer weiter gesteigerten Schmerzen tun ein Übriges, ohne Spuren zu hinterlassen. Fast immer haben wir den Gefangenen die Augen verbunden, was die Desorientierung fördert. Sie waren immer entkleidet, sodass alle Regionen des Körpers, besonders die schmerzempfindlichen, für uns leicht erreichbar waren. Wenn Elektroschockgeräte zur Verfügung standen, konnten die Kontakte überall aufgesetzt werden, etwa im Gesicht, an den Brustwarzen oder Geschlechtsorganen, ohne dass wir die Lage der Person verändern mussten. Ansonsten behalfen wir uns mit gezielten Schlägen, die je nach Geschicklichkeit kaum Spuren hinterließen, oder mit glühenden Eisenstäben, oft auch nur mit Zigaretten. Letzteres geschah aber meist nur dann, wenn es ohnehin nicht vorgesehen war, die betroffene Person am Leben zu lassen, oder wenn es aus anderen Gründen – etwa zur Abschreckung der Bevölkerung – erwünscht war, körperlich sichtbare Spuren des verschärften Verhörs zu hinterlassen. In vielen Fällen genügte es vollauf, die Person an die Papageienschaukel zu hängen und abzuwarten. Das klingt sehr simpel, aber tatsächlich hält es niemand länger als eine halbe oder ganze Stunde aus, auch ohne ergänzende Maßnahmen.

Methoden heute: das U-Boot
(Wannenfolter in fauligem Wasser, zitiert nach der Aussage von Carlos Arestivo, Arzt und Folteropfer aus Paraguay)

»Der Augenblick ist gekommen, da dem Gefolterten, der bei voller Besinnung geblieben ist, bewusst wird, dass er nicht mehr weiterkämpfen kann: Seine Bauchmuskeln scheinen zu zerreißen. Er ersehnt den Tod und versucht, sich zu ertränken, indem er sich bemüht, unter Wasser zu atmen, und da ihm das nicht gelingt, verzweifelt er vollends. Er tritt ein in die erste Stufe, die wir Illusion nennen können. Er ruft, gläubig oder nicht, nach Gott. Er fühlt sich wie ein von allen verlassenes, hilfloses Kind, ruft nach der Mutter. Aber weder Gott noch die Mutter erscheinen, um ihn zu erlösen. Nun öffnet er die Augen und hat vor sich den einzigen Menschen, der ihn retten könnte: diesen Folterer, der ihn umbringt. Es bleibt ihm keine Alternative: Er muss auf ihn vertrauen und er vertraut ... Er empfindet in diesem Augenblick ein Vertrauen, dramatisch und intensiv, und er verbindet dies mit dem tief greifenden Erinnern an das vorher Erfahrene. Auf dieser Stufe, die ich das Vertrauen nennen würde, errichtet der Gefolterte, seiner sozialen Bindung ledig, eine perverse Allianz mit seinem Folterer, indem er nach und nach die politischen Ideale, die er in seinem Leben aufgebaut hat, zerstört: Er ist besiegt.«

Methoden heute: Einsatz von Psychopharmaka

Hierunter sind Foltermethoden zu verstehen, die die psychischen Funktionen des Folteropfers beeinflussen. Es verliert die Kontrolle über Körper, Gesicht und Unterbewusstsein. Das geschieht zum einen mithilfe von Psychopharmaka, die auch in der Psychiatrie eingesetzt werden, zum Beispiel mit Neuroleptika. Zum anderen verwendet man auch psychotrope Substanzen im weiteren Sinne, mit denen ebenfalls auf Geist, Gefühl oder Verhalten eingewirkt werden kann, zum Beispiel Halluzinogene wie LSD.

Psychopharmaka werden eingesetzt, um Gefangene bewegungsunfähig zu machen, zur Erzeugung von Gesprächsbereitschaft in Verhörsituationen, zur Erzeugung von Angstzuständen und zur generellen Störung oder Zerstörung der Psyche, vor allem um damit die Kritik- und Widerspruchsfähigkeit für immer außer Kraft zu setzen. Eine hoch dosierte und langfristige Psychopharmaka-behandlung bei an sich gesunden Menschen kann die motivationale und intellektuelle Grundlage ihres Denkens vernichten. Wer der Psychopharmakafolter ausgesetzt wird, gerät in Gefahr, seine geistige Freiheit dem Überlebenswillen, sofern er diesen noch hat, zu opfern: »Einige politische Gefangene widerrufen tatsächlich ihre Ansichten, geben zu, dass sie geisteskrank sind, und versprechen, ihr ›Verbrechen‹ nicht zu wiederholen, nur um diese ›Behandlung‹ zu beenden« (A. Podrabinek). Beispiele für die Anwendung dieser Foltermethode sind die psychiatrischen Anstalten in der ehemaligen UdSSR und der DDR, wo Dissidenten zwangsinterniert wurden, oder die Folterzentren Südamerikas.

Der Missbrauch von Medikamenten gehört zu den Verhörmethoden, die oft als »saubere Folter« bezeichnet werden, weil sie kaum Spuren hinterlassen. Man kann aber auch ohne Medikamente auskommen: etwa mit der Deprivationstechnik. Darunter sind die Methoden zu verstehen, die dem Gefangenen lebenswichtige und gewohnheitsmäßig tief verankerte Bedürfnisse (Schlaf, Nahrung, Sozialkontakt) für längere Zeit vorenthalten. Das Ziel solcher Deprivation ist es, Widerstandskraft und Identität des Opfers zu brechen, um Geständnisse zu erreichen.[1] »Die Technologie ist beruhigend, denn sie erlaubt es, auf Distanz zu arbeiten. Sie macht den unappetitlichen Hautkontakt mit dem Opfer überflüssig«[2].

Bei der Konditionierungstechnik werden dem Opfer Hafterleichterungen gewährt, sobald es die gewünschten Informationen preisgibt oder von seinen politischen Ansichten abgeht. Das Hauptziel besteht einerseits im Erlernen systembejahender Einstellungen und andererseits im Auslöschen des unerwünschten Verhaltens.

Durch die Anwendung der Kommunikationstechnik wiederum soll das Opfer systematisch verunsichert werden. Ein und dieselbe Person verhält sich zum Beispiel auf der Handlungsebene aggressiv, verbal jedoch freundlich. Oder setzt das Opfer einem ständigen Wechselbad von Sadismus und Gefälligkeiten aus. Es ist sich ständig im Unklaren über seine Situation und kann daher keine Abwehrstrategie entwickeln.

Schließlich gibt es noch die Interaktionstechnik. Die Folterer inszenieren eine Arbeitsteilung, wo ein Folterer die Rolle des verständnisvollen, väterlichen und freundlichen Befragers spielt, während die Übrigen sich aggressiv und feindselig verhalten. Damit soll eine positive emotionale Beziehung zwischen Opfer und Folterer hergestellt werden. Ziel ist die gewünschte Preisgabe von Informationen an den »verständnisvollen« Folterer.

Fluchtgrund Folter

Nach Schätzungen von amnesty international und des dänischen International Rehabilitation Council for Torture Victims (IRCT) sind etwa 15 bis 30 Prozent der Flüchtlinge in Westeuropa Überlebende

---

1 Gustav Keller: Die Psychologie der Folter, Frankfurt/Main, 1981.
2 J. C. Laurent u. P. Lasierra: La Torture Propre, Paris 1975.

der Folter. Für viele ist die Flucht ins Ausland der letzte Ausweg. Sie wollen ihr Leben retten, wollen ohne die ständige Angst vor (erneuter) Inhaftierung und Folter leben können, sie wollen frei sein.

Oft dauert es lange, bis die Flüchtlinge über die schlimme Zeit, die sie durchgemacht haben, sprechen können. Denn im Gespräch werden Erinnerungen wachgerufen – die Folter muss im Geiste noch einmal durchlitten werden. Dennoch müssen sie in ihrem Asylverfahren glaubhaft – und das heißt in der Praxis, ausreichend detailliert und widerspruchsfrei – über ihre Verfolgung berichten. Vielen Folterüberlebenden fehlen hierzu buchstäblich die Worte – ein Befund, der sich durch neuere Ergebnisse der Hirnforschung stützen lässt –, oder Furcht und Scham erlauben es ihnen nicht, über das Erlebte zu reden. Einige – oft sind es Opfer sexueller Folter – wagen es erst im letzten Moment, wenn die Abschiebung droht, sich einer Person ihres Vertrauens zu offenbaren. Vielfach werden die Schilderungen dann als unglaubwürdig abgetan. So sind unter den Flüchtlingen, die Deutschland nach Ablehnung ihres Asylantrages wieder verlassen müssen, auch Menschen, die in ihrer Heimat gefoltert worden sind.

Einhergehend mit der fortschreitenden medizinischen Forschung über von Menschen verursachte Traumata wie die Folter, hat das Fachwissen von Asylbehörden und -gerichten über die Folter und ihre Folgen zugenommen. Man beginnt, das Ausmaß der Folter und ihrer weitreichenden individuellen, sozialen, gesellschaftlichen und politischen Folgen zu realisieren. Folteropfer werden als besonders schutzbedürftiger Personenkreis angesehen – doch welcher Folterüberlebende kann davon profitieren, wenn es ihm immer schwerer gemacht wird, Zuflucht in Europa zu finden?

Der größte Feind der Folter ist die Öffentlichkeit

Vor ungefähr zweihundert Jahren verschwand die Folter aus dem Strafrecht der meisten Länder. Ihre Abschaffung auf dem Gebiet der

Kriminalität war sicher ein Triumph moderner Rechtsauffassung. Folter verschwand in der Illegalität, doch genau dort konnte sie versteckt und grausamer als zuvor als politische Waffe des Staates expandieren – unter Ausschluss der Öffentlichkeit. Wo keine Zeugen sind, muss sich niemand rechtfertigen. Um Folter zu verhindern, müssen wir uns also als Zeugen zu Wort melden. Wir, Menschen aus allen Ländern der Welt, müssen die verantwortlichen Regierungen anklagen. Jeder Staat ist auf sein Image bedacht, sodass eine öffentliche Anklage das wirksamste Mittel ist, um Folter zu unterbinden. Als 1974 eine weltweite ai-Kampagne gegen die Folter durchgeführt wurde, entstand eine neue, äußerst effektive Aktionsform – »urgent actions« (ua), zu Deutsch »Eilaktionen«.

Bei ai weiß man, dass »urgent actions« zu ca. 40 Prozent erfolgreich sind und dass in mehr als zwei Drittel aller Fälle durch den Druck der Öffentlichkeit Hafterleichterungen, medizinische Versorgung, ein fairer Prozess und Freilassung bewirkt werden – ein außerordentlich großer Erfolg. Hinzu kommt die unschätzbare moralische Unterstützung, die einem Menschen durch Anteilnahme gegeben wird. Viele ehemalige politische Gefangene bedanken sich dafür bei ai.

»Während der traurigen und einsamen Tage haben uns internationale Anteilnahme und Unterstützung immer sehr ermutigt. (…) Alle Diktatoren bilden sich ein, dass sie die Menschen in ihrem Land ersticken und teilen können. Unter diesen Umständen wissen wir, was sie am meisten fürchten: die Meinung der Weltöffentlichkeit und Kritik an ihrer Tyrannei«. (Ein politischer Gefangener aus Südkorea)

Die Texte wurden auszugsweise der gleichnamigen Ausstellung von amnesty international entnommen.
Redaktion: Harald Bauer

URS M. FIECHTNER

Andeutungen über Opfer.
Und Täter. Und das Publikum.

I. Wiederholung auf dem Tienanmen

Ich sehe
einen Soldaten allein
vor einer Menschenmenge stehen.
Der Soldat ist bewaffnet.
Die Menge ist es nicht.

Zwei junge Mädchen lösen sich aus der Menge
und laufen dem Soldaten entgegen
und fallen vor ihm auf die Knie.
Sie flehen um ihr Leben. Und um das Leben
der Menge. Zwei sehr junge Mädchen.

Der Soldat zögert nicht.
Er senkt seine Waffe
und entlädt sie in die Körper der Mädchen
und schießt noch immer, als es längst
nichts mehr zu töten gibt.

Als die Munition verbraucht ist
und der Soldat wehrlos,
bewaffnet sich die Menge mit hilflosem Zorn
und umringt den Soldaten und schlägt ihn zu Tode
und hängt ihn an einen Baum und prügelt den Körper
noch immer, als es längst keinen Soldaten mehr gibt.

Manchmal
bleibt nichts zu sagen übrig.
Man redet viel, wenn die Nachrichten lang sind
und die Opfer noch fern. Zu sagen aber
bleibt nichts. Manchmal
spricht die Geschichte nicht mit den Völkern
und verkleidet sich und tobt
wie ein betrunkener Schnitter, lallend, blöde,
und lässt hinter sich nur ratlose Redner zurück.

Vielleicht
sollten junge Mädchen sich bewaffnen.
Vielleicht sollten sie Soldaten
aufrecht entgegengehen.
Vielleicht sollten Bewaffnete endlich lernen,
dass jene Macht, die aus Gewehrläufen kommt,
doch nur bis zur letzten Patrone reicht.
Vielleicht sollten Soldaten
einfach mehr Munition erhalten.
Vielleicht sollte man Bewaffnete abschaffen.
Oder ihr Publikum.
Vielleicht sollten wir uns abwenden
und ignorieren, bis es uns selber trifft.
Vielleicht finden wir ein Schlupfloch
hinaus aus der Welt.
Vielleicht sollte die Menge
dazwischengehen, bevor es Opfer gibt.
Vielleicht.

Manchmal
spricht die Geschichte nicht mit uns
und stottert und zögert und teilt
ihre Vorschläge mit unsicheren Händen aus

wie eine Suchende
auf verwirrter Fährte zu uns
und lässt keine Ausflüchte zu
und hinter sich nur Opfer zurück.
Manchmal ist alles falsch und richtig zugleich.

Vielleicht aber ist es doch richtig,
dass die eigentliche Gefahr
für die Mächtigen
immer nur von den wenigen ausgeht,
die sich aus den Reihen der Zuschauer lösen
und handeln
und ihre Wahrheit verteidigen,
notfalls auf Knien
aufrecht bis in den Tod.

Und manchmal
wenn auch sicher nicht immer
ist es wohl falsch,
die Geduld des Publikums
zu überschätzen.

II. Vier Tode

Er wurde in den frühen Morgenstunden von Armeeangehörigen
aus dem Schlaf geklingelt und in seiner Wohnung festgenommen.
Ein Haftbefehl oder eine andere förmliche Begründung wurden
nicht gegeben. Alle Fragen, die ihm vom Moment der Verhaftung
an nahezu ununterbrochen gestellt wurden, bezogen sich auf seine
Tätigkeit als Assistent an der Universität, auf einige Wandparolen
und Flugblätter, die in den vergangenen Tagen dort aufgetaucht
waren, auf eine Demonstration von Studierenden wenige Tage zuvor und schließlich auf eine angeblich geplante Besetzung seiner

Fakultät. Was ihm genau vorgeworfen wurde, konnte er nicht heraushören.

Er wurde, gefesselt und mit einer Kapuze über dem Kopf, an einen unbekannten Ort gebracht und bereits auf dem Transport so massiv misshandelt, dass er den Wagen nicht aus eigener Kraft verlassen konnte. Die Geräusche, die ihn umgaben, und einige andere Hinweise ließen ihn vermuten, dass er sich in einem tief liegenden, weiträumigen Kellergeschoss befand, vielleicht in einem Parkhaus oder im Unterbau eines Regierungsgebäudes. Er hörte Schmerzensschreie und vereinzelte Pistolenschüsse.

Er wurde pausenlos befragt, gleichzeitig mit Kabeln, Knüppeln und Latten geschlagen, mit Zigarettenkippen verbrannt und bis zur Bewusstlosigkeit in einen Bottich mit flüssigen Exkrementen getaucht. Nach Stunden befahl man ihm, niederzuknien, und drückte eine Waffe an seinen Nacken. Dies sei seine letzte Chance, zu reden, hieß es, sonst würde man ihn hinrichten. Nach langen Minuten hörte er das Klicken des Schlagbolzens. »Ladehemmung«, sagte jemand hinter ihm, »aber jetzt wird es ernst«. Dann hörte er einen Schuss direkt am Ohr.

Am folgenden Tag wurde er an einen anderen Ort gebracht, offenbar ein großes Militärgefängnis. Kapuze und Fesseln wurden ihm nicht abgenommen. Die Verhöre begannen von vorn, als sei er eben erst verhaftet worden, schienen jedoch nach einem festgelegten, schematisierten Verfahren und in eigens dafür eingerichteten Räumen stattzufinden. Er wurde auf einen Tisch geschnallt und an eine Elektroschock-Apparatur angeschlossen. Als er immer häufiger das Bewusstsein verlor und Blut zu spucken begann, wurde ein Arzt hinzugezogen, der zur Unterbrechung des – wie er sich ausdrückte – »körperbezogenen Verhörs« riet. Anschließend brachte man ihn in einen Gebäudeflügel, der ihm als »Todestrakt« vorgestellt wurde. Eine Person, die sich als Gefängniskaplan ausgab, bot sich an, ihm die Beichte abzunehmen und ihn »auf dem letzten Weg zu begleiten«. Nach einiger Zeit hörte er Schüsse. Dann wurde er von Soldaten in den Hof eskortiert und an einen Pfahl gefesselt. Jemand las das Urteil eines Militärtribunals vor, demzufolge er wegen »Hochverrats« zum Tode verurteilt sei. Die Prozeduren wurden in die Länge gezogen. Nach langer Zeit hörte er die Kommandos »Achtung«, »Laden«, »Entsichern«, »Legt an«, und nach einer langen Pause, »Feuer«. Die Kugeln schlugen neben ihm in die Wand ein.

Kurz darauf wurde er wieder in ein anderes Verhörzentrum verlegt, das sich von den beiden vorausgegangenen nur dadurch unterschied, dass sich die Personen um ihn herum nicht mit militärischen Dienstgraden anredeten. Die Fragen, die ihm gestellt wurden, waren dieselben wie zuvor, nur die Methoden der Befragung waren andere. Nach wenigen Tagen wurde er in einen Wagen gestoßen und aus der Stadt gefahren. Die Kapuze wurde ihm zum ersten Mal seit dem Tag seiner Verhaftung abgenommen. »Das macht nun keinen Unterschied mehr«, sagte jemand. Er wusste, dass dies so gut war wie ein endgültiges Todesurteil.

In einer unbewohnten Gegend wurde ihm befohlen, auszusteigen, ein Loch zu graben und sich hineinzulegen. Die vier Zivilisten, die ihn auf der Fahrt begleitet hatten, richteten ihre Waffen auf ihn und schossen.

Die folgenden vier Monate verbrachte er in einem regulären Gefängnis. Bei seiner Einlieferung wurde er medizinisch untersucht. Der Befund ergab, dass seine Verletzungen von einem Verkehrsunfall stammten. Er musste das mit seiner Unterschrift bestätigen. In einer Reihe von Verhören, die von nun an ohne Gewaltanwendung verliefen, wurde er nach seinen Auslandskontakten und Verbindungen zu Menschenrechtsorganisationen befragt. Er hatte keine, erfuhr jedoch nach und nach aus einigen Andeutungen, dass sich offenbar Menschen in vielen Ländern der Welt dafür eingesetzt hatten, ihn entweder vor ein ordentliches Gericht zu stellen oder bedingungslos freizulassen. Die Behörden entschieden sich für Letzteres.

Seine Stelle an der Universität war inzwischen neu besetzt worden, und man bedauerte, ihm keine andere anbieten zu können. Freunde und Bekannte vermieden den Kontakt mit ihm. Er fühlte sich beobachtet und hatte den Eindruck, dass sein Telefon und seine Post kontrolliert wurden. Bei der Entlassung aus dem Gefängnis hatte man ihm angedeutet, dass »man sich bald wieder sehen« würde, sobald die Aufregung im Ausland abgeklungen sei.

Körperlich und seelisch schwer angeschlagen, floh er mit gefälschten Papieren und suchte Schutz in einem europäischen Land. Er erzählte seine Geschichte bei mehreren Vernehmungen, konnte jedoch nicht stichhaltig beweisen, dass er aus politischen Gründen verfolgt worden war. Ihm wurde entgegengehalten, dass es nach Einschätzung des Außenministeriums keine über das normale Maß hinausgehende politische Verfolgung in seiner Heimat gebe. Auch lägen keine Erkenntnisse über die Einschränkung der Meinungsfreiheit an den Universitäten vor. Seine Geschichte sei deshalb nicht glaubwürdig.

Bei der letzten Vernehmung entkleidete er sich und zeigte die Narben der Folterungen. Er wurde jedoch belehrt, dass erstens »Narben an sich« noch kein stichhaltiger Beweis für erlittene Folter seien, dass zweitens auch die »Folter an sich« noch kein Beweis für eine tatsächliche Verfolgung aus politischen Gründen sein könne – schließlich sei sie so weit verbreitet, dass man aus ihrer Anwendung nicht automatisch auf politische Motive schließen dürfe –, und dass drittens »solche unappetitlichen Demonstrationen« nicht geeignet seien, das Anliegen des Asylbewerbers zu fördern.

In einem unbeobachteten Augenblick fand er ein offenes Fenster und stürzte sich aus dem 6. Stock auf das Pflaster.

Er starb noch vor dem Eintreffen des Notarztes.

III. Die Sicht der Dinge

In der Sprache meines Volkes ist
Hungerleider
eine Beleidigung und nicht die Beschreibung
eines von anderen verübten Verbrechens.

In der Sprache meines Volkes ist
Weltverbesserer
eine Beleidigung und nicht die Bezeichnung
des alten Vertrages zwischen den Generationen.

In der Sprache meines Volkes ist
Asylant
eine Beleidigung und nicht die Benennung
eines Nachbarn in unserer Hut.

In der Sprache meines Volkes
wird einer, der Soldaten Mörder heißt,
nicht Historiker genannt, sondern
Ehrabschneider;
wurden die Verbrechen der Vergangenheit
nicht von uns selbst begangen,
sondern in unserem Namen;
werden die Verfolger noch immer
höflicher angeredet als die Verfolgten.

In der Sprache meines Volkes sind
die Opfer immer im Unrecht
die Anständigen immer die Dummen
aber die Rücksichtslosen vernünftig.

Die Sprache meines Volkes wurde
noch nie von ihm allein gemacht
sondern meist von seinen Herren.
Also sagt sie nicht alles über das Volk.

Aber alles über die Herren.

IV. Gedenktage

In Deutschland denkt man nicht gerne ungeordnet vor sich hin, sondern verlangt nach handfesten Anlässen und präzise geordneten Terminen für eine solche Anstrengung. Deshalb hat es in Deutschland schon immer viele Gedenktage gegeben. Über Jahrhunderte waren diese, wie auch anderswo in der Welt, kaum verhüllte Demonstrationen staatlicher Macht und triumphale Staatsfeiern längst vergangener militärischer Siege, im Beiwerk ein wenig gedämpft durch ein kurzes, zeremonielles Innehalten, ein heuchlerisches Erinnern der Opfer, die große Siege zu fordern pflegen. Seit der Antike weiß man, dass es süß und ehrenvoll sei, für das Vaterland zu sterben. So sieht es jedenfalls seit jeher der Staat, aber das Gedächtnis des Staates war schon immer ein wenig anders als die Erinnerung der Opfer.

Seit über einem halben Jahrhundert zelebriert man in Deutschland, ganz anders als anderswo in der Welt, nicht mehr die Siege der Vergangenheit, sondern die Niederlagen – nicht irgendwelche und auch keine, die uns allein beträfen, sondern die tiefsten Stufen auf der Kellertreppe des Versagens menschlicher Ethik, Kultur und Zivilisation, die in der geschriebenen Geschichte aller Zeiten und aller Völker nachzulesen sind.

Seriöse Frauen und Männer in gedeckter Kleidung versammeln sich an vorbestimmten Orten – einem ehemaligen KZ, einer Exekutionswand, einem Mahnmal, einer Kirche, einem Festsaal –, um sich dort wohlgesetzte, wohldurchdachte Reden anzuhören, die davon handeln, was einst ihre Eltern, Großeltern, Urgroßeltern oder sie selbst verursacht, ertragen, geschaffen, machtlos angesehen oder billigend in Kauf genommen haben. Ein Kammermusik-Orchester spielt getragene Weisen dazu. Gelegentlich darf ein Gewerkschaftschor das Lied der Moorsoldaten singen.

Man ist sich allgemein der Bedeutung des erinnernden Augenblickes bewusst, man hat ein halbes Jahrhundert lang solche Bewusstheit in alljährlicher Wiederholung geübt und doch stellt sich kaum jemals Routine ein. Alles wirkt unbeholfen, unsicher, gehemmt. Man bewegt sich mit ängstlicher Sorgfalt wie mit Stöckelschuhen über dünnes, flüsterndes Eis. Die Redner reden mit großem Bedacht und betonen die Worte, als trauten sie ihnen nicht oder als stocherten sie in einer fremden Speise, die vergiftet sein könnte. Allen ist unwohl.

Allen ist unwohl, als fühlten sie sich unter Beobachtung. Alle blicken starr geradeaus oder zurück, aber niemals zur Seite und weder nach oben noch unten; als fürchteten sie, dass der Boden, die Decke, die Wände angefüllt sein könnten mit den Schattenaugen der Opfer; als stünden zwischen diesen Augen jene Fragen zu lesen, auf die wir so viele Reden geben und so wenige Antworten; und als könnten in jedem Moment die Türen auffliegen und die Schatten der Gegenwart eindringen und uns fragen, wie ernst wir es denn meinen mit unseren Versprechen. Oder als könnten uneinsichtige Kinder kommen und uns umzingeln und uns von allen Seiten unerwachsene Fragen zurufen, auf die es wohl Antworten gibt, aber keine verständige Rede.

Warum man einen Kranz in einem Konzentrationslager niederlegt, um anschließend denen freundlich die Hände zu reichen, die heute Konzentrationslager bauen.

Warum man in einem Keller der Gestapo weint, anstatt die Folterkeller unserer Zeit zu stürmen.

Warum man die Verfolgten mehr fürchtet als ihre Verfolger und vor den einen die Türen schließt, anstatt den anderen eine Gerichtstür zu öffnen.

Warum wir den Wert der Waren, die wir verkaufen, noch immer oder schon wieder höher einschätzen als alle Werte, die wir damals brachen.

Was wir denn getan haben in unserem Leben, damit so vieles, dessen wir so oft gedenken, sich nicht mehr täglich wiederholen kann. Auf keinem Fußbreit unserer Welt. Zu keiner Zeit.

Aber das sind nur Fragen. Das Unwohlsein geht schnell vorüber, und irgendjemand wird verlässlich viele Worte finden, um Fragen solcher Art zurückzuweisen.

Ob unsere Kinder sich damit begnügen werden, steht noch dahin.

VI. Angesichts der Zeiten

Aufgeben
ist keine Lösung.
Aushalten
aber auch nicht.

Ich liebe die Niedergeschlagenen nicht.
Ihre Verzweiflung ist der Stoff,
auf den die Niederlagen bauen.

Ich liebe die Kleinmütigen nicht.
Ihre Mutlosigkeit
bringt uns in Gefahr.

Ich liebe die Bedenkenträger nicht,
die es vorziehen stillzustehen,
weil in jedem neuen Schritt
Unwägbarkeiten wohnen.

Ich liebe die Schmerzensträger nicht,
die da behaupten, das ganze Leid der Welt zu schultern,
und doch nur an sich selbst zugrunde gehen.

Ich liebe die Angepassten nicht.
Der Ort, an den sie passen,
stinkt.

Liebenswert aber sind die Widerspenstigen.
Die Aufbegehrenden. Die Rebellen.
Nicht immer sind ihre Handlungen klug.
Nicht immer stimmen wir überein.

Aber sogar ihre Fehler sind würdig
und wie von einer
unendlichen Morgensonne geladen.

BRUNO STAUDENRAUSCH

Folter im Krieg gegen den Terror

1995 begann US-Präsident Clinton seine geheime Kampagne gegen al-Qaida. Wichtiger Bestandteil dieser Kampagne waren schon bald die sogenannten »außerordentlichen Überstellungen«. Terrorverdächtige wurden z. B. auf dem Balkan verschleppt und zu Verhören nach Ägypten gebracht, wo sie gefoltert wurden. Nach den Anschlägen vom 11. September 2001 zogen die Amerikaner endgültig die Samthandschuhe aus. Ein weltweites Netz aus Gefangenenlagern wurde aufgebaut. Personen wurden willkürlich gefangen genommen und ohne Anklage oder Gerichtsverfahren festgehalten.

Der Folter den Boden bereiten?

Um Folter zu verhindern, sind eine Reihe von Maßnahmen notwendig. Diese Maßnahmen hat amnesty international in einem 12-Punkte-Programm zusammengefasst.[1] Um Folter zu ermöglichen, muss dieses Programm negiert werden. Genau das hat die Regierung der Vereinigten Staaten getan. Punkt für Punkt.

1. Offizielle Verurteilung der Folter

Präsident Bush hat wiederholt und unmissverständlich Folter verurteilt. Aus der Umgebung von George W. Bush sind allerdings ganz andere Signale gekommen. Verteidigungsminister Rumsfeld hat persönlich Misshandlungstechniken genehmigt. Der damalige Präsidentenberater Gonzales hat den Verzicht auf die Anwendung der Genfer Konventionen gefordert, um Folter und Misshandlun-

---

1 Auf der amnesty-Homepage www.amnesty.de unter Dokumente → Themen
 → Folter können Sie es nochmals nachlesen.

gen zu ermöglichen und gleichzeitig die Strafverfolgung für derartige Kriegsverbrechen einzuschränken. Der Regierung nahestehende Persönlichkeiten haben unwidersprochen öffentlich die Anwendung von Folter gefordert und gerechtfertigt. Präsident Bush selbst verteidigt immer wieder sogenannte alternative Verhörmethoden, die gegen das Folterverbot verstoßen.

2. Keine Haft ohne Kontakt zur Außenwelt

Erst seit Mitte 2004 dürfen einzelne US-Anwälte nach Guantanamo Bay und mit ihren Mandanten sprechen. Für andere Gefangenenlager wie z. B. Bagram (Afghanistan) gilt das allerdings nicht. Besuche durch Angehörige sind weiterhin nicht erlaubt. Im Irak werden Tausende von Personen in den ersten drei Monaten willkürlich ohne Kontakt zur Außenwelt festgehalten[2,3]. Die einzige unabhängige Instanz, die mit den Gefangenen vertraulich sprechen darf, ist das Internationale Komitee vom Roten Kreuz (IKRK).

3. Keine geheime Haft

Die USA halten eine unbekannte Anzahl von Gefangenen an unbekannten Orten in geheimer Haft. Auch das IKRK hat zu diesen Gefangenen keinen Zugang. Der Grund für geheime Haft ist einfach: Sie stellt die Häftlinge außerhalb des Schutzes der Gesetze und erleichtert so Folter und andere Menschenrechtsverletzungen.

4. Schutzvorkehrungen für Verhör und Haft

Da den Gefangenen ihre Rechte verweigert werden, werden sie auch nicht über diese belehrt. Ein unabhängiges Haftprüfungsverfahren findet nicht statt. Lediglich eine dreiköpfige Militärkom-

---

2 amnesty international, Iraq: One year on the human rights situation remains dire, AI Index: MDE 14/006/2004, S. 6.

3 amnesty international, Iraq: Beyond Abu Ghraib: Detention and torture in Iraq, AI Index: MDE 14/001/2006, S. 7 f.

mission überprüft seit 2004 für die Guantanamohäftlinge die Rechtmäßigkeit der Inhaftierungen. Eine derartige abhängige Kommission ist unvereinbar mit einschlägigen internationalen Bestimmungen wie z. B. dem Artikel 9 des Internationalen Paktes über bürgerliche und politische Rechte (Zivilpakt).

5. Gesetzliches Verbot der Folter

Das Folterverbot in den USA ist durch die amerikanische Verfassung garantiert. Auch außerhalb der USA ist Folter durch die UN-Anti-Folter-Konvention verboten. Dieses Folterverbot wird allerdings durch weitreichende Vorbehalte seitens der USA massiv eingeschränkt. Durch ein Memorandum vom 1. August 2002 des damaligen Justizstaatssekretärs und heutigen Bundesrichters Jay S. Bybee wurde das Folterverbot weiter eingeschränkt. In dem Memorandum heißt es, als Folter zu wertende Methoden müssten mit Schmerzen verbunden sein, »wie sie bei schweren Verletzungen auftreten, zum Beispiel beim Versagen eines Organs, der Beeinträchtigung von Körperfunktionen oder gar dem Tod«. Weiter heißt es, während Folter inakzeptabel sei, gelte dies nicht zwingend für Misshandlungen. Außerdem könne der Präsident der Vereinigten Staaten in Kriegszeiten Folterungen anordnen; in diesem Fall könnten die Folterer nicht strafrechtlich zur Verantwortung gezogen werden.[4] Seither wurde dieses Dokument überarbeitet. Der Präsident kann jedoch weiter Folter anordnen, die Vorbehalte bei der Anti-Folter-Konvention gelten weiter im vollen Umfang, und es sind weiterhin Verhörmethoden erlaubt, die mindestens Misshandlungen darstellen. Eine unabhängige Kontrolle des Folterverbotes wird ebenfalls nicht erlaubt.

---

4 amnesty international, Grausam. Unmenschlich. Entwürdigt uns alle. Art Nr.: 11205 – 2005, S. 9 f.

6. Untersuchung von Foltervorwürfen

Nach dem Folterskandal von Abu Ghraib ordnete die US-Regierung eine Reihe von Untersuchungen an. Diese Untersuchungen waren aber nicht unabhängig und umfassend genug, um alle Strukturen und Aktivitäten der Sicherheitskräfte und des Regierungsapparates auf allen Ebenen aufzudecken. Nur ein kleiner Teil der Berichte wurde öffentlich gemacht.[5]

7. Strafverfolgung mutmaßlicher Folterer

Außerhalb des Staatsgebietes der USA, innerhalb ihres Machtbereiches ist Folter im Rahmen des amerikanischen Kriegsverbrechergesetzes und durch das amerikanische Strafgesetzbuch strafbar. Die Strafbarkeit im Strafgesetzbuch bezieht sich allerdings ausschließlich auf Folter, nicht aber auf Misshandlungen. Nur eine relative kleine Anzahl von Soldaten vor allem niederer Ränge wurde vor Gericht gestellt. Die Strafen fielen in Form von Disziplinar- oder Geldstrafen oft sehr gering aus. In keinem einzigen Fall wurde wegen Kriegsverbrechen oder Folter Anklage erhoben. Da es sich bei diesen Gerichten um Militärgerichte handelt, ist Unabhängigkeit nicht ausreichend gewährleistet.

8. Keine Verwendung von unter der Folter erzwungenen Aussagen

Lediglich 17 der Gefangenen in Guantanamo hat Präsident Bush am 17. Oktober 2005 für würdig befunden, vor Militärtribunale gestellt zu werden. Alle anderen werden vermutlich früher oder später freigelassen werden müssen. Die Militärtribunale entsprechen in keiner Weise internationalen Mindestanforderungen an faire Gerichtsverfahren. Es ist zu erwarten, dass unter Folter erzwungene Aussagen verwendet werden.

---

5 amnesty international, Grausam …, S. 12.

9. Ausbildung von Beamten mit Polizeibefugnissen

Beim Folterskandal in Abu Ghraib stellte sich heraus, dass die Soldaten in keiner Weise angemessen für ihren Einsatz vorbereitet waren. Generell sind die Soldaten durch zahlreiche, zum Teil einander widersprechende Anordnungen im Bezug auf Verhörmethoden völlig verunsichert. Sie wissen nicht, was erlaubt ist und was ein Verbrechen darstellt.

10. Entschädigung und Wiedergutmachung

Einige wenige zu Unrecht in den USA aufgrund der Anti-Terror-Gesetze festgehaltene Personen haben Entschädigungen erhalten. Außerhalb der USA festgehaltene Personen haben bisher keine Entschädigung aufgrund ungerechtfertigter Inhaftierung oder Folterungen erhalten. Auch wurde Folteropfern keinerlei medizinische Betreuung oder Versorgung nach der Haftentlassung zugesprochen.

11. Ratifizierung internationaler Abkommen

Die USA sind wichtigen internationalen Abkommen wie der UN-Anti-Folter-Konvention, dem Zivilpakt und den Genfer Konventionen beigetreten. Sie sollten weiterhin dem Zusatzprotokoll der UN-Anti-Folter-Konvention sowie den Zusatzprotokollen zu den Genfer Konventionen beitreten. Bei den Abkommen, denen sie beigetreten sind, haben die USA eine ungewöhnlich hohe Anzahl an Vorbehalten eingebracht, die breite Interpretationsmöglichkeiten bieten und teilweise Kernpunkte der Konventionen berühren. In diesen Vorbehalten haben die USA unter anderem erklärt, dass sie unter dem Verbot von Misshandlungen nur das in der amerikanischen Verfassung festgelegte Verbot von grausamer, ungewöhnlicher und unmenschlicher Behandlung oder Strafe verstehen. Die Definition von Folter aus Artikel 1 der UN-Anti-Folter-Konvention wird durch eine eigene Definition eingeschränkt. Die USA betrachten den »Krieg gegen den Terror« als eine bewaffnete Auseinandersetzung, in dem nur sehr eingeschränkt das humanitäre

Völkerrecht gültig ist. Den Zivilpakt erkennen die USA im »Krieg gegen den Terror« überhaupt nicht an, da sie davon ausgehen, dass entweder der Zivilpakt oder das humanitäre Völkerrecht anwendbar sei. Diese Annahme ist falsch! Der Zivilpakt ist für einen Teilnehmerstaat immer und überall auf der Welt innerhalb seines Machtbereiches gültig. Die Anti-Folter-Konvention erkennen die USA nur innerhalb der starken Einschränkungen ihrer Vorbehalte an.

Zentrales Element bei der Einschränkung des humanitären Völkerrechts ist die Nichtanwendung der 3. Genfer Konvention über die Behandlung der Kriegsgefangenen. Am 19. Januar 2002 gibt Verteidigungsminister Rumsfeld folgende Richtlinie aus: »Individuen der al-Qaida und der Taliban im Gewahrsam des Verteidigungsministeriums haben kein Anrecht auf den Status als Kriegsgefangene. Sie sollten auf eine Weise behandelt werden, die den Genfer Konventionen entspricht, soweit dies nach militärischen Erfordernissen angemessen erscheint.« Am 22. Januar 2002 erklärt Justizstaatssekretär Jay S. Bybee, dass auf die Haftbedingungen der al-Qaida-Gefangenen weder das US-Gesetz gegen Kriegsverbrechen noch die Genfer Konventionen anwendbar seien.[6]

12. Internationale Verantwortung

Dieser letzte Punkt wurde von den Verbündeten der Vereinigten Staaten, einschließlich Deutschland, umgesetzt. Erst nach 4-jährigem Bestehen wurde von der Bundesregierung öffentlich die Schließung des Gefangenenlagers von Guantanamo Bay gefordert. Durch Verhöre von deutschen Beamten in Guantanamo wurden die Existenz des Lagers und die dortigen Verhörmethoden von Deutschland indirekt unterstützt. Deutschland muss geeignete Maßnahmen einleiten, um die geheimen CIA-Flüge mit verschleppten Gefangenen zukünftig zu verhindern.

---

6   amnesty international, Grausam …, S. 9.

Zusammenfassend kann man sagen, dass die US-Regierung zwar offiziell die Folter ächtet. In Konterkarierung dieser Ächtung hat sie umfangreiche Maßnahmen eingeleitet, die das Gegenteil bewirken, nämlich Folter begünstigen. Jede dieser Maßnahmen, für sich betrachtet, muss nicht zwangsläufig zu Folter führen, aber alle diese Maßnahmen im Zusammenhang führen unweigerlich zu einer systematischen Folterpraxis. Nationaler und internationaler Druck auf die Regierung der USA hat bereits bewirkt, dass einige der Maßnahmen teilweise wieder rückgängig gemacht wurden. Dieser Druck muss verstärkt und ausgeweitet werden, sodass alle Maßnahmen für die Einführung von Folter und Misshandlungen rückgängig gemacht werden.

Auch europäische Regierungen haben im Zuge des Anti-Terror Kampfes einige dieser Maßnahmen bereits eingeführt. In Spanien wurde der Zeitraum, in dem Gefangene ohne Kontakt zur Außenwelt festgehalten werden können, mehr als verdoppelt. In Großbritannien wurde für Personen, die auf der Grundlage der Anti-Terror-Gesetze in Haft sitzen, der Zugang zu den Gerichten erschwert. In Deutschland wurden im Hamburger Anti-Terror-Prozess gegen Mounir al Motassadeq vor Gericht Aussagen zugelassen, die von Personen in geheimer Haft stammen. Sehr wahrscheinlich wurden diese Aussagen demnach unter Folter gewonnen.

Folter und Misshandlungen im Krieg gegen den Terror
Am 2. Dezember 2002 wurde von US-Verteidigungsminister Rumsfeld die folgende Liste von Verhörmethoden genehmigt:

- Die Verwendung von Stresspositionen (wie Stehen) für maximal vier Stunden.
- Isolationshaft bis zu 30 Tagen.
- Überstülpen einer Kapuze während Transporten oder Verhören.
- Entzug von Licht oder Geräuschen.
- Zwangsrasieren.

- Entkleiden der Gefangenen.
- Verhöre bis zu zwanzig Stunden.
- Benutzung der individuellen Ängste (wie z. B. die Angst vor Hunden), um Stress zu erzeugen.

Diese Verhörmethoden kommen der Folter oder unmenschlicher oder erniedrigender Behandlung (also Misshandlungen) gleich. Diese Liste dieser »erlaubten« Verhörmethoden wurde seither mehrfach überarbeitet und wird vermutlich auch in Zukunft verändert werden.[7]

Bekannt wurden auch noch weitere Verhörmethoden wie z. B. sexuelle Erniedrigungen, verschärfte Haftbedingungen durch extreme Hitze und Kälte, Schläge, Waterboarding u. v. m.

Durch konsequente Benutzung neuer Bezeichnungen für altbekannte Foltermethoden soll der wahre Charakter dieser Verhörmethoden verschleiert werden. Beispielsweise handelt es sich beim Waterboarding in Wahrheit um die altbekannte Wasserfolter. Die Wasserfolter wurde z. B. auch während der spanischen Inquisition praktiziert. Die Verhörmethode »Stressposition« beschreibt Alexander Solschenizin ausführlich in seinem Buch »Archipel Gulag« als eine der erfolgreichsten Foltermethoden der stalinistischen Geheimdienste.

Die US-Regierung hält Misshandlungen im Gegensatz zu Folter für nicht strafbar. Deshalb versucht sie, diese Foltermethoden zu Misshandlungen »herabzustufen«. Im Völkerrecht wird diese Unterscheidung nicht gemacht. Der Unterschied ist lediglich ein gradueller, d. h. das Strafmaß ist für Misshandlungen etwas geringer. Mit dem Detainee Treatment Act haben die USA 2005 auch Misshandlungen verboten. »Alternative« Verhörmethoden sind jedoch weiterhin erlaubt, obwohl diese Verhörmethoden, wie sich immer wieder durch glaubwürdige Berichte belegen lässt, offensichtlich

---

7 Economic and Social Council, Situation of detainees at Guantánamo Bay, E/CN.4/2006/120, 15 February 2006, S. 23 f.

grausam, unmenschlich und erniedrigend sind. Die Teile der Neuausgabe des Verhörhandbuches der US-Armee, die diese »alterna-
tiven« Verhörmethoden betreffen, werden geheim gehalten. Allen
Verstößen gegen das Folterverbot im »Krieg gegen den Terror«
garantiert dieses Gesetz Straflosigkeit, sofern die Verhöre und Verhörmethoden durch die Regierung autorisiert waren. Nach Artikel 15 des Zivilpaktes darf niemand wegen einer Handlung verurteilt werden, die zur Zeit ihrer Begehung nach inländischem oder
internationalem Recht nicht strafbar war. Da Folter oder grausame,
unmenschliche oder erniedrigende Behandlung oder Strafe nach
internationalem Recht auf jeden Fall strafbar war, ist die Garantie
von Straflosigkeit wirkungslos. Folter und Misshandlungen waren
und sind nach den von der Völkergemeinschaft anerkannten allgemeinen Rechtsgrundsätzen strafbar. Deshalb wäre diese Garantie
auch wirkungslos, wenn die USA einschlägigen Konventionen wie
dem Zivilpakt oder der UN-Anti-Folter-Konvention gar nicht
beigetreten wären. Folter und Misshandlungen waren demnach
verboten, sind verboten und werden immer verboten bleiben.

Auch Deutschland ist an Folter und Misshandlungen im »Krieg
gegen den Terror« beteiligt. Murat Kurnaz beschuldigt Bundeswehrsoldaten, ihn in einem Gefangenenlager in Kandahar (Afghanistan) misshandelt zu haben. Die Staatsanwaltschaft in Tübingen
hat dazu Ermittlungen eingeleitet. Fest steht, dass Bundeswehrsoldaten ein US-Gefangenenlager in Kandahar bewacht hatten. Nach
glaubwürdigen Aussagen von Murat Kurnaz waren Folter und
Misshandlungen in dem Gefangenenlager offensichtlich und konnten den Bundeswehrsoldaten nicht verborgen geblieben sein.

Der deutsche Muhammad Haidar Zammar wurde 2001 in Marokko verhaftet und nach Syrien in das für Folter berüchtigte Gefängnis Far-Falastin gebracht. Im November 2002 reisten Beamte
des Bundesnachrichtendienstes, des Bundesverfassungsschutzes und
des Bundeskriminalamts nach Syrien, um ihn dort zu verhören.
Laut Bundesinnenminister Schäuble sollen Informationen auslän-

discher Dienste von Terrorverdächtigen auch dann genutzt werden, wenn nicht ganz sicher ist, ob sie unter rechtsstaatlichen Bedingungen gewonnen wurden. Deutsche Sicherheitsbehörden dürften nicht an Folter beteiligt sein »und auch nicht sozusagen augenzwinkernd erwarten, dass gefoltert wird«. Dieses augenzwinkernde Nichtaugenzwinkern von Herrn Schäuble haben repressive Geheimdienste in aller Welt auf alle Fälle verstanden!

Der Abu-Ghraib-Folterskandal

Im Frühjahr 2004 wurden Fotos aus dem Gefängnis Abu Ghraib im Irak veröffentlicht. Auf den Fotos ist zu sehen, wie amerikanische Soldaten irakische Gefangene foltern. Die Öffentlichkeit reagierte weltweit mit Abscheu und Empörung. Erst nach dem Abu-Ghraib-Skandal nahm die Öffentlichkeit wahr, dass im Irak und im »Krieg gegen den Terror« Folter systematisch praktiziert wurde. Dabei berichten Menschenrechtsorganisationen wie amnesty international und Human Rights Watch bereits seit Mai 2003 regelmäßig über Folter und Misshandlungen durch amerikanische und britische Truppen im Irak. Pierre Krähenbühl vom IKRK sagte im Mai 2004, dass es sich bei Folter und Misshandlungen im Irak nicht um einige wenige isolierte Fälle handle, sondern dass sie systematisch stattfinden. Auch seien sie nicht auf das Abu-Ghraib-Gefängnis beschränkt, sondern fänden im ganzen Land statt. Weiter sagte er: »Unsere Erkenntnisse wurden bei unterschiedlichen Gelegenheiten zwischen März und November 2003 erörtert, entweder in direkten Gesprächen oder in schriftlichen Eingaben«. Dennoch hat es die amerikanische Militärführung versäumt, Folter und Misshandlungen zu unterbinden und die Täter vor Gericht zu stellen. Erst der Druck der Öffentlichkeit führte nach der Veröffentlichung der Fotos dazu, dass einige Täter niederer Dienstgrade vor Gericht gestellt und verurteilt wurden. An Offizieren wurde nur Oberstleutnant Steven Jordan vor Gericht gestellt. Er bekam einen Verweis. Sein Vorgesetzter Oberst Pappas bekam eine Disziplinarstrafe über 8000 US-$. Der

Kommandeur von Abu Ghraib, Brigadegeneral Janis Karpinski, wurde degradiert. Keine Sanktionen bekam die Leiterin des militärischen Geheimdienstes im Irak, Generalmajorin Barbara Fast, ebenso der Kommandeur der multinationalen Truppen im Irak, Generalleutnant Ricardo Sanchez, und acht weitere an den Vorgängen beteiligte Offiziere sowie Verteidigungsminister Rumsfeld.

Folter rechtfertigen

Um Folter zu rechtfertigen, wird meist das Szenario der »tickenden Zeitbombe« aufgeführt, nämlich »Wenn-der-verhaftete-Terrorist-nicht-redet-müssen-Hunderte-von-unschuldigen-Menschen-sterben.« Dieses Szenario ist uralt, der bekannteste Vertreter in früheren Zeiten war der berüchtigte französische General Jacques Massu. Im Algerienkrieg war er einer der Hauptverantwortlichen für den Einsatz der Folter. Seither wurde dieses Szenario immer wieder aufgewärmt, variiert lediglich um die Zahl der Opfer.[8] Gegen dieses Szenario lassen sich viele Argumente ins Feld bringen. Zum einen ist es ein Szenario, also eine hypothetische Aufeinanderfolge von Ereignissen. Obwohl es seit Jahrzehnten besteht, ist es in dieser Form noch nie in Wirklichkeit vorgekommen. Auch nicht im Algerienkrieg. Alle Beispiele, die im Zuge dieses Szenarios vorgebracht wurden, hatten einen Haken. Beim Daschner-Prozess stellte sich heraus, dass er noch längst nicht am Ende seiner legalen ermittlungstechnischen Methoden angelangt war. Angeblich konnte 1995 auf den Philippinen ein Anschlag durch Rettungsfolter verhindert werden. Wie sich später herausstellte, erhielt die Polizei tatsächlich schon wenige Minuten nach der Festnahme des Terroristen mit der Beschlagnahmung seines Notebooks alle wichtigen Beweise. Gefoltert wurde trotzdem.[9]

Der exponierteste Vertreter aktueller Varianten ist der amerika-

---

8   Edward Peters, Folter, Europäische Verlagsanstalt 2003, S. 225 ff.
9   Alfred W. McCoy, Foltern und Foltern lassen, Zweitausendeins 2005, S. 140 f.

nische Rechtsprofessor Alan Dershowitz. Seiner Meinung nach entscheidet die Zahl möglicher Opfer, ob es moralisch vertretbar sei, zu foltern oder nicht. Diese Argumentation zielt direkt auf die Abwägbarkeit der Würde des Menschen ab. Sie ist es aber nicht. Auch das Bundesverfassungsgericht hat mehrfach in diesem Sinne entschieden, z. B. im Zusammenhang mit dem Abschuss eines Passagierflugzeuges. Ein weiteres eindeutiges Argument ist, dass durch den Einsatz von Folter unweigerlich auch Folterknechte geschaffen werden. Ein Folteropfer beschrieb treffend die Erniedrigung und Entwürdigung der Folterer: »Ich habe das Gesicht des Folterers aus der Nähe gesehen. Es war in einem schlimmeren Zustand als mein eigenes blutiges, aschfahles Gesicht.[…] Es ist nicht einfach, Menschen zu foltern. Es erfordert innere Beteiligung. In dieser Situation war ich der Glücklichere. Ich wurde erniedrigt. Ich erniedrigte nicht andere.[…] Es hat nichts zu bedeuten, wenn sie in ihren Uniformen herumstolzieren, geschwellt von dem Bewusstsein, dass sie die Leiden, die Schlaflosigkeit, den Hunger und die Verzweiflung ihrer Mitmenschen kontrollieren können, vergiftet durch die Macht in ihren Händen. Ihre Vergiftung ist nichts anderes als die Erniedrigung ihrer Menschlichkeit.«[10] Die psychischen Folgen der Folter sind für Folterer ähnlich wie für ihre Opfer.

Schließlich gilt für Folter das Gesetz der schiefen Ebene. Einmal eingeführt, breitet sie sich unweigerlich aus. Die Folter lässt sich nicht kontrollieren. Was ursprünglich nur für einige hundert Gefangene in Guantanamo gedacht war, entwickelte sich in der Situation des Nachkriegsirak schnell zur Standardbehandlungsmethode von Tausenden von Häftlingen.

Ergebnisse amerikanischer Folterpolitik

Terrorismus wendet sich gegen zivile Ziele und Nicht-Kombattanten mit dem Ziel, Furcht und Schrecken zu verbreiten, sowie

---

10 amnesty international, Bericht über die Folter, Fischer Taschenbuch Verlag 1975, S. 26.

möglicherweise bei einer Drittpartei um Sympathie und Schadenfreude zu werben mit dem Ziel, das bestehende Herrschaftssystem auszuhöhlen und umzustürzen.

Terrorismus ist ein direkter Angriff auf Artikel 3 der Allgemeinen Menschenrechtserklärung: »Jeder Mensch hat das Recht auf Leben, Freiheit und Sicherheit der Person«. Der Kampf gegen den Terrorismus ist ein notwendiger Kampf für die Menschenrechte und darf sich daher in seinen Mitteln nicht gegen sie wenden.

Ein wesentlicher Bestandteil des »Krieges gegen den Terror« sind jedoch heute Folter und Misshandlungen. Folter aber schützt nicht vor Terror, Folter ist Terror.

Oft werden Sicherheitspolitik und Menschenrechtspolitik als unüberbrückbare Gegensätze dargestellt. Das Gegenteil ist der Fall! Jede erfolgreiche Sicherheitspolitik muss eine nachhaltige Menschenrechtspolitik beinhalten. Sonst ist sie zum Scheitern verurteilt.

Nach der oben stehenden Terrorismusdefinition ist es für die Herrschenden wichtig, starken Rückhalt in der Zivilbevölkerung zu erlangen. Rückhalt kann nur durch Vertrauen entstehen. Das Vertrauen der arabischen Welt in die Politik der USA, des Westens insgesamt und auch in die Idee der Menschenrechte und der Demokratie hat durch die bekannt gewordenen Folterungen in Abu Ghraib und anderswo schweren Schaden genommen.

Die US-Regierung versucht durch millionenschwere Imagekampagnen, die öffentliche Meinung positiv zu ihren Gunsten zu beeinflussen. Bei einem derartigen Vertrauensverlust sind solche Versuche wirkungslos. Das Vertrauen kann sich die US-Regierung nur durch eine vollständige und nachhaltige Aufklärung aller Foltervorwürfe zurückerarbeiten. Die Folter muss glaubwürdig abgeschafft werden. Alle Haftorte müssen für internationale, unabhängige Beobachter zugänglich gemacht werden. Die US-Behörden müssen gegen jeden strafrechtlich vorgehen, der Folter oder Misshandlungen nachweislich durchgeführt, angeordnet oder genehmigt hat.

Kapitel III

Todesstrafe

*Es ist eine Frage,
ob wir nicht,
wenn wir einen Mörder rädern,
gerade in den Fehler
des Kindes verfallen,
das den Stuhl schlägt,
an dem es sich stößt.*

GEORG CHRISTOPH LICHTENBERG

THOMAS HENSGEN

Wenn der Staat tötet[1]

amnesty international fühlt mit den Opfern von Gewaltverbrechen und ihren Angehörigen. Die Organisation erkennt selbstverständlich auch das Recht und die Verantwortung von Staaten an, Straftatverdächtige vor Gericht zu stellen. Gleichwohl wendet sich ai in allen Fällen vorbehaltlos gegen die Todesstrafe, ungeachtet der Schwere eines Verbrechens, der Schuld oder Unschuld des Verurteilten oder der Hinrichtungsmethode. amnesty international ist gegen die Todesstrafe, weil sie eine Verletzung des Rechts auf Leben (des fundamentalsten Menschenrechts) und des Rechts, keiner grausamen, unmenschlichen oder erniedrigenden Behandlung oder Strafe unterworfen zu werden, darstellt. Diese Rechte sind in der Allgemeinen Erklärung der Menschenrechte der Vereinten Nationen in den Artikeln 3 und 5 verankert. Zur Einhaltung dieser Erklärung haben sich alle UN-Mitgliedstaaten verpflichtet.

Die Todesstrafe ist wie die Folter ein nicht zu rechtfertigender Eingriff des Staates in die unverletzlichen Rechte des Individuums. Nach Überzeugung von ai darf staatliches Strafhandeln Leben und Würde des Menschen nicht antasten. Nur ein kategorisches Verbot der Todesstrafe bringt die Idee zum Ausdruck, dass menschliches Leben das höchste Rechtsgut ist.

Die Befürworter der Todesstrafe unterstellen, dass von der Todesstrafe ein *größerer* Abschreckungseffekt ausginge als von anderen Strafen. Sie berufen sich auf das allgemeine Gerechtigkeitsempfinden, das für schwerste Verbrechen Vergeltung verlange. Andere mei-

1 Auszug; Herausgeber: amnesty international, Sektion der Bundesrepublik Deutschland e. V., Koordinationsgruppe gegen die Todesstrafe, Postfach 100215, 52002 Aachen, www.amnesty-todesstrafe.de, todesstrafe@amnesty.de

nen, die Sicherheit der Gesellschaft und die Autorität des Staates könnten nur durch das Recht, über menschliches Leben verfügen zu können, gewahrt werden.

Wenn man sich jedoch mit diesen Argumenten und anderen Begründungen auseinandersetzt, die Regierungen für ihr Festhalten an der Todesstrafe anführen, so stellt man fest, dass sie entweder von der Praxis längst widerlegt worden sind oder Maßstäben der Logik bzw. einer wissenschaftlichen Überprüfung nicht standhalten. Für die These etwa, die Todesstrafe sei abschreckender als jede andere Strafe, fehlt jeglicher wissenschaftlicher Beweis. Ohnehin müsste dieses Argument immer gegen andere abgewogen werden, wie beispielsweise das Risiko der Hinrichtung Unschuldiger, oder gegen die Willkür und Diskriminierung bei der Anwendung der Todesstrafe, gegen die Gefahr des politischen Missbrauchs und gegen die verrohende Wirkung, die die Todesstrafe auf alle daran beteiligten Menschen ausübt. Staatliches Töten ist keine angemessene Antwort auf Mord und Kriminalität.

Dem Strafbedürfnis und dem Verlangen nach Gerechtigkeit kann auch durch andere Sanktionsformen entsprochen werden, wie die Praxis einer wachsenden Zahl von Staaten zeigt. Für die rechtsethische Einsicht, dass die Todesstrafe jenseits der Grenze liegt, an der Bestrafung haltmachen muss, muss jedoch weiter geworben werden. Auch wenn fast alle europäischen Staaten die Todesstrafe inzwischen aus ihren Gesetzbüchern verbannt haben, steht ihre weltweite Ächtung noch immer aus.

Die weltweite Situation

Die neuesten Informationen der Menschenrechtsorganisation amnesty international (Stand März 2008) zeigen, 92 Staaten haben die Todesstrafe vollständig abgeschafft. 10 Staaten sehen die Todesstrafe nur noch für außergewöhnliche Straftaten wie etwa Kriegsverbrechen oder Vergehen nach Militärrecht vor. 33 Staaten haben die Todesstrafe in der Praxis, aber nicht im Gesetz abgeschafft. Somit wenden momentan insgesamt 135 Staaten die Todesstrafe nicht mehr an. 62 Staaten halten weiterhin an der Todesstrafe fest.

Das bedeutet, dass mittlerweile zwei Drittel aller Staaten weltweit die Todesstrafe per Gesetz oder zumindest in der Praxis abgeschafft haben. Dennoch lebt nur knapp ein Drittel der Weltbevölkerung (ca. 31 Prozent) in Staaten, die nicht hinrichten.

Der Trend zur Abschaffung der Todesstrafe ist nicht mehr umzukehren. Jedes Jahr wird der Kreis derjenigen Staaten, die auf die Todesstrafe verzichten, größer.

1899, auf der Schwelle ins 20. Jahrhundert, waren es gerade einmal drei Staaten ohne Todesstrafe: Costa Rica, San Marino und Venezuela. Bis 1948, dem Jahr der Verkündung der Allgemeinen Erklärung der Menschenrechte der Vereinten Nationen, war die Zahl auf acht Länder angewachsen. Ende 1978 lag sie bei neunzehn. In der letzten Dekade haben durchschnittlich mehr als drei Staaten pro Jahr die Todesstrafe ganz aus ihren Gesetzbüchern gestrichen.

Ist die Todesstrafe erst einmal per Gesetz abgeschafft, wird sie nur selten wiedereingeführt. Seit 1990 haben weltweit nur vier Staaten diesen Schritt vollzogen: Gambia, Papua-Neuguinea, Nepal und die Philippinen. In den Staaten Gambia und Papua-Neuguinea wurden bisher keine Todesurteile vollstreckt, während die Philippinen und Nepal inzwischen wieder völlig auf die Todesstrafe verzichten.

Am 18. Dezember 2007 nahm die Generalversammlung der Vereinten Nationen eine Resolution an, die die Aussetzung aller gefällten, aber bislang noch nicht vollstreckten Todesurteile verlangt. Ein solches Hinrichtungsmoratorium könnte ein erster Schritt zur weltweiten Ächtung der Todesstrafe sein.

Rückschritte

In einer kleinen Zahl von Staaten wurde in jüngerer Zeit der Anwendungsbereich der Todesstrafe ausgeweitet. So kann z. B. seit 1999 die Todesstrafe auch für Straftaten wie Drogenhandel (Oman), bewaffneter Raubüberfall und Korruption (Kuba) oder für bestimmte Umweltvergehen (Vereinigte Arabische Emirate) verhängt werden. Im April 2001 führte Laos die Todesstrafe auch für Drogenbesitz ein, der Irak im Oktober 2005 für terroristische Straftaten und die chinesische Provinz Guangdong stellte im Februar 2006 Handtaschenraub unter Todesstrafe. Nach den Anschlägen in den USA vom 11. September 2001 erließen oder verschärften einige Regierungen Verordnungen zur Bekämpfung des Terrorismus. So wurden z. B. in Guyana 2003 neue Strafgesetze verabschiedet, die unter anderem Verbrechen, die vage als »terroristische Handlungen« definiert werden, zwingend mit dem Tod bestrafen sollen.

Staaten wie Afghanistan, Indien, Indonesien und der Libanon nahmen 2004, die Palästinensischen Autonomiegebiete 2005, Bahrain 2006 und Afghanistan 2007 wieder Hinrichtungen auf und beendeten de facto in Kraft befindliche Hinrichtungsstopps. Andere ergriffen Maßnahmen, um die Verfahren zu beschleunigen, bis ein Todesurteil vollstreckt werden kann. Im Januar 2002 fand in Nigeria die erste Hinrichtung auf Grundlage der in einigen Bundesstaaten neu eingeführten islamischen Rechtsvorschriften statt.

In einer Reihe von Staaten beobachtet amnesty international zudem steigende Hinrichtungszahlen, so zum Beispiel 2007 in Iran und Pakistan. Hinzu kommt, dass Todesurteile nicht nur wegen gewalttätiger Verbrechen, sondern zunehmend auch für weniger gravierende Delikte ausgesprochen werden: beispielsweise in Saudi-Arabien wegen Homosexualität, in Südostasien wegen Drogenhandels und in China wegen Korruption und Diebstahls. In vielen von ai dokumentierten Fällen wurden international anerkannte

Mindeststandards nicht eingehalten und Gefangene nach unfairen Gerichtsverfahren zum Tode verurteilt.

Todesurteile und Hinrichtungen

Wenngleich noch immer in 105 Staaten die Todesstrafe im Gesetz steht, so ist doch festzustellen, dass nur wenige davon tatsächlich jedes Jahr auch Todesurteile vollstrecken.

Im Jahr 2006 sind mindestens 1591 Gefangene in 25 Staaten exekutiert worden. Damit hat sich die Zahl der Hinrichtungen gegenüber 2005 (2148) verringert. Zum Tode verurteilt wurden 2006 3861 (2005: 5186) Menschen in 55 Ländern. Diese Angaben beinhalten allerdings nur die amnesty international zur Kenntnis gelangten Fälle; die tatsächlichen Zahlen liegen mit Sicherheit höher.

Wie schon in den Vorjahren gilt auch für 2006, dass die weitaus meisten registrierten Hinrichtungen in nur einigen wenigen Staaten vollzogen worden sind. Insgesamt ist in der VR China im Jahr 2006 mindestens 1010-mal die Todesstrafe vollstreckt worden, allerdings gehen Experten von bis zu 8000 Exekutionen aus. In Iran betrug die Zahl der Hinrichtungen wenigstens 177 gegenüber 94 im Jahr 2005. In Pakistan wurden mindestens 82 Menschen exekutiert (2005: 31), in Irak und im Sudan jeweils mehr als 65. In den USA sank die Zahl im Vergleich zum Vorjahr leicht von 60 auf 53. Damit fanden fast 91 Prozent aller Hinrichtungen, von denen amnesty international 2006 weltweit erfahren hat, allein in diesen sechs Staaten statt.

Die Zahl der weltweit zum Tode Verurteilten ist schwer einzuschätzen. Ende 2006 wurde sie – beruhend auf Informationen von Menschenrechtsgruppen, Medienberichten und ein paar wenigen offiziellen Zahlen – mit zwischen 19185 und 24646 beziffert. Auch hier ist davon auszugehen, dass die tatsächliche Zahl höher liegt.

Todesurteile gegen Jugendliche

Es gibt einen nahezu einhelligen Konsens, Personen wegen eines im Alter von unter 18 Jahren begangenen Verbrechens nicht zum Tode zu verurteilen. Internationale Menschenrechtsverträge verbieten es, über Straftäter das Todesurteil zu verhängen, die zur Tatzeit noch nicht das 18. Lebensjahr erreicht hatten. Der Internationale Pakt über bürgerliche und politische Rechte, die Amerikanische Menschenrechtskonvention und das Übereinkommen über die Rechte des Kindes enthalten alle dahingehende Vorschriften. Mehr als 110 Staaten haben Gesetze erlassen, die ausdrücklich die Hinrichtung minderjähriger Straftäter ausschließen, oder es kann davon ausgegangen werden, dass solche Hinrichtungen dort verboten sind, weil die betreffenden Staaten einem oder mehreren der oben genannten Abkommen beigetreten sind.

Seit 1990 sind amnesty international nur neun Staaten weltweit bekannt geworden, die straffällige Jugendliche hingerichtet haben: China, Iran, Jemen, Nigeria, DR Kongo, Pakistan, Saudi-Arabien, Sudan und die USA. Jemen, Pakistan und die USA (seit 1. März 2005) haben diese Praxis inzwischen für ungesetzlich erklärt. 2001 wurden in der DR Kongo fünf derartige Todesurteile umgewandelt. Seit 1990 sind – soweit bekannt – insgesamt 62 zur Tatzeit Minderjährige exekutiert worden, davon allein 19 in den USA sowie 29 in Iran. amnesty international hat im Jahr 2003 von zwei Todesurteilen erfahren, die an zur Tatzeit Minderjährigen vollstreckt wurden: eines im US-Bundesstaat Oklahoma und ein weiteres in China. 2004 sind drei Minderjährige in Iran und ein Jugendlicher in China exekutiert worden. 2005 wurden mindestens acht Jugendliche in Iran sowie zwei im Sudan gehenkt. 2006 vollstreckte Iran vier derartige Todesurteile und Pakistan eines. 2007 wurden erneut zur Tatzeit Minderjährige exekutiert: sechs in Iran und jeweils einer in Saudi-Arabien und Jemen. Ende Februar 2008 exekutierten die iranische Behörden einen weiteren Jugendlichen.

Hinrichtung von Unschuldigen

Solange an der Todesstrafe festgehalten wird, kann das Risiko, dass Unschuldige hingerichtet werden, in keinem Rechtssystem der Welt ausgeschlossen werden. So mussten seit 1973 in den USA 127 Menschen wegen erwiesener Unschuld oder erheblicher Zweifel an ihrer Schuld aus den Todestrakten entlassen werden. Davon sind 43 Fälle allein seit Anfang 2000 aufgedeckt worden. Einige Gefangene standen nach jahrelanger Haft kurz vor ihrer Hinrichtung. Nicht wenige dieser Fehlurteile gehen auf eine unzureichende Verteidigung und Verfehlungen von Polizei und Staatsanwaltschaft zurück. Weitere Ursachen liegen darin begründet, dass in den Verfahren unglaubwürdige Hauptbelastungszeugen, Beweismittel und Geständnisse zugelassen wurden.

Das Problem, möglicherweise oder tatsächlich Unschuldige hinzurichten, beschränkt sich nicht auf die USA allein. Im Jahr 2006 entließen Tansania und Jamaika 2006 jeweils einen Gefangenen aus der Todeszelle. Fehlurteile sind zum Beispiel auch aus China, Großbritannien, Japan, Pakistan und Uganda bekannt.

Internationale Abkommen

Eine der wichtigsten Entwicklungen der letzten Jahre war die Annahme internationaler Abkommen, die die Abschaffung der Todesstrafe zum Inhalt haben. Für die Vertragsstaaten errichten sie eine völkerrechtliche Barriere gegen die Wiedereinführung der Todesstrafe. Es existieren momentan vier solcher Vertragswerke:

- Das Zweite Fakultativprotokoll zum Internationalen Pakt über bürgerliche und politische Rechte der Vereinten Nationen wurde inzwischen von 65 Staaten ratifiziert. Weitere sieben Staaten haben das Protokoll gezeichnet und somit ihre Absicht bekundet, diesem zu einem späteren Zeitpunkt beizutreten.

- Dem Protokoll Nr. 6 zur Europäischen Konvention zum Schutze der Menschenrechte und Grundfreiheiten (Europäische Menschenrechtskonvention, EMRK) sind 46 europäische Staaten beigetreten. Hinzu kommt mit der Russischen Föderation ein weiterer Unterzeichnerstaat.
- Das Protokoll Nr. 13 zur Europäischen Konvention zum Schutze der Menschenrechte und Grundfreiheiten (Europäische Menschenrechtskonvention) wurde von 40 europäischen Staaten ratifiziert und von fünf gezeichnet. Das Protokoll trat am 1. Juli 2003 in Kraft, als es zehn Ratifikationsurkunden trug.
- Das Protokoll zur Amerikanischen Menschenrechtskonvention über die Abschaffung der Todesstrafe wurde von neun amerikanischen Staaten ratifiziert und von zwei gezeichnet.

Das Protokoll Nr. 6 zur EMRK ist ein Vertrag, der auf die Abschaffung der Todesstrafe in Friedenszeiten abzielt. Die drei anderen genannten Protokolle sehen dagegen ein völliges Verbot der Todesstrafe vor. Gleichwohl lassen das Zweite Fakultativprotokoll zum IPBPR und das Protokoll zur Amerikanischen Menschenrechtskonvention als Ausnahme die Todesstrafe in Kriegszeiten zu, wenn Staaten einen entsprechenden Vorbehalt geltend machen.

Die Todesstrafe in den USA

In den USA sind im Jahr 2007 42 Häftlinge (2006: 53) in 10 Bundesstaaten hingerichtet worden. Die mit Abstand meisten Exekutionen fanden im Bundesstaat Texas statt (26). Damit hat sich die Gesamtzahl der Hinrichtungen in den USA seit Wiederzulassung der Todesstrafe im Jahr 1976 bis Ende 2007 auf 1099 (darunter elf Frauen) erhöht.

Im Januar 2008 gab es landesweit 3263 zum Tode Verurteilte (darunter 125 Ausländer und 51 Frauen). Die meisten Häftlinge warten in den Todeszellen der Bundesstaaten Kalifornien, Florida, Texas und Pennsylvania auf ihre Hinrichtung.

36 der 50 Bundesstaaten sehen die Todesstrafe derzeit in ihren Gesetzen vor. Darüber hinaus kann die Todesstrafe im ganzen Land nach Bundes- und Militärrecht verhängt werden.

Seit der Ankündigung des Obersten Gerichtshofs Ende September 2007, die Hinrichtungsmethode der Giftspritze auf ihre Verfassungsmäßigkeit hin zu überprüfen, gibt es einen faktischen Hinrichtungsstopp in den USA.

DOROTHEA B. MOREFIELD

»Das Leben meines Sohnes war mir zu wichtig.«

Dorothea B. Morefield, Mutter von sechs Kindern, hat 1976 ihren Sohn Rick durch einen grausamen und sinnlosen Mord verloren. Im Rahmen einer öffentlichen Veranstaltung von amnesty international im April 1989 in Amsterdam schildert sie eindringlich, wie sie sich aus ihrer persönlichen Erfahrung heraus mit der Frage der Todesstrafe auseinandergesetzt hat.

»Im Verlauf dieser Veranstaltung werden zahlreiche Experten zu Ihnen sprechen, Personen, die sehr versiert sind, was die rechtlichen, moralischen und psychologischen Auswirkungen betrifft, wenn man einen Menschen hinrichtet. Ich bin weder eine Expertin, noch erhebe ich einen solchen Anspruch. Ich bin nur eine Mutter, die unbeschreiblichen Schmerz durch den Mord an ihrem Kind erfahren hat. Ich hoffe, ich kann heute mit Ihnen zusammen den Weg gehen, auf den der Mord mich gebracht hat, und Ihnen erklären, warum ich – 13 Jahre nach Ricks Tod – hierherkommen kann, um meine Stimme gemeinsam mit jenen zu erheben, die nach der Abschaffung der Todesstrafe rufen.

Nichts im Leben kann dich vorbereiten auf den brutalen, gemeinen und sinnlosen Mord an deinem Kind. Plötzlich werden die schlimmsten Alpträume, die Eltern haben können, Wirklichkeit. Rick war mein ältestes Kind. Es war sein erstes Jahr auf dem College, und Computer faszinierten ihn. Mit all dem Selbstbewusstsein, wie es nur ein 19-Jähriger haben kann, war er sicher, dass er die Welt erobern würde.

Er hatte einen Teilzeitjob in einem Schnellimbiss in der Nähe unseres Hauses in Virginia, in einer Gegend also, von der wir glaubten, sie liege weitab von der Gewalt in den Innenstädten. Als er an diesem Freitagabend zur Arbeit ging, hat niemand daran gedacht. dass er sechs Stunden später tot auf dem Boden des Restaurants liegen würde.

Ein Dieb hatte ihm und vier Mitarbeitern mit vorgehaltener Waffe ihr Geld abgenommen und sie dann erschossen, um eine Identifizierung zu verhindern. Immer wieder hatte er auf sie geschossen, in einem Akt sinnloser, gedankenloser Gewalt. Ein Mord, der beinahe auch den Rest meiner Familie zerstört hätte, während wir nach Gründen, nach Antworten suchten. Und ein Mord, der – welche Ironie – wieder und wieder von den Gesetzgebern in meinem Staat als Grund für die Wiedereinführung der Todesstrafe in Virginia herangezogen wurde.

Vor dem Mord an Rick war die Todesstrafe für mich nichts als eine abstrakte Größe. Etwas, das ich für barbarisch und überholt hielt. …

Als 1972 der Oberste Gerichtshof der Vereinigten Staaten erklärte, nach der bestehenden Gesetzeslage stelle ›die Verhängung und Vollstreckung der Todesstrafe… eine grausame und ungewöhnliche Bestrafung dar, die den 8. und 14. Zusatzartikel zur Verfassung verletzt‹, dachte ich kaum darüber nach – es erschien mir nur natürlich und vernünftig. Zweifellos war es an der Zeit, den elektrischen Stuhl ins Gruselkabinett zu verbannen. Doch um ehrlich zu sein, es betraf mich in keiner Weise, warum also sollte ich mehr als einen flüchtigen Gedanken daran verschwenden? Als dann 1977 in den Vereinigten Staaten Hinrichtungen wiederaufgenommen wurden, war ich betroffen. Ich war am Eingang zur Hölle gewesen und zurückgekommen, und ich musste tief in meine Seele blicken, um meine eigene Antwort zu finden.

Der Mann, der Rick getötet hatte, wurde wenige Wochen nach dem Verbrechen festgenommen. Er war 39 Jahre alt und seit seinem zehnten oder elften Lebensjahr immer wieder mit dem Gesetz in

Konflikt geraten. Es gab keine mildernden Umstände. Er war nicht betrunken gewesen, hatte keine Drogen genommen, war nicht unzurechnungsfähig. Er war ein gewöhnlicher Dieb, bereit zu töten, damit keine Zeugen zurückblieben.

Bei einigen sehr seltenen Gelegenheiten bin ich Angehörigen von Mordopfern begegnet, die dem Mörder vergeben hatten. Ihr Glaube hat ihnen geholfen zu akzeptieren, was geschehen war, und ihr Leben weiterzuleben. Ich gehörte nicht zu ihnen. Ich hasste diesen Mann. Er hatte mir etwas genommen, das mir wertvoller war als mein eigenes Leben. Er hatte einen Teil meiner Zukunft zerstört. Ich wollte ihn nicht nur tot sehen, ich wollte, dass er eines langsamen Todes stirbt, schmerzvoll, und wenn möglich wollte ich ihm dabei zusehen. Ich sagte, ich wollte Gerechtigkeit, aber was ich wirklich wollte – klar und einfach – war Rache. Es handelte sich nicht um eine Theorie oder eine intellektuelle Übung – das alles war real. Dreizehn Jahre später kann ich ihnen sagen, dass dies eine natürliche Reaktion war, eine normale, natürliche Reaktion auf einen Mord.

Der schwerste Teil meines Heilungsprozesses war der Weg durch diesen Hass. Doch um ehrlich um meinen Sohn und um mich trauern zu können und zu versuchen, mich mit meinem Verlust abzufinden, musste ich meinen Hass überwinden. Ich musste auf die kleine innere Stimme hören, die mir immer wieder sagte, dass Ricks Mörder mich und meine Familie zerstören würde, wenn ich es weiterhin zuließ, dass der Hass mich davon abhält, mich daran zu erinnern, wie Rick wirklich gewesen war – sanft, freundlich, voller Liebe. Liebe kann heilen, Hass kann nur zerstören.

Die Todesstrafe ist keine Antwort. Die Todesstrafe spiegelt nur unser mangelndes Vertrauen in die Fähigkeit der Gesellschaft wider, uns zu schützen. Es gibt Verbrecher – Gott sei Dank sind es nur wenige –, deren langes Vorstrafenregister nicht nur auf eine sehr geringe Rehabilitationschance hinweist, sondern auch eine sichere Prognose zulässt, dass sie weiterhin gewalttätig sein werden. Wir müssen vor solchen Menschen geschützt werden. Ich bin überzeugt, ein Grund für die Rückkehr der Vereinigten Staaten zur Todesstrafe war die wachsende Besorgnis, dass die Gesellschaft nicht imstande sein würde, diese Personen einzusperren und auf Dauer eine Trennung von ihren potenziellen Opfern sicherzustellen. Es gab einfach zu viele Beispiele dafür, dass Kriminelle gefasst, überführt und verurteilt wurden und nach kurzer Zeit wieder in die Gesellschaft zurückkehren durften, wo sie weitere abscheuliche Verbrechen begingen. Die Vereinigten Staaten wählten die schnelle Lösung – ihre Hinrichtung.

Mit der Todesstrafe begeht die Gesellschaft einen Akt äußerster Feigheit. Wir töten, weil wir fürchten, die Kontrolle zu verlieren. Unser eigener Mangel an Vertrauen und die Feigheit der Gesellschaft höhlen aber jenen Gesellschaftsvertrag aus, an dem wir alle, die wir in einer modernen Zivilisation leben, festhalten sollten.

Die Vereinigten Staaten erleben einen Anstieg von Verbrechen und Gewalt. Dient die Todesstrafe als Abschreckung vor Kapitalverbrechen? Eine Studie nach der anderen hat gezeigt, dass dies nicht der Fall ist. Die große Mehrzahl der Verbrechen wird nicht vorsätzlich begangen, sondern unter Stress, in Angst oder unter dem Einfluss von Alkohol und Drogen. In diesen Fällen denkt niemand logisch oder klar, sondern handelt impulsiv und gewalttätig, ohne an die Konsequenz zu denken. Wird ein Mord vorsätzlich begangen, so fühlt der Verbrecher sich stets dem Gesetz überlegen, empfindet sich als über dem Gesetz stehend und glaubt, der Festnahme und Inhaftierung entgehen zu können. Der Mörder meines Sohnes war sicher, dass er nach der Beseitigung der Zeugen niemals gefasst werden würde. Wie kann die drohende Hinrichtung jemanden abschrecken, der überzeugt ist, nicht gefasst zu werden? Wie kann die drohende Hinrichtung einen Terroristen abschrecken, der glaubt, der Märtyrertod sei der sichere Weg zur Ewigkeit? Keine Gruppe, keine Studie und kein Mensch hat je nachgewiesen, dass die Todesstrafe abschreckende Wirkung hat.

Und wenn sie keine abschreckende Wirkung besitzt, mit welchen anderen Argumenten können wir versuchen, die Todesstrafe zu rechtfertigen? Soll sie Strafe für die Tat sein, die begangen wurde? Folgen wir der Theorie, dass das Erschießen tollwütiger Hunde die Welt zu einem besseren Ort macht? Ich bin sicher, dass die Welt ohne eine Menge von Personen besser dran wäre – aber wer wird die Auswahl treffen? Ein jeder hätte eine andere Liste.

Die Gesellschaft hat die Verpflichtung, einen Verbrecher zu bestrafen, und es besteht kein Zweifel daran, dass die Strafe für Mord eine schwere sein muss. Es ist ein abscheuliches Verbrechen, das die Hinterbliebenen ebenso vernichtet und zerstört wie das Opfer. Aber rechnen wir ein Leben gegen ein anderes Leben auf? Was wäre mit dem Tod des Mörders meines Sohnes erreicht? Selbst auf dem Höhepunkt meines Zorns und meines Hasses habe ich mir diese Frage stellen müssen. Die Antwort war Rache – immer wieder war es Rache. Nicht Strafe und nicht Gerechtigkeit – nur Rache.

Ich fühle kein Mitleid für den Mann, der meinen Sohn getötet hat. Ich hoffe, er bleibt für viele Jahre hinter Gittern. Aber der bereits geschehenen Gewalt weitere Gewalt hinzuzufügen, ist kein Heilmittel. Ich kann es nicht akzeptieren, dass die Gesellschaft mir sagt: Wir werden diesen Mörder töten, und alles wird wieder ausgeglichen sein.

Einer der ehernsten Grundsätze unseres Rechtssystems besagt, dass alle Menschen vor dem Gesetz gleich sind. Doch wurde die Todesstrafe jemals in gleicher Weise angewandt? Ist das überhaupt möglich? Natürlich nicht. Wann haben Sie zuletzt gehört, dass jemand hingerichtet wurde, der einen Anwalt seiner Wahl hatte, Ärzte seiner Wahl, die seinen Geisteszustand beurteilten? Nein, es sind die Armen, in den Ghettos Großgewordenen, die Mittellosen, die wir hinrichten in dem Versuch, etwas gegen das Verbrechen zu tun.

1983 wurde in Louisiana ein junger Mann namens Robert Wayne Williams exekutiert. Sein vom Gericht benannter Anwalt hatte sich insgesamt acht Stunden mit dem Fall beschäftigt. 1984 begegnete ich Robert Wayne Williams' Mutter. Wir lagen einander in den Armen und weinten, teilten das Leid von Müttern, die ihre Kinder begraben haben. War ihr Leid geringer als meines? Sicherlich nicht. Wie können wir davon sprechen, dass das Leben heilig ist, und gleichzeitig einem Menschen das Leben nehmen, wenn es uns zweckdienlich erscheint.

Er war ein Schwarzer, er war arm, und er war typisch für all diejenigen, die hingerichtet werden.

Wie können wir der Gewalt ein Ende setzen? Das gehört auf eine andere Tagesordnung. Aber lassen Sie mich hier und heute sagen, dass wir die Gewalt um uns herum nicht beenden werden, bevor wir nicht gelernt haben, auf die Menschen, die in Armut leben und keine Zukunft für sich sehen, zuzugehen, sie zu lieben und für sie zu sorgen. Beginnen wir mit den Kindern. Lehren wir sie, sich selbst und einander zu lieben, lehren wir sie, das menschliche Leben zu achten.

Vor nicht allzu langer Zeit wurde in Virginia ein Mann hingerichtet. Als sein 14-jähriger Sohn wieder zur Schule ging, wurde er von seinen Klassenkameraden mir einer Miniaturausgabe eines elektrischen Stuhls empfangen. Was für eine Art von Botschaft war das? Der Spott und der Hohn, die ihn aus seiner Klasse vertrieben haben, werden vermutlich dazu führen, dass er im Gefängnis endet. Wie können wir erwarten, dass er sich selbst liebt, wenn man ihn nur Hass und Vergeltung lehrt?

Wir hören so oft davon, welche Kosten die Kriminalität verursacht, wie viel es kostet, die Verbrecher einzusperren. Doch immer wieder sind es die Sozialprogramme, mit deren Hilfe Kinder auf einen anderen Weg geführt werden könnten, bei denen zuerst der Rotstift angesetzt wird. Im Verlauf der letzten Wahlen wurde viel darüber gesprochen, ›hart gegen das Verbrechen vorzugehen‹, und nur sehr wenig darüber, wie wir verhindern können, dass 13- und 14-Jährige mit Drogen handeln und Schusswaffen kaufen. Wir müssen uns der sozialen Probleme annehmen, die Ursache dafür sind, dass Morde geschehen.

Ich habe mich gegen den Hass entschieden. Das war nicht leicht, aber es war eine bewusste Entscheidung. Ich stand am Grab meines Sohnes und ich weinte. Ich weinte um die Jahre, die ihm und mir verloren gegangen waren. Ich weinte um das, was hätte sein können und was nun niemals sein wird. Als meine anderen Kinder ihren Collegeabschluss machten, heirateten, zu Erwachsenen wurden, die ich liebe und schätze, da habe ich geweint, dass all das meinem ältesten Sohn verweigert worden war. Ich trauere um ihn, auch jetzt noch, und das werde ich immer tun.

Ich war von der Todesstrafe unmittelbar betroffen und ich lehne sie ab. Ohne Zweifel weiß ich, dass sie nicht existieren darf.

Ich will Mitleid für die, die Unrecht getan haben, ich will Mitleid für die, die zurückbleiben. Ich will, dass die Schuldigen angemessen bestraft werden. Aber nur, wenn wir anerkennen, dass das Leben heilig ist, können wir wirklich um die trauern, die es verloren haben. Indem wir einen Verbrecher hinrichten, setzen wir den Wert allen menschlichen Lebens herab. Ich kann das nicht hinnehmen. Das Leben meines Sohnes war zu wichtig.«

REINER ENGELMANN

Zhila – die Geschichte einer Frau aus dem Iran

Zhilas Hände werden auf dem Rücken gefesselt. Zwei Männer werfen sie zu Boden, wickeln sie in ein weißes, baumwollenes Tuch. Den ganzen Körper. Auch den Kopf. Zhila kann sich nicht mehr bewegen, bekommt kaum noch Luft. Am liebsten würde sie schreien – um Hilfe rufen. Aber nach wem? Auf eine menschliche Reaktion, auf Mitgefühl kann sie nicht mehr hoffen. Nur Hass schlägt ihr entgegen. Sie spürt ihn. Er ist da. Um sie herum. In der Grobheit der Männer. In ihren Beschimpfungen. In dem, was sie ihr antun werden.

Angst steigt in Zhila auf, beherrscht sie. Sie muss sich wegdenken. Weg aus diesen Händen, die sie packen. Weg von diesem Ort. Weg, weg in die Vergangenheit. In eine Zeit, in der sie ihr Kind noch im Arm halten durfte. Es streichelte. Es liebkoste. Es stillte. Die kleinen Hände, die nach ihrem Finger griffen. Wegdenken in eine Zeit, in der sie noch hoffte. Weg in die Zeit, in der Zukunft noch möglich war.

Das alles will sie jetzt noch einmal sehen. In Gedanken. Anstrengen muss sie sich. Nur nichts mitbekommen von dem, was um sie herum vorgeht.

Aber es geschieht!

Ihr Körper wird über einen Platz geschleift. Er wird in eine ausgehobene Grube gestellt. Bis zur Brust wird er mit Erde zugeschüttet. Füße trampeln die Erde um ihren Körper fest.

Zhila weiß, was jetzt passieren wird. Bilder von ihrem Kind, Bilder von ihrer Mutter werden die letzten sein, die an ihr vorüberziehen, bevor …

Eine Gruppe von Männern, angeführt von einem Justizbeamten, bückt sich zu dem Haufen bereitliegender Steine. Der Justizbeamte wirft den ers-

ten, dann, nacheinander, die anderen Männer. Steine fliegen, treffen Zhila an der Schulter, am Kopf, Zhila schreit, sie wird von den Beschimpfungen der Männer, die sich in ihrem Tun ereifern, übertönt, Blut färbt das weiße Baumwolltuch rot, immer lauter wird ihr Gebrüll, Schweißperlen bedecken ihre Gesichter, aber sie werfen weiter. Sie werfen noch, als das Tuch vom Blut durchtränkt ist, sie werfen noch, als Zhila nicht mehr schreit, sie werfen noch, als ihr Körper nicht mehr zuckt, und sie werfen immer noch, als er längst unter dem Steinhaufen begraben liegt.

Zhila läuft durch die Straßen der Stadt. Ein Lied geht ihr ständig im Kopf herum, schon den ganzen Tag. Immer, wenn sie es im Radio hört, dreht sie die Lautstärke auf, dass die ganze Wohnung beschallt wird, und singt es mit. Aber jetzt, hier auf der Straße, da traut sie sich nicht. Es könnte anstößig wirken. Sie könnte anstößig wirken. Deswegen singt sie es nur im Kopf.

In eine Buchhandlung muss sie. Ihre Tochter braucht verschiedene Schulbücher. Die will sie jetzt besorgen. Gut gelaunt und immer noch mit dem Lied im Kopf betritt Zhila die Buchhandlung.

»Für welche Klasse sollen die Bücher sein?«, fragt der Buchhändler, nachdem Zhila ihren Wunsch vorgetragen hat. Dabei lässt er seinen Blick an Zhilas Körper langsam von unten nach oben gleiten. Obwohl es Zhila schmeichelt, dass es da einen Mann gibt, der, jetzt nach ihrer Scheidung, Interesse an ihr hat, schiebt sie den Gedanken an ein Abenteuer schnell beiseite. Nein, sie will sich auf nichts einlassen. Auf gar keinen Fall.

»Meine Tochter ist in der sechsten Klasse«, sagt sie schnell und hofft, dass sie bald die Bücher bekommt und wieder gehen kann.

»Oh, diese Bücher haben wir in der unteren Etage«, sagt der Buchhändler, »gehen sie schon mal vor, ich komme gleich nach.«

Zhila fühlt sich unbehaglich, als sie die Treppe runtergeht. Warum kann der Buchhändler ihr die Bücher nicht einfach bringen? Es ist doch nur noch ein Kunde im Geschäft. Sie könnte gerne warten!

Nun ist sie aber in dem unteren Verkaufsraum angekommen und schaut sich die Bücher in den Regalen an. Vieles gibt es da zu entdecken. Bücher, die sie gerne einmal lesen möchte.

Gerade in dem Augenblick, als sie nach einem Geschichtsbuch im Regal greift, merkt sie, dass jemand hinter ihr steht. Sie will sich umdrehen, nachsehen, wer sich da so heimlich angeschlichen hat, ohne dass sie etwas merkte, wird jedoch von einem festen Griff daran gehindert. Eine große fleischige Hand hält ihr gleichzeitig den Mund zu. Zhila gerät in Panik, will sich wehren, hat gegen die kräftigen Männerarme aber keine Chance. Männerarme − es sind die Arme des Buchhändlers, denn jetzt erkennt Zhila ihn an seiner Stimme.

»Na, mein Täubchen«, haucht er ihr ins Ohr. Mit einer Hand gräbt er sich durch ihre Kleidung bis zu ihren Brüsten, packt sie, knetet sie, dreht Zhila um, faucht sie an: »Wenn du jetzt schreist, kommst du vor den Richter!«, vor ihren Augen dreht sich alles, sie begreift nicht, was geschieht, sie merkt, wie der Buchhändler ihr die Kleider vom Leib reißt, sie zu Boden drückt, wie er sich keuchend auf sie legt und schließlich der Schmerz, als würde er sie zerreißen. Dann nur noch Leere, Dunkelheit.

»Zieh dich an, du Flittchen!«, hört sie irgendwann die Stimme des Buchhändlers.

Wo ist sie? Was ist passiert?

Zhila öffnet die Augen, sieht den Buchhändler, der drohend vor ihr steht, sieht, dass sie nackt ist, sieht Blut zwischen ihren Beinen, greift nach ihren Kleidern, versucht, damit ihre Blöße zu verhüllen, der Buchhändler lacht, beugt sich zu ihr vor, fährt sie drohend an: »Zu keinem ein Wort! Verstanden? Und nächste Woche kommst du wieder, zur gleichen Uhrzeit, sonst ...«

Seit diesem Tag ist alles anders geworden in Zhilas Leben. Wo Freude war, empfindet sie Leere, Trauer wie Gleichgültigkeit. Da ist nichts mehr, was sie interessiert, was sie begeistert, was sie anpackt, was sie gestaltet, was sie verändert.

Sie atmet noch, sie isst und trinkt noch, aber mehr nach einem Rhythmus als nach einem Bedürfnis, und abends, wenn es dunkel ist, legt sie sich ins Bett. Stundenlang liegt sie dann da und starrt vor sich hin, bis sie irgendwann in einen leichten Schlaf fällt.

Zhilas Leben besteht aus Angst. Angst vor dem Tag, an dem sie wieder zu dem Buchhändler muss. Aber sie geht. Woche für Woche. Denn sie hat Angst, der Buchhändler könnte sie verraten, sie anzeigen. Und Zhila weiß, was das bedeutet.

Nach einigen Monaten merkt Zhila, dass sie schwanger ist. Panik macht sich in ihr breit. Nein, das darf nicht sein! Kein Kind! Durch ein Kind würde alles auffallen! Sie ist ja nicht mehr verheiratet!

Nur, wie kann sie es loswerden? Alle Möglichkeiten, über die sie, nur hinter vorgehaltener Hand, jemals etwas hat tuscheln hören, probiert sie aus. Heiße Bäder, Treppenstufen herunterspringen, selbst mit einer langen Nadel probiert sie es. Erfolglos.

Einige Monate kann sie ihren Zustand verbergen, dann fällt er den Ersten in ihrer Umgebung auf. Sie wagt sich kaum noch aus der Wohnung, und wenn, dann nur für kurze Zeit und in einem weiten Gewand.

An irgendeinem Tag stehen Polizisten vor ihrer Tür. Sie fordern sie auf, mitzukommen.

Die Fakten sind schnell zusammengetragen. Der Richter nimmt sie zur Kenntnis. Nach der Scharia steht das Strafmaß fest.

Zhila wird eine Gnadenfrist gewährt. Das Kind soll sie zur Welt bringen können und nach der Geburt die ersten zwei Monate stillen.

Gibt es Hoffnung für Zhila? Sie wünscht sie sich, für das Kind und auch für sich selbst.

Aber die Tage gehen dahin, ohne ein Zeichen von außen, bis …

Kapitel IV

Die Rechte der Kinder

Ich kann dir den Frieden nicht geben,
der sich zum Schmetterling macht
und nicht zum Wolf.

HANS-MARTIN GROSSE-OETRINGHAUS

MECKA LIND

Nur ein Straßenjunge

Eine Erzählung aus Mosambik, Afrika

Ernesto wacht als Erster auf. Die Jungen schlafen auf der Ladefläche eines alten Lieferwagens, für den sich niemand mehr interessiert. Alles, was noch einen Wert hatte, ist abmontiert: die Räder, der Motor, die Rückspiegel, das Steuerrad, die Sitze. Und obwohl es rostig ist und schmutzig von Staub und Regen, können sie gut darauf schlafen.

Es sei denn, sie werden von der Polizei entdeckt, die gerne ihre Schlagstöcke einsetzt. Oder einer der Wachmänner, die für die weißen Hilfsarbeiter und die indischen Geschäftsleute arbeiten, kommt vorbei, sucht sich einen Jungen aus, zerrt ihn hinter ein Gebüsch und vergewaltigt ihn.

Unter anderem deshalb wechseln sich die Jungen nachts beim Wacheschieben ab. Um wenigstens eine Chance zu haben, davonzulaufen. Das Böse lauert überall, und es ist gut, wenn man auf der Hut ist. Sonst schlägt es zu, wenn man es am wenigsten vermutet.

Ernesto schläft lieber in der Nähe des Marktes. Da gibt es mehrere Jungenbanden und er fühlt sich ein bisschen sicherer. Aber Carlos, ihr Anführer, der alles entscheidet, zieht den Lieferwagen vor, und heute Nacht ging es ja gut. Obwohl Justino, der die letzte Wache hatte, auf dem Rücken liegt und mit weit offenem Mund schnarcht.

Ernesto weckt ihn mit einem gezielten Tritt. Justino setzt sich kerzengerade auf und schaut verschlafen um sich.

»Was ist los?«, fragt er schläfrig.

»Wir hatten abgemacht, dass du die letzte Wache machst«, sagt Ernesto. »Und du liegst hier wie eine tote, stinkende Ratte.«

»Und du sollst mich, verdammt noch mal, nicht treten!«, sagt Justino, und die Schlägerei ist in vollem Gang.

Die anderen wachen auf und mischen sich sofort ein, bis Carlos sie anbrüllt, dass sie aufhören sollen. Und Carlos gehorcht man. Deshalb ist er der Anführer der Bande. Er kann sich prügeln wie sonst keiner, besonders mit dem Messer in der Hand. Er wurde im Krieg von der Guerilla gekidnappt, zum Soldaten ausgebildet und gezwungen zu töten, bevor er elf war.

Aber jetzt ist der Krieg vorbei und der Überlebenskampf dreht sich um ganz andere Dinge. Zum Beispiel darum, was zu essen zu beschaffen. In der Bande haben alle verschiedene Aufgaben.

Lucas, der Stotterer, kann am besten betteln. Man könnte meinen, er hätte ein eingebautes Radar zum Aufspüren von geeigneten »Opfern«.

Justino ist ein vollendeter Taschendieb. Aber er putzt auch Windschutzscheiben. Er spurtet in den Verkehr, wenn die Autos bei Rot anhalten, und sprüht sein blödes Reinigungsmittel auf, ehe ihn jemand hindern kann. Die meisten bezahlen nichts, obwohl er die Scheiben so sauber putzt, dass sie in der Sonne blinken. Stattdessen treten sie aufs Gas und lassen den wütend gestikulierenden Justino in einer Staubwolke zurück.

Ernesto arbeitet auf dem Markt, wo er weiße Senhoras umgarnt, damit er auf ihr Auto aufpassen oder ihre Taschen tragen darf. Wenn da nichts läuft, kann er auch ziemlich gut stehlen. Aber er ist nicht so geschickt wie Justino.

Carlos sorgt dafür, dass keiner auf der faulen Haut liegt. Dann setzt es Prügel. Er beschafft auch Gasolina, damit sie etwas zu sniffen haben, wenn sie abends um das Feuer sitzen. Es betäubt den Hunger und sie fühlen sich danach stärker. Auf einmal sind sie die Könige der Straße. Die Stadt gehört ihnen und das Leben ist trotz allem wunderbar.

Aber an vielen Tagen gelingt ihnen gar nichts. Gestern und vorgestern waren solche Tage. Deswegen sind sie heute ganz besonders verzweifelt. Ernesto geht in Richtung Markt. Im Schatten der Bäume entlang der Straße warten schon andere Jungen darauf, dass die Cooperantes, die weißen Hilfsarbeiter, zum Einkaufen kommen. Die reichen Schwarzen gehen nur selten selbst auf den Markt. Sie schicken stattdessen ihre Hausangestellten.

Die Jungen kabbeln sich eine Weile, bis sie aneinandergeraten. Eine Weile später ist dann alles wieder ruhig. Das ist ihre Art, miteinander umzugehen. Aber sobald mögliche Kunden auftauchen, wird es ernst. Die Jungen stürzen sich auf sie und reden alle durcheinander, um ihre Dienste anzubieten.

Die Weißen nehmen oft bei jedem Einkauf die gleichen Jungen: einen, der auf das Auto aufpasst, und einen, der die Einkaufstaschen schleppen darf. Das Geld haben sie in einer Tasche um den Bauch. Manche tragen auch einen kleinen Rucksack, aber nicht auf dem Rücken, sondern vorne über der Brust, damit sie ihn im Auge behalten können.

Die Stunden vergehen und Ernesto wird immer ungeduldiger. Keiner seiner »Stammkunden« taucht auf. Schließlich zwingt ihn der Hunger, hinüber zum eigentlichen Markt zu gehen, um vielleicht ein wenig halb verfaultes Obst zu finden. Aber die Hungrigen sind zahlreich und die Verkäufer betrachten sie nicht gerade mit Wohlwollen. Am allerwenigsten die Straßenjungen.

»Ihr vertreibt die Kunden«, sagen sie und verscheuchen sie wie eine Art Ungeziefer.

Ernesto schlendert zwischen den Marktständen hindurch, als es plötzlich passiert. Ein Mann fummelt beim Bezahlen mit seiner Brieftasche und lässt sie fallen. Er bückt sich sofort, aber viele Hände sind schneller als er, und der Schnellste und Geschickteste hat den Schatz schon fest im Griff. Bevor der Mann sich auch nur aufrichten kann, ist Ernesto weg. Die Leute rufen hinter ihm her. Aber Ernestos nackte Füße kennen den Markt auswendig. Er kommt mit einem solchen Tempo, dass die anderen automatisch ausweichen. Er läuft direkt auf die viel befahrene Straße, im Zick-zack zwischen wütend hupenden Autos hindurch, erreicht das Trottoir auf der anderen Seite und flitzt weiter in einen Gang, der zu einem seiner Verstecke führt. Es ist ein alter Container, den jemand auf einem schmutzigen Hinterhof seinem Schicksal über-lassen hat. Ernesto fängt dort manchmal Ratten, wenn sie gar nichts anderes zu essen haben. Er nimmt gerade die Scheine aus der Brief-tasche und will sie einstecken, als ein großer, schlanker Polizist mit einer langen Narbe auf der Wange vor ihm auftaucht.

»Wie war es diesmal?«, fragt der Polizist.

Ernesto reicht dem Mann die Scheine. Der zählt sie mit aufge-setzter Genauigkeit, nimmt zwei Scheine und gibt sie Ernesto. Der Rest verschwindet in der Uniformjacke. Mit einem zufriedenen Grinsen geht er davon.

Ernesto denkt nicht im Traum daran zu protestieren. Er kennt den Polizisten nur zu gut. »Narbe«, wie die Jungen ihn nennen, zwingt sie oft, für ihn zu stehlen. Tun sie nicht, was er will, dann zerrt er sie in ein Versteck und verprügelt sie.

Aber er ist natürlich enttäuscht. Es war viel Geld. Es hätte der ganzen Bande für ein paar Tage gereicht. Vielleicht eine ganze Woche. Er geht wieder über die große Straße, aber jetzt ist er in Gedanken und sieht das Auto nicht. Durch den Zusammenstoß fliegt er im hohen Bogen auf die Straße. Alles dreht sich und er ver-sucht aufzustehen. Eine weiße Frau beugt sich über ihn.

»Ist dir was passiert?«, fragt sie.

»Das macht doch nichts, Senhora, das ist bloß ein Straßenjunge«, sagt einer der Neugierigen, die sich schon versammelt haben.

Ernesto fasst sich an den Kopf.

»Ich fahre dich ins Krankenhaus«, sagt die weiße Frau, die die größte weiße Mähne hat, die Ernesto je gesehen hat.

»Lasst ihn in Ruhe, Senhora. Er stellt sich bloß an.«

Aber die Frau hilft Ernesto auf die Beine und nimmt ihn mit in ihr Auto. Er humpelt ein bisschen. Die Umstehenden lachen laut.

Er hasst es, wenn man so über ihn lacht. Tatsächlich ist das Lachen schuld daran, dass er mit der Frau mitgeht. Er will nicht ins Krankenhaus. Sie würden ihn auch gar nicht hineinlassen. Und wenn, dann nur, weil die weiße Frau dabei ist.

»Danke für Ihre Hilfe, Senhora«, sagt er nach einer Weile. »Mir geht es wieder gut. Ich brauche nicht ins Krankenhaus.«

»Du blutest ja.«

»Das ist bloß aufgeschürft.«

»Dann fahren wir zu mir nach Hause und säubern deine Wunden«, sagt die Frau. »Und eine ordentliche Portion Essen wirst du sicher auch nicht ablehnen, oder?«

Er spürt sofort das Knurren im Bauch. Natürlich kann er eine Mahlzeit nicht ablehnen.

Die Frau wohnt in einem feineren Teil der Stadt, in einem Haus mit Gras und Bäumen drum herum. Und natürlich einer Mauer, die mit Glassplittern bestreut und mit Stacheldraht gekrönt ist.

Damit solche wie ich nicht drübersteigen können, denkt Ernesto.

Aber jetzt spaziert er hinein. Durch das große Tor, über den Kiesweg und weiter ins Haus. Er ist noch nie in so einem Haus gewesen und schaut sich mit großen Augen um. Er will alles behalten, damit er am Abend vor den anderen angeben kann.

Hier gibt es Möbel, die er bisher nur durch vergitterte Schaufenster gesehen hat. Sie sind so fein, dass er fast das Gefühl hat, sie könnten vom bloßen Anschauen schmutzig werden. Aber am meisten faszinieren ihn all die Bilder, mit denen die Wände bedeckt sind. Vom Boden bis zur Decke.

»Gefallen sie dir?«, fragt die Frau. Er nickt eifrig.

»Das freut mich«, sagt sie. »Ich habe sie gemalt.« Auf einmal schaut sie ihn ernst an.

»Ich möchte dich malen«, sagt sie. »Der Gedanke ist mir im Auto gekommen. Ich habe das Bild schon im Kopf.«

Ernesto denkt zuerst, das sei ein Spaß, und lacht laut. Als er begreift, dass sie es ernst meint, ist es ihm peinlich. Er schaut auf seinen dünnen Körper. Die schmutzigen Shorts und der abgetragene Pulli hängen in Fetzen an ihm.

»Warum möchte die Senhora mich malen?«, fragt er.

Sie antwortet ihm nicht. Sie ruft ihre Empregada, eine schwarze Matrone, die ihn mit großen Augen anstarrt.

»Aber Senhora!«, ruft sie aus. »Das ist doch ein Straßenjunge!«

»Ich weiß«, sagt die Senhora und gibt ihr die Anweisung, seine Wunden zu reinigen und ihn so viel essen zu lassen, wie er kann.

»Es ist ein Glück, dass der Herr nicht zu Hause ist, wenn die Herrin ihre Einfälle bekommt«, sagt sie zu Ernesto, als sie beide allein in der Küche sind.

Ernesto spürt ihre Verachtung. Aber er behält den Kopf oben und isst alles, was sie ihm vorsetzt. Er ist es gewöhnt, dass die Schwarzen, die für Weiße arbeiten, sich als etwas Besseres fühlen.

Als er absolut nichts mehr essen kann, wird er in einen großen, hellen Raum geführt, in dem es fast keine Möbel gibt. Hier wartet die Senhora. Sie sagt, er solle sich auf den Boden setzen und an die Wand lehnen.

»So, wie du auf der Straße sitzt, mit dem Rücken gegen eine Mauer«, erklärt sie ihm.

Ernesto sinkt gegen die Wand. Die Frau, die schon mit Block und Stift auf dem Schoß dasitzt, fängt an zu skizzieren.

»Wie heißt du?«, fragt sie.

»Julio«, lügt Ernesto. Er sagt einem Fremden nie seinen richtigen Namen. »Erzähl mir, warum du auf der Straße gelandet bist«, bittet die Frau, während ihre Hand wie ein Vogelflügel über das Blatt huscht.

Ernesto schaut sie zweifelnd an. Was geht sie das an?

Natürlich könnte er erzählen. Von der Guerilla, wie sie seine Mutter getötet und sein Dorf niedergebrannt haben. Über die Angst, die ständige Angst, in der sie in der Missionsstation lebten, wo er aufgewachsen ist. Es war nie die Frage, ob sie überfallen würden, sondern nur, wann.

Er könnte natürlich auch von seinem einzigen überlebenden Verwandten erzählen, der ihn eigentlich nicht haben wollte. Von Verrat, Bedrohung, Misshandlungen und Hunger. Von einem Leben, das einen Jungen dazu bringt, lieber auf der Straße zu leben und sich von Fremden ausnützen und erniedrigen zu lassen. Denn solange es Fremde sind, kann man ihnen den Rücken kehren und weiterleben und dennoch irgendwie seinen Stolz behalten.

All das könnte er natürlich erzählen. Aber was würde das nützen? Wie sollte sie es verstehen?

»Erzählen ... warum?«, sagt er deshalb. »Ich bin nichts Besonderes, ich bin wie die anderen.«

»Wie alt bist du?«, fragt die Frau.

»Ich glaube, ich bin neun«, antwortet Ernesto.

Dann wird es still. Die Frau hat zu malen angefangen. Die Stille, das Essen und die Stellung machen Ernesto ganz müde. Schließlich schläft er ein. Als er wieder aufwacht, malt die Frau immer noch, aber er sieht am Tageslicht, dass er lange geschlafen hat. Er wird unruhig. Sein Hunger ist zwar gestillt, aber Carlos wird wütend, wenn er heute Abend mit leeren Händen ankommt. Er steht auf.

»Ich möchte jetzt gehen, Senhora«, sagt er.

»Nur noch eine kleine Weile«, bittet ihn die Frau.

Da steht die Hausangestellte in der Tür.

»Ich möchte nur mitteilen, dass der Herr nach Hause gekommen ist«, sagt sie mit leiser Stimme. »Er nimmt gerade eine Dusche.«

Die Frau legt sofort den Pinsel weg und wendet sich an Ernesto.

»Dann ist es besser, wenn du gehst«, sagt sie. »Meinem Mann würde es nicht gefallen, dich hier zu sehen. Ich muss ohne dich weitermachen.«

Das Dienstmädchen nimmt Ernesto am Arm, führt ihn aus dem Haus, den Kiesweg entlang, und schließt sorgfältig das Tor hinter ihm.

Carlos wird natürlich wütend, als Ernesto ihm die beiden lächerlichen Scheine gibt, die der Polizist ihm gelassen hat. Aber er bekommt keine Prügel, weil Justino einen außergewöhnlich guten Tag hatte.

Als sie am Abend um das Feuer sitzen und an ihren Lumpen sniffen, erzählt Ernesto, was ihm passiert ist. Niemand glaubt ihm. Aber sie haben ihren Spaß.

»Du kannst gut Geschichten erzählen«, lacht Justino. »Wer sollte deine hässliche Visage malen wollen?«

Ernesto lacht auch. Er ist glücklich. Er hat einen vollen Magen, einen Lumpen in der Hand, und es ist ihm gelungen, den ganzen Tag keine Prügel zu bekommen.

An einem schwülen Nachmittag ein paar Wochen später kommt Justino angelaufen.

»Ernesto hatte Recht!«, ruft er erregt. »Jemand hat seine hässliche Visage abgemalt! Und sie verkaufen ihn in einem Geschäft! Kommt mit, dann zeig ich es euch!«

Sie laufen Justino hinterher, die großen, breiten Avenuen entlang, gehen ihre eigenen, unerfindlichen Abkürzungen und bleiben schließlich vor dem Schaufenster eines sehr feinen Geschäfts stehen. Eines Geschäfts, in dem die Weißen einkaufen. Hier gibt es Skulpturen aller Art aus Holz, Stein und Elfenbein. Hier gibt es Kleider, die aus den feinsten Stoffen genäht sind, und hier gibt es Bilder.

»Schaut mal da!«, sagt Justino und zeigt mit dem Finger durch die Gitterstäbe.

Ernesto starrt auf das Bild eines mageren, zerlumpten Jungen, der gegen eine Mauer gelehnt schläft.

»Das soll ich sein?«, ruft er enttäuscht.

Die anderen nicken beeindruckt.

»Na, klar bist du das«, sagt Carlos. »Zum Teufel auch.«

Lucas, der Einzige von ihnen, der lesen kann, ruft aus:

»Es ko-kostet dreihu-hundert Do-dollar!«

»Das kann nicht wahr sein«, sagt Justino.

»E-es steht auf de-dem Schild auf de-dem Bi-bild.«

Die Jungen schauen erstaunt einander und Ernesto an.

»Schade, dass du nicht das Bild bist. Da könnten wir dich verkaufen. Jesus, wie viel Geld wir da bekommen hätten!«, sagt Carlos.

Ernesto gefällt das Bild nicht. Er will überhaupt nicht so wie dieser magere, zerlumpte Junge aussehen. Und trotzdem ist er stolz. Er sieht, dass die anderen beeindruckt sind. Die Neuigkeit wird sich unter den Jungen herumsprechen und sie werden ihn mit Respekt behandeln. Und wer weiß, die Wachleute und Polizisten trauen sich vielleicht auch nicht mehr...

Auf jeden Fall so lange, bis das Bild verkauft und vergessen und er wieder ein normaler Straßenjunge ist.

Aus dem Schwedischen von Regine Elsässer

SR. LEA ACKERMANN

Sind wir ein Spiegelbild dieser Welt?

Gewalt an Kindern und Frauen

Als die etwa zwölfjährige Adiana mir ihre Hand entgegenstreckte, hinterließen ihre Augen bei mir einen tiefen Eindruck. Sie waren groß und dunkel und blickten hart und herausfordernd. Sie schienen mir zu sagen: »Ich bin ein Straßenkind! Aber wenn du mit mir redest, wirst du wissen, dass ich etwas zu sagen habe, wenn du mit mir kämpfst, wirst du spüren, dass ich stark bin, wenn du mit mir spielst, wirst du sehen, dass ich ein Kind bin«. Dann sagte sie auf Portugiesisch: »Ich bin ein Straßenkind, aber seit ich hier in der *Casa de Passagem* lebe, spiele ich in der Theatergruppe, und ich bin gut. Und ich kann Gedichte machen. Soll ich dir eines vortragen?« Und dann sprudelte es aus ihr heraus:

Stumm – denn wir fühlen uns schuldig,
wie leblos, am Boden dahinkriechend,
denn sie nennen uns Tiere.
Die Tage vergehen – wir streiten und schreien.
Und sie halten uns für sittenlose Strolche.
Wer sind wir wirklich?
Sind wir Menschen?
Oder gleichen wir kleinen Saatkörnern,
die vom Baum gefallen sind?
Vergaß irgendwer, uns aufzulesen, einzupflanzen
um das Licht der Welt zu erblicken?
Vergessene Kreaturen in der Zeit!

Müssen wir in dieser Welt
noch einmal geboren werden?
Wilde Kreaturen,
die der ganzen Welt Angst einflößen?
Oder sind wir ein Streichholz,
das, kaum angezündet, sogleich erlischt?
Oder sind wir traurige Bettler,
die auf der Straße das Überleben suchen?
Oder gleichen wir dem verwelkten Blatt einer Pflanze,
das auf den Boden fiel?
Oder sind wir ein Spiegelbild dieser Welt –
Doch niemand gab uns die Chance
an uns zu glauben, uns zu vertrauen.
Daher unser ängstliches Lächeln,
in der Zeit verborgen.
Wie gern wüsste ich: Wer sind wir?
Aber vor allem, wie gerne wüsste ich: Wer bin ich?

(Text von Adiana Pinangè, Recife, Brasilien)

Ich begegnete Adiana und anderen Straßenkindern auf einer Reise durch Brasilien. Ich wollte mehr über ihr Leben wissen, über
ihre Erfahrungen, zum Beispiel mit deutschen Touristen. Und ich
wollte Organisationen kennenlernen, die diesen Kindern helfen
und mit denen ich selbst zusammenarbeiten konnte.

Adiana und die anderen Kinder beeindruckten mich sehr. Das
Gedicht und die Lebensgeschichten vieler Straßenkinder sind eine
massive Anklage gegen die ganze Erwachsenenwelt.

Wie viel Grund diese Kinder haben, die Erwachsenen anzukla-
gen, wird auch an Emilies Gewalt- und Leiderfahrung deutlich.
Schon Emilies Mutter hatte ein sehr glückloses Leben. Mit vierzehn Jahren wurde sie zum ersten Mal schwanger – von ihrem
Onkel. Insgesamt bekam sie zehn Kinder von unterschiedlichen

Vätern. Emilie war das fünfte Kind. Die Mutter war völlig überfordert. Sie konnte sich immer nur um die Jüngsten kümmern, die anderen waren sich selbst überlassen. Schon mit etwa vier Jahren, erinnert sich Emilie, hat sie für sich selbst gesorgt, hat gebettelt oder mit einer älteren Schwester zusammen Zeitungen und Kaugummi verkauft. Mit neun Jahren wurde sie fast täglich von dem Mann, der zu der Zeit mit ihrer Mutter zusammenlebte, sexuell missbraucht. Außerdem schlug er sie so schwer, dass sie einmal fast verblutete. Noch heute hat sie eine große runde Narbe am Hinterkopf. Mit ihrer Schwester war sie damals bei einem Arzt. Sie blutete stark am Kopf und am Unterleib. Der Arzt fragte immer wieder, wer sie so zugerichtet habe, bis sie sagte: »Es war der Vater.« Ihre Schwester beschimpfte sie daraufhin und sagte, sie sei verrückt, der Vater würde so etwas nie tun. Später schimpfte auch die Mutter, obwohl sie wie die Schwester genau wusste, was wirklich los war. Darum lief Emilie von zu Hause weg und schlief und wohnte in Parks und auf der Straße.

Mit neun Jahren arbeitete sie als Prostituierte. Sehr bald lebte sie mit einem Mann zusammen, der ihr Zuhälter und Geliebter war. Sie musste schwer arbeiten, der Mann war faul und trank. Sie lief von ihm weg und traf auf Streetworkerinnen der Frauenorganisation, die ganz langsam ihr Vertrauen gewannen und mit ihr versuchten, ihre Aggressionen zu meistern. Anfangs konnte sie gar nicht mit den anderen Kindern zusammenwohnen, weil sie so streitsüchtig war und sich ständig mit ihnen balgte.

In der Eingangshalle der *Casa de Passagem* hängt ein großer Spiegel. Er nimmt fast die ganze Wand ein. Die Leiterin erklärt, dass die Kinder sich anfangs gar nicht anschauen wollen. Sie empfinden sich als schmutzig und minderwertig. Erst wenn sie anfangen zu verstehen, was ihnen alles angetan wurde, wenn sie erkennen, dass sie Kraft haben, dass sie intelligent sind, dass sehr viel Schönes in ihnen steckt, wagen sie, sich anzuschauen, beginnen sie, an sich und ihre Fähigkeiten zu glauben.

Als Adiana in die Theatergruppe kam und ihre Fähigkeit, zu spielen und Gedichte zu schreiben, entdeckte, änderte sich ihr Leben. Seit einigen Monaten ist sie fest in der Gruppe integriert und kann nun selbst mithelfen, andere Kinder von der Straße zu holen.

HANS-MARTIN GROSSE-OETRINGHAUS

Kinderrechte
sind Menschenrechte

FRAGEN

Rechte, sagst du, soll ich haben?
In einer Konvention sollen sie stehen?
Eigens für Kinder gemacht?
Auch für mich?
Feierlich unterzeichnet?
Mit vielen Seiten?
Und vierundfünfzig Artikeln?
Dich beeindruckt das?
Was ich davon halte?
Ich sage es dir,
wenn aus Papier
Wirklichkeit geworden ist.
Wenn du aus Paragrafen
Taten gemacht hast.
Das willst du doch?

Noch zu Beginn des 19. Jahrhunderts waren Kinder in Europa
rechtlich kaum anders gestellt als das Vieh ihrer Väter. Sie konnten
genauso wenig Rechte und genauso wenig staatlichen Schutz in
Anspruch nehmen wie die Kühe, Pferde und Schweine im Stall.
Die Väter konnten über ihre Kinder wie über Privateigentum bestimmen. Dies änderte sich erst nach und nach. Die väterliche
Macht wurde mehr und mehr begrenzt und die Kinder gegen

wirtschaftliche Ausbeutung geschützt. »Das Kind wird nicht erst ein Mensch, es ist schon einer.« Dieser Satz von Janusz Korzcak mutet banal an. Und doch macht er deutlich, wie unsere Gesellschaft über Kindheit denkt. Sie betrachtet das Kind oftmals nicht als eigenständiges Individuum, sondern nur als Anhängsel der Erwachsenen. Diese Einstellung spiegelt sich nicht nur im allgemeinen Bewusstsein wider. Sie wirkt bis in die Gesetzgebung hinein. Das ist nicht verwunderlich, werden Gesetze doch von Politikern gemacht, die auf Wählerstimmen schielen. Und Kinder können nicht wählen. Natürlich wollen Politiker sich als Freunde der Kinder zeigen. Das macht sich immer gut. Im politischen Machtkampf setzen sich aber regelmäßig andere Interessen durch. Das Ergebnis nennen Wissenschaftler »strukturelle Kinderfeindlichkeit«. Sie lässt sich überall ausmachen: in der Stadtplanung, in der Wohnungsarchitektur, im Verkehr oder in der Zahl außerhäuslicher Betreuungsmöglichkeiten. Gleichzeitig dienen Kinder – zum Beispiel in der Werbung – als »kollektive Schmuseobjekte« und sind außerdem einer rücksichtslosen kommerziellen Ausbeutung ausgesetzt. Die Generation der Erwachsenen hat vorrangig ein Interesse am Jetzt, die der Kinder aber an der Zukunft. In dieser Auseinandersetzung siegt, wie so oft, der Stärkere. Daher nahm die Generalversammlung der Vereinten Nationen im Jahr 1959 eine »Erklärung der Rechte des Kindes« an, eine unverbindliche Willenserklärung der Völker der Welt, auf deren Einhaltung niemand drängen konnte. Von 1979 bis 1988 erarbeiteten die Vertreterinnen und Vertreter der Völker in den Vereinten Nationen dann eine Kinderrechtskonvention.

Alle Länder, die die Konvention unterzeichnen, sind zu ihrer Einhaltung verpflichtet. Am 20. November 1989 wurde sie von der Vollversammlung der Vereinten Nationen in New York angenommen. In ihr werden viele Rechte festgeschrieben, so zum Beispiel das Recht auf einen Namen, das Recht auf Gleichheit, das Recht auf Ernährung, Kleidung und Wohnung, das Recht auf

Gesundheit, das Recht auf Frieden, das Recht auf Bildung, das Recht auf kulturelle Identität, das Recht auf die eigene Meinung, das Recht auf Schutz vor Ausbeutung, das Recht auf soziale Sicherheit, das besondere Recht behinderter Kinder, das Recht auf Schutz auf der Flucht und viele andere mehr.

Viele unterliegen dem Irrtum, solche Kinderrechte sind vor allem für Kinder in Afrika, Asien und Lateinamerika gemacht. Unseren Kindern gehe es doch gut. Die brauchen sie nicht, denn in Deutschland ist doch alles in Ordnung. So dachten zum Teil auch noch die Vertreter der Bundesregierung in den 80er-Jahren bei den Verhandlungen um die Konvention. Sie vertraten die Meinung, dass Kinder in der Bundesrepublik bereits bestens geschützt seien und die Konvention für Deutschland eigentlich überflüssig sei.

Schon ein Blick ins Grundgesetz hätte ausgereicht, um große Mängel aufzudecken. Kinder kommen in ihm nur in einem einzigen Artikel als Anhängsel der Familie vor. Von besonderen Rechten der Kinder in ihren besonderen Lebenslagen ist keine Rede. Inzwischen aber ist immer deutlicher geworden, dass auch in Deutschland nicht alles bestens geregelt ist. Denn Deutschland hat die Kinderrechtskonvention, die von allen Staaten außer von den USA und von Somalia unterschrieben worden ist, nur unter Vorbehalt unterzeichnet. Dieser Vorbehalt legt fest, dass Flüchtlingskinder mit Erreichung des 16. Lebensjahrs ihre Rechte verlieren und sie von Amts wegen diskriminiert werden dürfen. Aber auch bei deutschen Kindern gibt es Probleme. So fehlen wichtige gesetzliche Regelungen für die zwangsweise Unterbringung von Kindern außerhalb der Familie und für den Jugendstrafvollzug. Für die Verwirklichung des Rechts auf Partizipation gibt es viel guten Willen und Ideen, aber noch keine Konzepte, die alle Kinder erreichen.

Dabei sind die Partizipationsrechte von ganz besonderer Bedeutung: »Die Vertragsstaaten sichern dem Kind, das fähig ist, sich eine eigene Meinung zu bilden, das Recht zu, diese Meinung in allen das Kind berührenden Angelegenheiten frei zu äußern, und berücksichtigen die Meinung des Kindes angemessen und entsprechend seinem Alter und seiner Reife.« So heißt es im Artikel 12 der UN-Kinderrechtskonvention. Und im Artikel 15 wird festgeschrieben, dass die Vertragsstaaten das Recht des Kindes anerkennen, »sich frei mit anderen zusammenzuschließen und sich friedlich zu versammeln.«

In diesen Partizipationsrechten wird der Geist der Kinderrechtskonvention am deutlichsten. Kinder sind eben nicht Erwachsene in Vorbereitung, die ausschließlich als Objekte der Fürsorge von Erwachsenen angesehen werden können. Vielmehr haben sie Anspruch auf Respekt und gesellschaftliche Partizipation. Sie haben das Recht, ihre Meinung kundzutun und sich für ihre Interessen einzeln und gemeinsam einzusetzen, selbst wenn es den Interessen der Erwachsenen oder denen des Staates widerspricht.

In vielen lateinamerikanischen Regionen sind die Kinderrechte fester im Bewusstsein der Kinder verankert als bei uns. Die Kinderrechtsbewegung dort bildet ein gutes Beispiel, wie die Artikel der Kinderrechtskonvention mit Leben gefüllt werden können. Sie liefert Kindern ein Instrument, ihre Interessen und Bedürfnisse zu artikulieren und sich für sie aktiv einzusetzen. Nicht Erwachsene tun etwas für Kinder. Vielmehr erarbeiten diese sich selbst Kompetenz bei der Umsetzung ihrer Rechte. Sie erleben es als Ausdruck ihrer Stärke, wenn sie Aktionen und Kampagnen organisieren, Projekte realisieren, sich Gehör verschaffen: lokal, regional und international. Bei ihrem Kampf um eine bessere Zukunft haben Erwachsene nur begleitende und unterstützende Funktion. So ist das auch bei den Kinderrechtsteams von terre des hommes.

Kinderrechte sind Menschenrechte. Das hört sich simpel an, ist aber äußerst wesentlich. Zu den wichtigsten Rechten des Menschen gehört es, Kind sein zu dürfen und Kinder großzuziehen. Leider ist die Welt heute nicht so organisiert, dass die Grundbedingungen für eine erfolgreiche kindliche Entwicklung garantiert sind. Ganz im Gegenteil wird vielen Millionen Kindern auf der

Welt schweres Unrecht zugefügt. So kann man die Kinderrechtskonvention als einen Katalog des Versagens lesen. Gleichzeitig ist sie aber auch eine großartige Vision für eine kindergerechte Welt.

Damit aus den papierenen Rechten gelebte Rechte werden, bedarf es noch großer Anstrengungen sowohl der Staaten als auch vieler Einzelner. Denn der Kampf um die Kinderrechte ist mit der Verabschiedung der Kinderrechtskonvention nicht abgeschlossen worden. Er hat gerade erst begonnen. Und er kann nur zum Erfolg führen, wenn sich alle in ihm engagieren, Erwachsene wie Kinder.

Kapitel V

Verschleppt und verschwunden

*Nicht
die Erde
hat sie
verschluckt…*

HANS MAGNUS ENZENSBERGER

OSVALDO BAYER

Die Erinnerung: die beste Waffe der Zukunft

Wir Argentinier haben einen Grund, für den Rest unserer Geschichte stolz zu sein: auf die Mütter von der Plaza de Mayo. Aber wir Argentinier haben auch einen guten Grund, uns zu schämen, und diese Scham werden selbst viele Jahre nicht ungeschehen machen können. Für eine Erklärung wird man tiefschürfende psychologische, anthropologische und auch soziologische Abhandlungen bemühen müssen: Nach der Militärdiktatur, als die Demokratie schon wiederhergestellt war, wählten die Bewohner der Provinz Tucumán einen Mann zum Gouverneur, der als einer der brutalsten Unterdrücker an der blutigen Diktatur unter General Videla beteiligt war: General Bussi. Er ersann die ausgefallensten Foltermethoden, baute Konzentrationslager, und bei Entführungen machte er auch nicht vor schwangeren Frauen, Kindern und Familienangehörigen von Verfolgten halt. Ebendieser Unterdrücker ist heute Gouverneur von Tucumán, vom Volk gewählt in einer der ärmsten Provinzen, die dank ihres Kampfes gegen die spanischen Konquistadoren im vergangenen Jahrhundert bisher immer auf eine ehrenvolle Vergangenheit verweisen konnte.

Wie ist das möglich? Einerseits diese breite Bewegung von Frauen, die waffenlos und völlig machtlos, ohne jede vorherige Absprache auf die Straße gingen, um einer allmächtigen Diktatur die Stirn zu bieten, die willkürlich über Leben und Tod aller Einwohner bestimmte und über den raffiniertesten und brutalsten staatlichen Unterdrückungsapparat verfügte. Andererseits wählt das gleiche Volk, aus dessen Mitte eine so reine und stoische Bewegung wie die der Mütter von der Plaza de Mayo entsprang, zwölf Jahre nach dem Sturz der Diktatur einen der berüchtigtsten Vertreter der staatlichen Unterdrückung zum Gouverneur von Tucumán.

Dieses Beispiel zeigt das krasse Versagen der Demokratie unter den beiden seit Dezember 1983 verfassungsgemäß gewählten Präsidenten Alfonsin und Menem. Sie haben viel von Menschenrechten gesprochen, unternommen haben sie hingegen praktisch nichts. Erst wurde das große Theater der Prozesse gegen die Diktatoren inszeniert, die wegen ihrer Verbrechen gegen die Menschheit abgeurteilt wurden, dann aber erließ man schnell Gesetze zu ihrer Begnadigung und erteilte ihnen die Absolution. Ehemalige Minister und Beamte der Militärdiktatur können ohne jede Probleme wieder die gleiche Funktion im Dienste der Demokratie ausüben; so beispielsweise die Minister Camilión und Cavallo.

Als man den deutschen Nazi und Kriegsverbrecher Priebke in Bariloche im argentinischen Patagonien entdeckte, befassten sich die Zeitungen in Buenos Aires auf den ersten Seiten und Spalten voller Empörung mit dem Fall. Die Mehrzahl der Bevölkerung sprach sich in Umfragen für eine Auslieferung des Kriegsverbrechers an die italienischen Justizbehörden aus, damit ihm für die in den Bergen unweit von Rom begangenen Verbrechen der Prozess gemacht werden konnte. Als jedoch die französische Regierung die Auslieferung des argentinischen Fregattenkapitäns Alfredo Astiz beantragte, der den Unterdrückungsorganen der Diktatur als Folterknecht und Mörder angehört hatte und für die Folterung und das Verschwinden der Präsidentin der Mütter der Plaza de Mayo, Azucean Villaflor, zwei weiterer Mütter und von zwei französischen Nonnen, die den Müttern bei der Arbeit halfen, verantwortlich ist, beschäftigten sich die argentinischen Medien damit bei Weitem nicht so intensiv wie mit dem Fall Priebke. Die argentinische Regierung hat Priebke dann auch an die italienischen Justizbehörden ausgeliefert, den Antrag der französischen Regierung auf die Auslieferung des argentinischen Verbrechers Astiz dagegen abgelehnt.

Als Verbrechen gegen die Menschenrechte gelten eben nur solche, die weit draußen vor den Landesgrenzen in fremden Regionen verübt werden.

Mit ihrer Doppelmoral haben die rechtmäßig gewählten argentinischen Regierungen unter Alfonsin und Menem keinen anderen Zweck verfolgt, als die Wahrheit vergessen zu machen. Viele Analytiker erklären den Fall Bussi in Tucumán als »Strafvotum«. Da die Politiker viele der vor den Wahlen gemachten Versprechen im sozialen Bereich nicht eingehalten hätten, habe das Volk sie bestrafen wollen und den größten Feind der Demokratie gewählt. Aber es gibt noch eine andere Interpretation: General Bussi erhielt, als er in den Siebzigerjahren in Tucumán als Unterdrücker wirkte, von der Diktatur viel Geld, um die Bevölkerung durch den Bau von Wohnungen, Schulen, Straßen und anderen Einrichtungen für sich einzunehmen. So gewann der General den Kampf gegen die Feinde der Diktatur einerseits mit Geld und andererseits mit Folterinstrumenten und Konzentrationslagern. Deswegen haben ihn die Menschen in der Hoffnung gewählt, dass mit ihm die schöne Zeit des Geldes zurückkehrt. Welch egoistisches Denken fern aller moralischen Grundsätze!

Ein Stoff, wie gemacht für eine griechische Tragödie: Ein Volk wählt den Mörder seiner besten Töchter und Söhne zum Gouverneur. Ein Thema, dazu geeignet, sich mit den tragischen Widersprüchen der menschlichen Seele zu befassen.

Manchmal begnügt sich die wissenschaftliche Disziplin der Geschichte mit der Beschreibung und Analyse einer einzigen Tatsache oder einer einzigen Episode, um eine ganze Gesellschaft oder Epoche zu definieren. Die Sache mit dem »Haus der Blinden«, die sich 1977 in der argentinischen Stadt Rosario zutrug, ist ein solches Beispiel. Sie legt, wie vielleicht keine andere, die Grausamkeit und Perversion der Unterdrückung unter Videlas Militärdiktatur bloß, aber ebenso das schwache und zynische Verhalten der späteren demokratischen Regierungen sowie fast der gesamten Gesellschaft.

In einem Arbeiterviertel in Rosario lebte 1977 ein blindes Ehepaar in seinem eigenen Haus. Beide hatten als Jugendliche durch eine Krankheit das Augenlicht verloren. Danach lernten sie sich in einer Blindenschule kennen, wo sie verschiedene Techniken zur Selbsthilfe erlernten. Bei ihrer Heirat legten die Eltern der beiden ihre Ersparnisse zusammen, um ihnen eine Unterkunft und eine Maschine zur Herstellung von Sodawasser zu kaufen, mit deren Erlös sie sich selbst ernähren konnten. So erlernten sie geschickt die Produktion und das mechanische Abfüllen von Soda in Flaschen. Wenige Monate nach der Hochzeit brachte die junge Frau ein Kind zur Welt, ein Ereignis, über das sich die ganze Familie freute und das sie mit Hoffnung erfüllte. Zu den jungen Eltern und dem Baby gesellte sich ein weiteres Lebewesen: ein Blindenhund, der sie auf ihren Einkäufen begleitete.

Im Frühjahr 1977, genau gesagt am 11. Oktober, wurden die Nachbarn des »Hauses der Blinden« Augenzeugen einer unerklärlichen Begebenheit: Am helllichten Tag umzingelten Einheiten von Heer und Polizei das Haus der Blinden und besetzten Fenster und Dächer der Nachbarhäuser. Über hundert Offiziere, Unteroffiziere und Soldaten in Kampfausrüstung waren im Einsatz. Um zwei Uhr erging der Befehl zum Angriff. Und obwohl niemand Widerstand leistete, wurden die Türen eingeschlagen, und man drang mit viel Getöse in das bescheidene Haus ein. Wenige Minuten später sahen die Nachbarn − versteckt hinter ihren Gardinen − die Soldaten wieder herauskommen. Sie führten die beiden Blinden in Handschellen fort. Ihnen voran ging der kleine, damals schon dreijährige Sohn. Zuletzt kam ein Offizier, der den Blindenhund mit Maulkorb an der Leine führte. Am nächsten Tag hielten Militärlaster vor dem Haus und mehrere Soldaten luden alle Möbel, die Maschine aus der kleinen Werkstatt und alle übrigen Gegenstände auf. Sie vergaßen nicht einmal die Lampen in den Zimmern und das Spielzeug des kleinen Jungen.

Wochen später bezog die Gendarmeria Nacional, so etwas wie

eine dem Militär unterstehende Grenzpolizei, das leere Haus, das in einen »Klub für Gendarmeria-Unteroffiziere« umgewandelt worden war. Die Polizisten hielten dort ihre Tanzveranstaltungen ab oder begingen die Geburtstage ihrer Ehefrauen, Kinder oder anderer Familienangehöriger. Samstags feierte man bis in die frühen Morgenstunden und es wurde geräuschvoll getanzt, Gelächter und Musik erschallten bis zum Sonnenaufgang.

Seit dem Verschwinden der Blinden waren fünfzehn Jahre und seit dem Sturz der Militärdiktatur neun Jahre vergangen. Ich fuhr nach Santa Fé, um an der Universidad del Litoral einen Vortrag über Menschenrechte zu halten. Bei meiner Ankunft kam eine Frau von der Vereinigung der Mütter von der Plaza de Mayo aus der Ortsgruppe in Santa Fé zu mir. Sie sagte, sie müsse mich unbedingt wegen eines schweren Verbrechens sprechen. Am Morgen darauf traf ich sie. Mit ihr kam eine ungefähr siebzig Jahre alte kreolische Frau von bescheidenem Äußeren, die von ihren Freundinnen liebevoll »la negrita« genannt wurde. Diese alte Frau wollte mir nun etwas erzählen, über das sie aus Angst, man werde ihren Enkel aus der Schule entlassen oder ihm Schaden zufügen, bisher immer geschwiegen hatte.

Die alte Frau war die Mutter der jungen Blinden in Rosario und ihr Enkel jener kleine Junge, den die Streitkräfte im Frühjahr 1977 zusammen mit seinen Eltern abgeführt hatten. Der Junge war einige Tage nach der Entführung zurückgebracht worden. Unbekannte hatten ihn in der Nähe von Verwandten der Blinden abgesetzt. Diese Verwandten brachten den Kleinen später zu seiner Großmutter.

Als Erstes erzählte die alte Frau, sie lebe in sehr bescheidenen Verhältnissen, verdiene ihren Lebensunterhalt durch den Verkauf von Zigaretten und Süßigkeiten an einem Stand gegenüber dem Friedhof und bemühe sich sehr, ihrem Enkel eine gute Erziehung zu geben. Weiter sagte sie, sie habe nach dem Sturz der Militärdiktatur und ihrer Ablösung durch die demokratische Regierung

Alfonsin die Rückgabe des Hauses der Blinden für ihren Enkel, den einzigen Erben, gefordert. Und damit beginnt ein weiteres Kapitel in dieser Geschichte des Schreckens, denn jetzt kommt die Bürokratie ins Spiel. Obwohl aus den Unterlagen klar hervorgeht, dass die Blinden Eigentümer des Hauses waren, sollte die alte Frau erst einmal beweisen, dass die Eltern gestorben waren, bevor es in den Besitz des Jungen übergehen konnte. Aber sie waren ja nur »verschwunden«. Auf diese Weise vergingen die Jahre, während die Soldaten der Gendarmeria ihre Feste feierten.

Es gab zwei Versionen. Die »offizielle« richtete sich nach Polizei- und Gerichtsberichten, mit denen nichts zu beweisen war. Nach der »inoffiziellen« Version von Nachbarn und Augenzeugen, die aber ihre Erklärungen aus Angst nicht unterschreiben wollten, seien die Blinden dermaßen gefoltert worden, dass sie kurz danach starben. »Sie ertrugen die Folter nicht«, so wird die Tatsache umschrieben, dass sie durch Foltern ermordet wurden. Aber wie pervers das Ganze ist, zeigt der Umgang mit dem Blindenhund des Paares. Er wurde auf die nächste Polizeiwache gebracht, wo er »im Kampf gegen terroristische Elemente« eingesetzt wurde.

Die Demokratie unternahm also nichts, um den unermesslich großen Schaden wieder gutzumachen. In den Zeiten der Diktatur wurde einer der Brüder des entführten Blinden verdächtigt, so hieß es, der Guerillero-Bewegung »Montoneros« anzugehören, und die Blinden seien gefoltert worden, weil man sich von ihnen Auskunft über den »Umstürzler« erhoffte. Mit derartigen Erklärungen bemühte man sich, die Verbrechen zu rechtfertigen: Die Gesellschaft schüttelte mit der Phrase »es wird schon etwas gewesen sein« jede Verantwortung ab, um »in die Zukunft zu schauen«.

Wieder vergingen Jahre. Nur dem Einsatz von Menschenrechtsorganisationen ist es zu verdanken, dass die Uniformierten schließlich aus dem Haus der Blinden auszogen. Erst dann erkannten die Justizbehörden den Anspruch des Erben auf seinen Besitz an. Seit dem Sturz der Diktatur waren über zehn Jahre vergangen. Der

Staat hat bisher keinen Pfennig Schadenersatz für die unbefugte Benutzung der Wohnung durch die Streitkräfte gezahlt. Der Enkel hat das Haus an Menschenrechtsorganisationen vermietet, die darin Sitzungen und Seminare veranstalten. Es ist das argentinische »Haus der Anne Frank« und gleichzeitig ein Symbol dafür, wohin ein auf Ungerechtigkeit und Unfreiheit gestütztes Regime kommen kann, wenn einem Ausbeutungsapparat, der auf Skrupellosigkeit und Mangel an Ethik basiert, nichts entgegensetzt wird. Es klagt aber auch die späteren Regierungen an, deren Schlagwort »In die Zukunft schauen« lautete. Sie hätten besser den Menschen, die bereitwillig mit den Diktatoren zusammengearbeitet hatten, ihre fehlende Zivilcourage bewusst gemacht.

Der jahrzehntelange Aufmarsch der Mütter auf der Plaza de Mayo an jedem Donnerstag, das in ein »Haus des Gedenkens« umgewandelte »Haus der Blinden« – sie sind lebendige Denkmäler für Ethik und Zivilcourage, die auch Gouverneure wie Bussi nicht verschwinden lassen können, selbst wenn sie von einer uninformierten oder egoistischen Mehrheit an den Urnen gewählt werden.

Aber der Kampf der Mütter der Plaza de Mayo, der Großmütter (sie suchen nach dreißig Jahren immer noch ihre Enkel, obwohl sie wissen, dass ihre Töchter und Söhne tot sind, die Enkel zur Adoption freigegeben wurden – hauptsächlich an Familien von Militärs und Polizei), der Kinder der Verschwundenen und weiterer Menschenrechtsorganisationen machten es möglich, dass die Regierung des jetzigen Präsidenten Kirchner sowie der Oberste Gerichtshof die Gesetze über Befehlsnotstand und Schlusspunkt auflösten. Diese Verordnungen der früheren demokratischen Regierungen hatten alle Verbrechen der Militärdiktatur straffrei gelassen. Mit der Regierung Kirchner begann erstmals die Verfolgung der Verantwortlichen für die offiziellen Verbrechen. Man muss allerdings sagen, dass die Strafprozesse sehr langsam fortschreiten und bisher nur wenige Kriminelle im Gefängnis gelandet sind. Viele, die schon über siebzig Jahre alt sind, sitzen ihre Strafe in der Privatwohnung ab. Doch der Druck wird immer größer und das Klima hat sich verändert: Heute erinnert man sich in allen Städten der Republik, in den Universitäten und Schulen an die Opfer. Mehrere Konzentrationslager sind heute Museen, in denen die Barbarei der Militärs während der Repression erklärt wird. Der zum Abgeordneten gewählte General Bussi konnte sein Amt nicht antreten, da er von der Mehrheit der Kammer nicht akzeptiert wurde.

Es dauert seine Zeit, doch die Justiz kommt zu ihrem Recht. Die Geschichte ist den Prinzipien der Ethik unterworfen, auch wenn es manchmal Jahre braucht.

Aus dem argentinischen Spanisch von Miriam Magall

REINER ENGELMANN

Zeitlose Erinnerung
(memoria sin tiempo)

Von allen offiziellen Stellen geleugnet, von
den Bewohnern der Stadt zum Teil zunächst
ängstlich, zögernd, mit einem gelegentlichen
Schulterzucken, doch
im Laufe der Zeit
teilnehmend zur
Kenntnis genommen,
von den Angehörigen verzweifelt überall
suchend, nachfragend, fordernd, nachforschend,
es aber trotzdem und deswegen ans
Tageslicht gebracht, Jahre
später, die Namen in
großformatige, im Kreis
angeordnete Steine eingemeißelt, mit einer
Sonnenuhr im Zentrum, die ihren
Schatten kreisen lässt von
Stein zu Stein, von
Name zu Name, als
zeitlose Erinnerung, als
weithin sichtbare Feststellung, dass
Eduardo Jorge Valverde
vor
Elda Maria Francissetti und
Eduardo Raul Raquena
nach

Aldo Enrique Apfelbaum
verschwunden ist,
Maria Elena Beatrice Viola
vor
Luis Carlos Monaco und seine Frau
Ester Felipe de Monaco
unmittelbar nach ihrem Mann.

Eduardo Jorge Valverde wurde
am 24. März verhaftet,
Elda Maria Francissetti
am 25. Mai,
Eduardo Raul Raquena
am 23. Juli und
Maria Elena Beatrice Viola
am 22. August,
Luis Carlos Monaco und
Ester Felipe de Monaco
am 11. Januar.

Die Verhaftungen von
Eduardo Jorge Valverde und
Eduardo Raul Raquena waren
jeweils am späten Nachmittag, die von
Elda Maria Francissetti,
Luis Carlos Monaco und
Ester Felipe de Monaco
nachts zwischen eins und drei,
Aldo Enrique Apfelbaum wurde
um elf Uhr dreißig verhaftet,
Maria Elena Beatrice Viola
ohne Zeugen
irgendwann im Laufe des Tages.

Eduardo Jorge Valverde wurde in einem
Krankenhaus der Landeshauptstadt festgenommen,
Elda Maria Francissetti in
ihrer Wohnung nahe Buenos Aires,
Eduardo Raul Raquena in
einer Bar in Córdoba,
Maria Elena Beatrice Viola irgendwo
in Buenos Aires,
Aldo Enrique Apfelbaum
in Villa Allende an
seinem Arbeitsplatz,
Luis Carlos Monaco und
Ester Felipe de Monaco
jeweils in Villa Maria, er
in seiner Wohnung, sie
in der Wohnung ihrer Eltern.

Für die Angehörigen,
das beschwören sie,
auch heute noch,
sei die Zeit
stehen geblieben und
sie hätten sich in
diesem Stillstand auf
die Suche gemacht, von
Pontius zu Pilatus seien
sie gelaufen, hätten
nicht nur bei den
örtlichen Polizei- und Militärdienststellen
Nachforschungen angestellt, sondern
das ganze Land nach ihnen abgesucht, von
oben nach unten, von
links nach rechts, bei

der staatlichen Obrigkeit
komplett
hätten sie Eingaben gemacht, das
könnten sie belegen durch
Kopien ungezählter Briefe, auch
an kirchliche Repräsentanten, die
sich alle, wie auf
Absprache, eingehüllt hätten in
eine Mauer des
Schweigens.
Selbst persönliche
Vorsprachen, die
gleiche Geschichte immer wieder vorbringend, auf die
gleichen Fragen unzählige Male die
gleichen Antworten, monoton vorgetragen:
Wir haben keine Informationen!
Doch nie
hätten sie aufgegeben mit
ihren Hilferufen, mit
ihrer Suche, mit
ihren Nachforschungen, mit
ihren Fragen, mit
ihren Forderungen nach der
Bekanntgabe des Aufenthaltsortes der
Verschwundenen,
auch heute noch nicht, wo
Gewissheit
Ahnungen und Befürchtungen
abgelöst hat, wo
Vermutungen zur
Realität geworden sind. Die
Erinnerung habe
sie nicht ruhen lassen und ein

Satz habe sich in ihren
Köpfen festgesetzt, gleich den
eingemeißelten Namen auf
den Steinen:
Bis wir sie finden!
Und er sei nicht wegzuwischen
bis auf den heutigen Tag,
das beschwören sie.

In einem Gemisch, bestehend
aus Spekulationen und Fakten, kann
festgestellt werden, dass
Eduardo Jorge Valverde,
Eduardo Raul Raquena,
Luis Carlos Monaco und
Ester Felipe de Monaco im
Konzentrationslager La Perla
inhaftiert waren,
Aldo Enrique Apfelbaum in
einem nicht bekannten Gefängnis irgendwo in Córdoba,
während Elda Maria Francissetti und
Maria Elena Beatrice Viola wahrscheinlich
in ein Konzentrationslager in
Buenos Aires verschleppt wurden.

An irgendeinem Tag nach
ihrer Verhaftung starben
Elda Maria Francissetti,
Aldo Enrique Apfelbaum und
Maria Elena Beatrice Viola.
Niemand, außer ihren
Mördern, weiß wirklich,
wie und wann.

Starben sie während oder nach
der Folter, an den Folgen
der Elektroschocks, durch
Erschießen, durch
Ertränken, Erschlagen?
Wurden sie aus einem
Flugzeug oder einem Hubschrauber, vorher
entkleidet, nach
Verabreichung einer
Beruhigungsspritze, aber bei lebendigem
Leib, irgendwo in einen
Fluss oder ins offene
Meer geworfen?

Eduardo Jorge Valverde wurde
gefoltert, bevor er im
Konzentrationslager La Perla am
vierten Tag starb,
Eduardo Raul Raquena am
zehnten Tag,
Luis Carlos Monaco und
Ester Felipe de Monaco im
dritten Monat, die
Hände gefesselt, die
Augen verbunden,
wie üblich,
aufrecht stehend, mit anderen
Gefangenen vor ihrem ausgehobenen
Grab, an einem warmen
Sommermorgen, getroffen von den
Kugeln des
Exekutionskommandos.

FRANCISCO HEREDIA

Erscheinungen

In den schlaflosen Nächten der Generäle.
In den Geräuschen der Schuld,
schwer wie die schleppenden Ketten der Folterer.
In der unsichtbaren Spur, die den Verräter entlarvt.
In den bürokratischen Labyrinthen der Justiz.
In den tauben, blinden und stummen Richtern.
In den Bankkonten, die sich mit dem bitteren Geschmack
nach »süßem Geld« vergrößert haben.
In den Sparplänen, die uns zu ewigen Schulden verdammen.
In dem Daumen des Mörders, der die Sonne verdecken will.
In der Angst.
In der Begnadigung, die versucht, das Vergessen zu erzwingen.
In den tausend Donnerstagen voller Mut und Erinnerungen
der Mütter von der Plaza de Mayo.
In den unsichtbaren Schritten der nie müde werdenden
Großmütter der Plaza de Mayo.
Im Blick der Söhne und Töchter.
In den Liedern von Liliana.
In den Fragen von Paula.
In der Stille von Benja.
Auf 30 000 leeren Stühlen am Mittag.
Bei jedem Weihnachtsfest. Bei jedem Geburtstag.
An jedem Tag.
In jeder unendlichen Nacht unter dem Kreuz des Südens
ERSCHEINEN DIE VERSCHWUNDENEN.

Aus dem argentinischen Spanisch von Claudia Lenze

MICHAIL KRAUSNICK

Null problemo

Regentag. Kein Schwein ruft an. Ganz Deutschland scheint Kreislaufprobleme zu haben. Dann aber doch. Der Autor ist gefragt.

»Wir haben ein Zigeunerproblem.«

Am Telefon eine engagierte Lehrerin. Wie immer. Eigentlich kennt er nur engagierte Lehrerinnen. Aufgeregte Stimme, nicht unsympathisch.

»Sie sind doch Experte.«

Experte? Juden- und Zigeunerexperten gab es zuletzt bei den Nazis.

»Wie meinen Sie das?«

»Naja, wegen der Vorurteile. Sie haben doch diese Bücher geschrieben.«

»Ja und?«

»Naja … wir haben jetzt aber ganz massiv welche.«

»Was? Vorurteile?«

»Nein! – Zigeuner. Direkt vor der Schule, in den Wiesen. Auf dem Landfahrerplatz. Ich weiß natürlich, dass man sie so nicht mehr nennen soll, neuerdings, eigentlich …«

Richtig. Und dich nicht Dumpfbacke, Piefke oder Sauerkrautfresser.

»Aber als was soll ich sie denn bezeichnen? Sinti? Roma? Sinti und Roma? Oder wie?«

»Woher kommen sie denn? Vielleicht sind es ja gar keine … »

»Doch doch, ich seh' doch ihre Wohnwagen und …«

Also Holländer …, seufzt der Autor in sich hinein. Oder Schausteller. Oder Campingfreunde. Nicht alles, was man wahrnimmt, darf man für wahr nehmen.

»… und Wäscheleinen. Dunkle Augen, schwarze Haare.«

Ja. Eben. Nichts täuscht mehr als das Sichtbare.

»Deutsch sprechen sie jedenfalls nicht.«

»Und das Problem?«

»Es … es gab da eine sehr unschöne Sache. Eine Art Raubüberfall!«, platzt es aus ihr heraus. Das Opfer sei eine elfjährige Schülerin, die auf dem Weg zur Schule von zwei Zigeunern … Der Radweg gehe nun mal durch die Wiesen direkt am städtischen »Landfahrerplatz« vorbei. Der eine Täter habe das Mädchen festgehalten und der andere ihr Fahrrad entwendet. Mit blutigen Knien und völlig verstört sei sie in die Schule geflüchtet. Der Rektor habe die Polizei eingeschaltet und eine Elternkonferenz einberufen. Der Radweg sei vorsorglich gesperrt worden. Einige Eltern wollten eine Bürgerpatrouille gründen, den Schulweg bewachen, die Kinder vor weiteren Überfällen schützen. So weit, so gut, aber! –

»Sie sollten mal hören, was da manche Leute sagen. Entsetzlich! Zigeuner raus! Der Hass … wie bei den Nazis … die ganze braune Brühe, die da plötzlich wieder hochkommt! Wenn das so weitergeht, gibt es noch Mord und Totschlag.«

Und da fühle sie sich jetzt eben persönlich gefordert. Als Religionslehrerin. Als Mensch. Denn letztendlich – so schlimm es auch sei – könne man dieses eine kriminelle Delikt doch nicht pauschal auf alle Zigeuner, pardon, auf alle Sinti und Roma, übertragen.

»Richtig«, bestätigt der Autor. »Niemals! Nie auf alle!« Und denkt, dass das auch für andere Volksgruppen gilt, dass es trotz Holocaust auch Deutsche gab, die Opfer waren, die Widerstand leisteten, die emigrieren mussten. »Aber, bitte, was soll ausgerechnet ich …?«

»Beruhigen, versachlichen! Wogen glätten!«

Aha, da geht's lang. Schriftsteller als moralische Endentsorger. Nein danke. Der Autor ist entschlossen, standhaft zu bleiben. »Ich bin kein Politiker …«

Die Lehrerin aber lässt nicht locker: »Den Anfängen wehren!«

Habe er doch selbst gesagt. Bei einer Lesung im Jugendzentrum, die sie sehr beeindruckt habe. Kurz nach dem Anschlag in Oberwart, bei dem vier Roma von einer Bombe zerfetzt wurden.

»Ja schon, damals, nur …«, versucht er sich rauszuwinden.

»Erklären Sie unseren Schülern, wie das gewesen ist in der Nazizeit. Mit den Pogromen, dem Rassenhass … Wie das angefangen hat! Wohin das führt!«

Hilfslehrer also. Für versäumte Lektionen. »Ich weiß nicht«, murmelt er lustlos.

Doch die Lehrerin legt nach: »Wir haben hier übrigens auch Skinheads! Sie haben angedroht, das … das Lager zu stürmen und die … die Zigeuner zu lynchen!«

Na schön, feige will er nicht sein. Der Autor verspricht, er wolle es sich überlegen und zurückrufen. Obwohl er das Gefühl hat, dass etwas faul ist.

Wenige Stunden später nimmt er die Einladung an. Halbherzig. Und eigentlich nur, weil er gern in jene Stadt fährt, in der er aufgewachsen und zur Schule gegangen ist.

Zwei Tage später sitzt er im Zug. Abendsonne. Hessisches Bergland. Wer, wie der Reisende, die ICE-Trasse nicht sieht, muss das für unberührte Natur halten. Und doch: nichts täuscht mehr als das Sichtbare.

Die Lehrerin hat ihm einige Zeitungsartikel durchgefaxt. Während der Fahrt schaut er sie durch. Stellt fest, dass sich auch die Bürger seiner Heimatstadt gern über bettelnde Romafrauen aufregen – und skrupellose Journalisten kochen das auf. Saure Gurken, wie jedes Jahr im Sommerloch.

Diesmal jedoch ist es ernster. Die beiden Tageszeitungen und die BILD-Zeitung schlagzeilen um die Wette: »Dreister Überfall« / »Auch das noch: Fahrraddiebe lauern Schulkindern auf!« / »Raubüberfall auf Elfjährige« / »Bandenkriminalität auf Landfahrerplatz« / »Bürgerzorn kocht!« Und dazu die Stimmen besorgter Eltern: »Ist es schon soweit gekommen, dass unsere Kinder nicht mehr unbehelligt zur Schule fahren können?« »Wir lassen uns nicht terrorisieren!«

Der objektive Informationsgehalt beschränkt sich eigentlich nur auf die Tatsache, dass ein rosafarbenes Fahrrad sichergestellt wurde und gegen zwei Tatverdächtige ermittelt wird. Alles andere ist Hörensagen, Meinung, Angst, Aggression. Durchgedurcht und aufgekocht.

Er kennt das.

Zwischen den Zeilen geben die Reporter eindeutige Hinweise auf die ethnische Herkunft der Täter, umschreiben sie als schwarzhaarige Reisende, als Landfahrer und Männer »südländischer Herkunft«. Und fügen, um auch dem Dümmsten auf die Sprünge zu helfen, die wichtige Information hinzu, dass der Landesverband Niedersächsischer Sinti und Roma – leider – bislang noch zu keiner Stellungnahme bereit gewesen sei. Während das Konkurrenzblatt lediglich einen optischen Zusammenhang herstellt. Eine Fotoserie zeigt eine hübsche junge und obendrein noch blonde Frau in der Fußgängerzone, offensichtlich bemüht, ein Softeis vor schwarzhaarigen Wuschelköpfen zu retten. Unterschrift: »Roma-Kinder betteln immer aggressiver«. Rassismus?

Der Autor bestellt einen Kaffee beim Wagenkellner und bedauert, dass er sich das Rauchen abgewöhnt hat. Vielleicht würde es ihm gut tun, seinen Ärger qualmen zu lassen.

Kassel-Wilhelmshöhe. Postmoderne Bahnhofsarchitektur. Postmoderne Zeiten. Auch in dieser Stadt wurde vor wenigen Tagen ein Asylbewerberheim überfallen und in Brand gesetzt. Wo nicht?

Was soll er bloß den Schülern erzählen? Wie ihre Herzen und Köpfe erreichen?

Das Leinetal. Kurz nach Göttingen. Was ist aus diesem Land geworden? Dem schönen, so unerhört friedlichen Land, das da so elegant und nahezu geräuschlos am Wagenfenster vorbeigleitet. Ein Land, in dem es Tag für Tag üblicher wird, die Schwachen zu beschimpfen und auszugrenzen. Und in dem es mittlerweile offizielle Politik geworden ist, Hilfesuchende zu vertreiben, das Grundrecht auf Asyl zu verweigern. Schon lange werden Roma-Flüchtlinge aufgrund einer Sonderregelung mit der Rumänischen Regierung automatisch wieder dorthin zurückdeportiert, wo man ihnen die Häuser über den Köpfen anzündet. Kein Hahn kräht danach.

Sein Blick fällt auf eine Werbebroschüre. Seniorenresidenz am Waldpark. Genießen Sie den Herbst ihres Lebens! Die Preise sind ebenso luxuriös wie die Ausstattung.

Noch nie wurde er zu einer Lesung in ein Altenheim eingeladen. Eigenartig. Wahrscheinlich liegt das an seinen wenig beschaulichen Themen. Natürlich. Die meisten würden so etwas ja ohnehin nicht hören wollen. Nach all den Jahren müsse endlich einmal Schluss sein, müsse man doch endlich einmal vergessen können. Zum Beispiel die Geschichte von den 39 Schülern aus einem Kinderheim, die von ihrem Pfarrer, ihrer Lehrerin und den Ordensschwestern direkt an die SS ausgeliefert und in Auschwitz vergast wurden. Dabei wäre es nur eine von Hunderttausenden von Geschichten, die nie erzählt wurden. Geschichten von Kindern, die umgebracht wurden, aus keinem anderen Grund als dem, dass sie als Juden oder »Zigeuner« auf die Welt kamen. Den Enkeln aber wird er sie erzählen. Diese oder irgendeine andere Geschichte aus der Geschichte. Und vielleicht werden sie ihm zuhören …

Als der Autor am nächsten Morgen das Lehrerzimmer betritt, begrüßt ihn die Lehrerin apfelkauend. »Falscher Alarm. Alles halb so schlimm!«, lacht sie. »War überhaupt kein Raubüberfall!«

»Sturm im Wasserglas!«, ergänzt der Rektor. »Die Lesung findet trotzdem statt – in der Aula.« Ob er angesichts der veränderten Sachlage nicht statt seiner Zigeunergeschichte irgendetwas anderes lesen wolle? Was Lustiges?

»Nein!«, erwidert der Autor. Er habe sich vorbereitet.

»Na schön. Wenn Sie unbedingt wollen. Aber hören Sie bitte zehn Minuten früher auf! Wegen der Fahrschüler!«

Richtigstellung:

Die elfjährige Anke S. fuhr – wie eine erneute Befragung durch die Kriminalpolizei ergeben hat – tatsächlich am 27. 6. mit ihrem rosafarbenen Fahrrad zur Schule. Ihr Weg führte wie jeden Tag am Landfahrerplatz in den Leinewiesen vorbei. Wie so oft schaute sie gern zu den Wohnwagen hinüber. Alle in der Siedlung bezeichneten diese Menschen – im Gegensatz zu den »Asylanten« aus den Containern – als »Zigeuner«.

An diesem Morgen sieht Anke zwei ältere Jungen, Rahim B. und Erol S., die zur Musik aus einem Kassettenrecorder eigenartige Verrenkungen machen. Breakdance. Halsbrecherisch schnell wirbeln die beiden über den Asphalt. Da der Weg einen Bogen um den Platz macht, kann Anke eine Zeit lang ihren akrobatischen Kunststücken zuschauen. Dabei übersieht sie einen Lehmklumpen. Anke stürzt, das Rad schlägt um, klemmt sie ein. Als sie sich aufrappeln will, spürt sie starke Schmerzen und kann kaum noch ihr Bein bewegen. Sie weint und wimmert. Durch die Tränen sieht sie plötzlich zwei Gestalten, die etwas Unverständliches miteinander besprechen. Der eine fasst ihr Fahrrad, der andere das Bein und versucht, es zwischen Rahmen und Vorderrad herauszuziehen. Als der erste Junge ihr näher kommt und sie aufrichten will, überkommt sie eine panische Angst. »Nein, nicht!«, jammert sie. Die beiden Jungen scheinen sie nicht zu verstehen, der eine holt ein Taschentuch, legt es auf ihr blutig gekratztes Knie. »Nicht, nein! Lasst mich!«, schreit Anke verzweifelt, reißt sich los, stolpert, fällt hin, humpelt weiter, als ginge es um ihr Leben. Durch die Wiesen, der Schule zu. Erol und Rahim aber schauen ihr verdattert nach.

Nach einer Weile nimmt Rahim das rosafarbene Fahrrad, biegt den Kettenschutz zurecht und schiebt es über den Platz. Erst will er es an einen Baum stellen, doch in Sorge, dass andere Kinder es nehmen könnten, schiebt er es weiter zu dem blauen Blechcontainer, in dem sie wohnen. Das bringt ihm eine Anzeige wegen Fahrrad-diebstahl ein.

Als Anke in der Schule mit Jodtinktur behandelt wird, fragt der Hausmeister. »Und dein Rad?« – »Die Zigeuner!«, wimmert Anke, zitternd am ganzen Leibe. »Jetzt haben sie auch noch mein Rad geklaut!«

»Sehen Sie, allein durch diese unbedachten Worte …«, sagt der Rektor nach dem Mittagessen und bietet dem Autor (vergeblich) ein Zigarillo an. Allein durch diesen Irrtum sei der Stein ins Rollen geraten. »Eine unglückselige Verkettung von Missverständnissen!« Wegen der falschen Verdächtigungen habe er sich – auch im Namen des Gesamtelternbeirats – selbstverständlich entschuldigt und eine Geldspende an die Bosnienhilfe überwiesen.

»Bosnienhilfe, wieso?«, wundert sich der Autor.

Nun ja, über Rahim und Erol habe sie sich nun doch etwas genauer erkundigt, fügt die Lehrerin lächelnd hinzu. Sie gehörten überhaupt nicht zu den Wohnwagen, sondern zu den Container-bewohnern … Bis zur Hinzuziehung einer Dolmetscherin hätten sie allerdings eine Nacht auf der Polizeiwache verbringen müssen. Wegen Flucht- und Verdunklungsgefahr..

Ihre Familien seien vor dem wiedererweckten Nationalismus aus ihrer Heimat geflohen. Prächtige Menschen übrigens. Erols Vater beispielsweise verstehe sich mehr als Architekt denn als Serbe, und seine Mutter zunächst mal als Tanzlehrerin, als Frau und Christin, und dann erst als Kroatin. Im Gegensatz zu vielen anderen in ihrer Stadt seien sie nicht bereit gewesen, sich gegenseitig zu hassen oder gar umzubringen.

»Und die Roma?«, fragt der Autor.

»Null problemo! Bestens!«, lacht der Rektor. Die polizeiliche Überprüfung der Wohnwagenfahrer habe eindeutig ergeben, dass es sich weder um Roma noch um Sinti, sondern lediglich um zwei belgische Familien gehandelt habe, die zum Jahrestreffen der evangelischen Zeltmission im Niedersachsenstadion angereist und wahrscheinlich längst schon wieder daheim seien. »Sehn Sie, so hat ja nun doch noch alles sein gutes Ende gefunden!«, sagt er abschließend und reicht dem Autor die Hand zum Abschied. Auch der Fahrradweg sei – auf eigene Gefahr – jetzt wieder für die Schüler der Geschwister-Scholl-Schule freigegeben.

Kein Zigeunerproblem. Eigentlich eine saublöde Story, denkt der Autor auf der Rückfahrt. Andererseits haben ihm die nachdenklichen Gesichter der Schülerinnen und Schüler verdammt gut gefallen. Erst waren sie ziemlich bestürzt und betroffen, stellten nach der Lesung aber engagierte und kluge Fragen. Und vielleicht hat sie ja doch recht, die alte Sintezza, die ihn manchmal als Zeitzeugin in die Schulen begleitete. Wie so viele Sinti hatte sie fast alle ihre Angehörigen in den Konzentrationslagern verloren. Aber nicht den Glauben an das Gute im Menschen. Und fast immer beendete sie die Erzählung ihrer Leidensgeschichte mit den Worten. »Von den Alten erwarten wir nicht viel. Aber ihr Jungen, ihr seid die Zukunft, ihr seid die Hoffnung, ihr werdet es besser machen!«

Postmoderne Zeiten. Kassel-Wilhelmshöhe. Postmoderner Bahnhof.

Es geht nicht ums Gestern, es geht um die Zukunft.

BRUNO STAUDENRAUSCH

Geheime Gefangenentransporte und Verschwindenlassen im Krieg gegen den Terror

Im Jahr 1995 erhielt der nationale Sicherheitsrat der USA ernst zu nehmende Hinweise darauf, dass al-Qaida nach Massenvernichtungswaffen strebt. Daraufhin etablierte Präsident Clinton mit einem Dekret das geheime Überstellungsprogramm der CIA, um al-Qaida Zelle für Zelle zu zerstören. Terrorverdächtige wurden aufgegriffen und in ihr eigenes Land oder ein Drittland, z. B. Ägypten, gebracht. Voraussetzung war ein offenes Gerichtsverfahren. Hauptsächlich sollten die Terrorverdächtigen aus dem Verkehr gezogen werden. Des Weiteren sollten Dokumente, Computer und andere Informationen für die Geheimdienstarbeit sichergestellt werden, Verhöre waren von untergeordneter Bedeutung. Von den Aufnahmeländern verlangten die USA lediglich die Zusicherung, dass die Verdächtigen nach ihren eigenen nationalen Gesetzen behandelt werden. Es gab keine weiteren Anstrengungen, um herauszufinden, wie die Gefangenen behandelt wurden, d. h. ob sie etwa gefoltert wurden,[1] oder ob ein Gerichtsverfahren tatsächlich stattfand. Der frühere CIA-Chef George Tenet berichtete von ca. 70 Überstellungen vor dem 11. September 2001.[2]

---

1 Dick Marty, Alleged secret detentions and unlawful inter-state transfers of detainees involving Council of Europe member states, Doc. 10957 12 June 2006, S. 13-14.

2 amnesty international, Below the radar – Secret flights to torture and ›disappearance‹, AI Index AMR 51/051/2006, S. 5.

Das Überstellungsprogramm nach dem 11. September 2001

Nach dem 11. September 2001 änderte sich der Charakter des Überstellungsprogramms nachhaltig. Ein Gerichtsverfahren sollte nun verhindert werden. Das Ziel war, die Terrorverdächtigen außerhalb der Reichweite jeglicher rechtlicher Schutzgarantien zu stellen und auch dort zu belassen. Die Verdächtigen wurden an andere Länder zu Verhören überstellt oder wurden in US-Gewahrsam auf ausländischen Stützpunkten genommen. Dort verhörten die Amerikaner selbst. Auch der Umfang des Programms vergrößerte sich stark.[3]

Die geheimen Haftzentren sind über die ganze Welt verstreut und stehen in der Regel im Zusammenhang mit einem amerikanischen Militärstützpunkt. Größere Gefangenentransporte wurden mit Militärtransportmaschinen z. B. von Afghanistan nach Guantanamo durchgeführt. Kleinere Gefangenentransporte erledigte die CIA mit Geschäftsreiseflugzeugen selbst. Die Maschinen gehören der CIA über Tarnfirmen oder sind geleast. Da sich in Europa viele amerikanische Militärstützpunkte befinden, wurden auch einige tausend CIA-Flüge im europäischen Luftraum registriert. Was sich in diesen Flugzeugen genau befand, ist nicht bekannt. Viele Flüge waren vermutlich logistischer Natur. Mitarbeiter der CIA wurden von einem Ort zum anderen transportiert, ebenso Lebensmittel, Zeitschriften, Waffen etc. Einige wenige transportierten aber auch Terrorverdächtige.[4] Der Berichterstatter des Europarats zu den geheimen CIA-Flügen, Dick Marty, hat 10 Beispiel-fälle von Überstellungsflügen ausgearbeitet, die insgesamt 17 Gefangene umfassen. Die Landeplätze hat Marty in vier Kategorieren unterteilt. Von *Sammelpunkten*, wie z. B. Washington, Frankfurt, Ramstein und

---

3 Dick Marty 2006, S. 15.
4 Dick Marty 2006, S. 18.

Palma de Mallorca, wurden die Operationen gestartet – Flugzeuge und die Crews wurden vorbereitet oder trafen hier zusammen. An *Zwischenlandungspunkten*, wie z. B. Glasgow-Prestwick, Shannon, Rom, Athen und Prag, landeten die Flugzeuge meist auf dem Heimweg, um aufzutanken. An *Aufnahmepunkten* wie z. B. Stockholm, Banjul (Gambia), Skopje (Mazedonien), Aviano (Italien) und Tuzla (Bosnien) wurden Gefangene für eine Überstellung aufgenommen. Die *Gefangenentransfer/Abladepunkte* wurden oft angeflogen. In der Nähe befindet sich ein Geheimgefängnis der Amerikaner oder anderer Länder. Beispiele für diese Punkte sind Kairo, Amman, Kabul, Guantanamo Bay oder Bagdad.[5]

Behandlung eines Gefangenen während einer Überstellung

Die Umstände der geheimen Gefangenentransporte stellen offensichtlich eine unmenschliche und erniedrigende Behandlung dar und verletzen daher das absolute Folterverbot. Nachfolgend eine Beschreibung aus dem Marty-Bericht, wie ein Gefangener üblicherweise innerhalb von ca. 20 Minuten transportbereit gemacht wird:

1. Normalerweise findet alles in einem kleinen Raum am Flughafen oder in einer Transiteinrichtung in der Nähe statt.

2. Dem Gefangenen werden die Augen verbunden und dabei bleibt es fast während der gesamten Operation.

3. Vier bis sechs schwarz gekleidete CIA-Agenten führen die Operation in einer äußerst disziplinierten Weise durch.

4. Die CIA-Agenten sprechen kein einziges Wort, sondern verständigen sich nur durch Handzeichen oder kennen ihre Rolle so gut, dass eine Kommunikation nicht nötig ist.

---

5 Dick Marty 2006, S. 16–17.

5. Meistens werden die Gefangenen zu Beginn der Operation brutal geschlagen, angepackt oder geschubst.

6. Die Hände und Füße des Gefangenen werden gefesselt.

7. Die Kleidung, einschließlich Unterwäsche des Gefangenen, wird mithilfe von Messern oder Scheren in einer sorgfältigen, methodischen Weise aufgeschnitten.

8. Der Gefangene wird am ganzen Körper durchsucht, was eine genaue Durchsuchung von Haaren, Ohren, Mund und Lippen beinhaltet.

9. Der Gefangene wird nackt oder fast nackt mit Blitzlicht fotografiert. Manchmal wird für das Foto die Augenbinde abgenommen, sodass er später besser identifizierbar ist.

10. Mit Gewalt wird manchmal etwas in den After des Gefangenen eingeführt, vermutlich ein Zäpfchen mit Beruhigungsmittel. Eine Behandlung, die in jedem Fall die Würde des Gefangenen verletzen soll.

11. Dem Gefangenen werden dann eine Windel und ein Overall angelegt.

12. Dem Gefangenen werden die Ohren abgedeckt, manchmal durch einen Gehörschutz.

13. Schließlich wird dem Gefangenen ein Sack über den Kopf gezogen. In dem Sack befinden sich keine Löcher für Licht oder zum Atmen.

14. Der Gefangene wird gewaltsam in das wartende Flugzeug gebracht. Dort wird er auf eine Bahre platziert und gefesselt, oder auf einer Matratze oder einem Sitz festgegurtet.

15. In einigen Fällen wird der Gefangene unter Medikamente gesetzt und bekommt wenig oder gar nichts vom Flug mit. In anderen Fällen macht der Schmerz der Fesseln oder die Verweigerung von Trinkwasser oder der Benutzung der Toilette den Flug unerträglich.[6]

---

6 Dick Marty 2006, S. 23 – 24.

Geheime Haft und die Praxis des Verschwindenlassens

Alle Gefangenen der CIA befinden sich in geheimer Haft. Das bedeutet, dass der Ort der Inhaftierung geheim gehalten wird. Ebenso wird jeglicher Kontakt zur Außenwelt unterbunden. Weder Anwalt, noch Verwandte, noch Freunde, noch das IKRK (Internationales Komitee vom Roten Kreuz) oder sonst jemand darf die Gefangenen besuchen, ihnen Briefe schreiben, mit ihnen telefonieren o. Ä. Der Grund für geheime Haft ist einfach: Sie stellt die Häftlinge außerhalb des Schutzes der Gesetze und erleichtert so Folter und andere Menschenrechtsverletzungen.

Im Dezember 2006 wurde die Konvention zum Schutz aller Personen vor dem Verschwindenlassen von der Generalversammlung der Vereinten Nationen verabschiedet. In dieser Konvention wird das Verschwindenlassen definiert als »Arrest, Inhaftierung, Entführung oder jede anderer Form des Freiheitsentzuges durch Angehörige des öffentlichen Dienstes oder durch Personen oder Personengruppen, die mit der Autorisierung, Unterstützung oder Billigung des Staates, gefolgt durch eine Verweigerung der Bestätigung des Freiheitsentzuges oder durch Verschleierung des Schicksals oder Verbleib der verschwundenen Person, eine solche Person außerhalb des Schutzes des Rechts stellen«.

Die USA, ebenso Deutschland und alle anderen Staaten sollten so bald wie möglich diese Konvention ohne Vorbehalte unterzeichnen und ratifizieren.

In der Regel verschleiern die USA das Schicksal oder den Verbleib der in geheimer Haft inhaftierten Person, sodass die Gefangenen in den CIA-Geheimgefängnissen meist Verschwundene sind.

Bereits 1992 wurde die nicht rechtsverbindliche UN-Erklärung zum Schutz aller Personen vor dem Verschwindenlassen mit der Stimme der USA von den Vereinten Nationen verabschiedet.[7] Auch hier wird das Verschwindenlassen ganz ähnlich wie bei der Konvention gegen das Verschwindenlassen definiert. In der Erklärung ist ebenfalls festgehalten, dass das Verschwindenlassen gegen das Folterverbot verstößt und des Weiteren schwere Leiden für die Familien der Verschwundenen verursacht. Da das Schicksal des Verschwundenen im Unklaren gehalten wird, stellt es eine schwere Bedrohung für das Recht auf Leben dar.

2006 wurde der Staatenbericht der USA vor dem Anti-Folter-Ausschuss der Vereinten Nationen beraten. Dieser Auschuss ist für die Überwachung der Einhaltung der Anti-Folter-Konvention zuständig. Dabei wies der Anti-Folter-Auschuss die von den USA vorgetragene Einschätzung zurück, dass Verschwindenlassen keine Folter darstellt. Vielmehr forderte der Auschuss die USA auf, innerhalb ihres Machtbereiches Maßnahmen zur Verhütung von Verschwindenlassen zu ergreifen. Des Weiteren forderte der Ausschuss die USA auf, Anklage gegen die Täter zu erheben und diese zu bestrafen, da Verschwindenlassen an sich einen Verstoß gegen die Anti-Folter-Konvention darstellt.[8]

In seinen jährlichen Menschenrechtsberichten hat das amerikanische Außenministerium wiederholt Incommunicadohaft (Haft ohne Kontakt zur Außenwelt) und andere ungesetzliche Inhaftierungspraktiken bei anderen Ländern kritisiert. Im Menschenrechtsbericht 2006 wird z. B. die weitgehende Straflosigkeit von Tätern in Indien bei willkürlicher Haft und Verschwindenlassen beklagt.

---

7 amnesty international, USA: Law and executive disorder. President gives green light to secret detention, AI Index: AMR 51/135/2007, S. 6.

8 ai, Law and executive …, S. 7.

Beispiele für geheime Überstellungen, Entführungen und Verschwindenlassen

Der deutsche Khaled El-Masri, libanesischer Abstammung, wohnhaft in der Nähe von Neu-Ulm, fuhr mit dem Bus gegen Jahresende 2003 nach Skopije in Mazedonien. An der serbisch-mazedonischen Grenze wurde er wegen angeblicher Unstimmigkeiten mit seinem Reisepass verhaftet. Er wurde von mazedonischen Grenzbeamten verhört und dann in ein Hotel nach Skopje gebracht und dort weiterverhört. Nach 23 Tagen Haft in einem von der Straße abgewandten Hotelzimmer wurde El-Masri zum Flughafen gebracht. Nun wurde er wie bei einer Überstellung üblich behandelt und nach Kabul in Afghanistan geflogen. Gleich nach der Ankunft in Kabul wurde er getreten, geschlagen und in einer verdreckten Zelle zurückgelassen. Hier verbrachte er mehr als vier Monate. Am 16. Mai wurde El-Masri von einem Deutsch mit norddeutschem Akzent sprechenden Mann besucht, der sich selbst »Sam« nannte. Am 26. Mai wurde El-Masri, begleitet von »Sam«, von Kabul nach Europa gebracht. Dort wurden ihm seine Habseligkeiten zurückgegeben und er wurde irgendwo ausgesetzt. Bald traf er auf bewaffnete Männer, die ihm sagten, er sei in Albanien. Sie brachten ihn nach Tirana, wo er in ein Flugzeug nach Frankfurt gesetzt wurde.[9]

Nach seiner Rückkehr nach Deutschland nahm er sich einen Anwalt und berichtete ihm seine Geschichte. Dieser informierte die Bundesregierung, was ein offizielles staatsanwaltschaftliches Ermittlungsverfahren auslöste. Ende Januar 2007 stellte das Amtsgericht München Haftbefehle gegen dreizehn CIA-Agenten aus. Das Bundesjustizministerium schrieb die Haftbefehle zur internationalen Fahndung aus. Im April 2007 stellte die Staatsanwaltschaft München ein Ersuchen um Festnahme der verdächtigen CIA-

---

9 Dick Marty 2006, S. 25–26.

Agenten über das Bundesjustizministerium an die USA. Auch wurden zwischenzeitlich die Klarnamen der Agenten enttarnt. Zwischen Bundesjustizministerium und Bundesinnenministerium entbrannte ein Streit, wie mit dem Inhaftnahmeersuchen umgegangen werden soll. Bundesinnenminister Schäuble drohte offen mit seinem Veto. Im September 2007 entschied sich Bundesjustizministerin Zypries, das Inhaftnahmeersuchen nicht weiterzuleiten. Auch wenn eine Inhaftnahme der gesuchten CIA-Agenten mehr als unwahrscheinlich gewesen wäre, so wäre die Übermittlung an die amerikanische Regierung doch ein wichtiges Zeichen gewesen, dass die Bundesregierung auf der Seite seiner Staatsbürger und des Rechts steht.

Gleich im Anschluss daran flog Schäuble in die USA, um den Informations- und Datenaustausch einschließlich dem der Geheimdienste im Kampf gegen den Terror zu verbessern. Nach einem Gespräch mit dem US-Heimatschutzminister sagte Schäuble: »Ich habe das gute Gefühl, dass alle festen Willens sind, sich dort, wo wir noch ein unterschiedliches Verständnis haben, aufeinander zuzubewegen.«

Anfang Oktober wies der Oberste Gerichtshof der USA eine Schadenersatzklage El-Masri's zurück. El-Masri wollte dabei hauptsächlich ein Schuldeingeständnis und seine vollständige Rehabilitierung sowie 75 000 $ Schadenersatz erreichen. US-Präsident Bush hatte sich auf das Privileg zum Schutz von Staatsgeheimnissen berufen, um angebliche Staatsgeheimnisse bei diesem bis in viele Details bekannten Fall zu schützen. Der oberste Gerichtshof ist ihm in dieser Einschätzung gefolgt.

Der Fall Khaled El-Masri wurde auch vor dem BND-Untersuchungsausschuss des Bundestages behandelt. Ungeklärt blieb dabei die Identität von »Sam«. Auf Fotos und bei einer Gegenüberstellung hatte El-Masri den BKA-Beamten Gerhard Lehmann als »Sam« identifiziert. Gerhard Lehmann besteht allerdings darauf, dass er im Mai 2004 in Berlin und nicht in Afghanistan war.[10] Unklar ist auch, ob die Bundesregierung nicht schon viel früher als Juni 2004 von der Verschleppung El-Masris erfuhr. Ein Telekom-Mitarbeiter sagte aus, dass er bereits im Januar 2004 der deutschen Botschaft in Mazedonien mitgeteilt hatte, dass ein Deutscher in Skopje festgenommen worden sei. Dort sei ihm mitgeteilt worden, »der Fall sei bekannt«. Nachfragen habe es nicht gegeben.[11]

Generell beklagten sich die Mitglieder der Opposition im Untersuchungsausschuss, dass die Exekutive die Möglichkeiten der Wahrheitsfindung einschränkt, indem sie wichtige Akten als geheim einstuft und Aussagen aus gleichem Grund verhindert. Informationen, die den höheren Interessen des Staatswohles dienen, stehen dem Untersuchungsausschuss auch nicht hinter verschlossenen Türen zur Verfügung. Die Exekutive entscheidet selbst, offensichtlich ohne parlamentarische Kontrolle, welche Informationen in diese Kategorie fallen.[12] Es ist die Aufgabe und liegt in der Verantwortung sowohl von Parlamentariern der Opposition als auch Parlamentariern der Regierungsparteien, die Rechte des Parlamentes zu stärken und eine effektive und umfassende Kontrolle der Regierung durch das Parlament zu ermöglichen und durchzusetzen. Eine Aussetzung der parlamentarischen und juristischen Kontrolle macht den Anti-Terror Kampf nicht effektiver, im Gegenteil kann es zu allen möglichen Fehlern führen. Geheimhaltung während einer geheimdienstlichen Operation ergibt Sinn, aber es spricht nichts dagegen, nach einigen Jahren Vorkommnisse für die Öffentlichkeit transparent zu untersuchen.[13]

---

10 Dick Marty 2006, S. 32.
11 Dick Marty, Secret detentions and illegal transfers of detainees involving Council of Europe member states: second report, Doc. 11302 rev. 11 June 2007, S. 53.
12 Dick Marty 2007, S. 53–54.
13 Dick Marty 2007, S. 55.

Die Bundesregierung hat bisher weder die Mitverantwortung Deutschlands bei illegalen Verschleppungen von »Terrorverdächtigen« durch die CIA aufgeklärt, noch hat sie Maßnahmen ergriffen, um künftig Menschenrechtsverletzungen bei der »Terrorismusbekämpfung« zu vermeiden. Europäische Geheimdienste sind Abnehmer von Informationen, die anderenorts unter Folter gewonnen wurden. Dadurch wird der Fortbestand des Folterkreislaufes gesichert. Flugzeuge, in denen Gefangene vermutet werden, müssen kontrolliert werden. Die Bundesregierung muss insbesondere gegenüber den USA deutlich machen, dass sie geheime Gefangenentransporte und Entführungen über ihrem Luftraum nicht duldet. Keine Bündnisverpflichtung kann Beihilfe zu Folter, Misshandlungen und Verschwindenlassen rechtfertigen.

Dass eine Untersuchung anders ablaufen kann als bei Khaled el-Masri, zeigt der Fall Maher Arar. Der in Syrien geborene Kanadier Maher Arar wurde im September 2002 auf dem New Yorker Flughafen bei einem Zwischenstopp seines Fluges von Zürich nach Montreal festgenommen. Gefesselt und mit verbundenen Augen wurde er über Rom nach Jordanien geflogen. Von Jordanien ging es weiter in das berüchtigte syrische Gefängnis Far-Filastin, wo er schwer gefoltert wurde. Im Oktober 2003 kam Maher Arar wieder frei. Von Beginn seiner Rückkehr nach Kanada an kämpfte er für seine Rehabilitierung. Dank seiner Hartnäckigkeit und des Drucks der Öffentlichkeit setzte die kanadische Regierung eine Untersuchungskommission unter der Leitung des Richters Dennis O'Connor ein. Der Bericht der Kommission wurde im Juli 2006 veröffentlicht und enthält Analysen und eine Empfehlung zum Fall Arar. Durch den Report stellte sich heraus, dass kanadische Sicherheitsbeamten den amerikanischen Behörden eine Liste verdächtiger Personen zukommen ließen. Auf diese Liste kam Maher Arar, da er sich mit einem Bekannten zum Mittagessen traf, der ebenfalls auf dieser Liste stand, was aber Maher Arar nicht wusste. Im Oktober 2006 befreite Richter O'Connor Maher Arar von allen Terrorismusvorwürfen wegen fehlender Beweise. Im Januar 2007 erhielt Maher Arar ca. 7,5 Millionen Euro Entschädigung und eine formale Entschuldigung von der kanadischen Regierung. Bei der Untersuchung selbst bekam O'Connor Zugang zu allen gewünschten Informationen. Bestimmte Dokumente, die die Regierung als geheim einstufte, wurden in einer besonderen Prozedur geprüft, bei der beide Seiten gehört wurden. Diese wurden in der öffentlichen Fassung des Reports nicht abgedruckt. Auf diese Weise entschied nicht die Regierung allein darüber, was ein Staatsgeheimnis ist.[14]

US-Präsident Bush gibt öffentlich Folter zu

Am 7. Februar 2002 legte Präsident Bush fest, dass der gemeinsame Artikel 3 der Genfer Konvention nicht für Gefangene der al-Qaida oder Taliban gilt. Artikel 3 der Genfer Konvention definiert den absoluten Mindeststandard, der für alle Arten von und Situationen in bewaffneten Konflikten gilt. Artikel 3 verbietet unter anderem Folter und grausame, erniedrigende und entwürdigende Behandlung sowie Verurteilungen und Hinrichtungen ohne vorhergehendes Urteil eines ordentlich bestellten Gerichtes.

Im Juni 2006 stellte der oberste amerikanische Gerichtshof im Fall Hamdan gegen Rumsfeld fest, dass Artikel 3 trotz der Definition von Präsident Bush auch für Gefangene der al-Qaida oder Taliban gilt und auch angewandt werden muss. Bei einem Hearing vor dem Streitkräfteausschuss des Senats zum Fall Hamdan gaben Juristen des Militärs zu, dass einige der genehmigten Verhörmethoden den Artikel 3 verletzt haben. Obwohl jede Verletzung dieses Artikels ein Kriegsverbrechen nach US-Gesetz darstellt, wurde keine Anklage wegen derartigen Verletzungen erhoben.

In einer Rede am 6. September 2006 reagierte Präsident Bush auf das Hamdan-Urteil des obersten amerikanischen Gerichtshofs.

---

14 Dick Marty 2007, S. 59 – 60.

Er bestätigte, dass die CIA Geheimgefängnisse betreibt und »alternative Verhörmethoden« anwendet. Folter habe es in den Gefängnissen aber nicht gegeben. »Die USA foltern nicht.« Präsident Bush lehnte es ab, genauere Angaben zu diesem CIA-Programm zu machen, wo etwa sich diese Geheimgefängnisse befinden oder wie die Umstände der Haft sind.[15] Weiter teilte er mit, dass 14 Gefangene von »hohem Wert« aus CIA-Geheimgefängnissen nach Guantanamo gebracht wurden, unter anderem der mutmaßliche »Chefplaner« der Anschläge des 11. September, Khalid Scheich Mohammed, und Ramzi Binalshibh, mutmaßliches Mitglied der Hamburger Terrorzelle. Auch bei diesen waren Schicksal und Verbleib bis zu ihrer Überstellung nach Guantanamo unbekannt.

Durch die Bestätigung der Existenz der CIA-Geheimgefängnisse gab Bush zu, Verschwindenlassen autorisiert zu haben. Da Verschwindenlassen eine Form von Folter ist, hat er damit entgegen seinen ständig wiederholten Beteuerungen öffentlich zugegeben, dass die USA foltern.

Kurz danach verabschiedete der Kongress den Military Commissions Act (MCA). Bei der Unterzeichnung des MCA im Oktober 2006 sagte Präsident Bush: »Als ich dieses Gesetz vorgeschlagen habe, erklärte ich, dass dieses vom Kongress zu verabschiedende Gesetz einen Test bestehen müsse: Wird es die Fortsetzung des CIA-Programms ermöglichen? Dieses Gesetz besteht diesen Test.«[16]

amnesty international und andere Menschenrechtsorganisationen haben in dem Bericht »Off the record« dokumentiert, dass die USA auch nach dieser Rede weiterhin Personen in Geheimgefängnissen festhalten. Bei drei Personen dieser Liste haben die USA die Inhaftierung offiziell bestätigt. Bei 18 Personen dieser Liste gibt es keine offizielle Bestätigung, aber starke Anhaltspunkte einschließlich Zeugenaussagen, dass sich diese Personen in ameri-

---

15 ai, Law and executive …, S. 3.
16 ai, Law and executive …, S. 4.

kanischer Gewalt befinden. Bei weiteren 18 Personen gib es einige
Hinweise, dass sie sich in amerikanischer Gewalt befinden. Allen
gemeinsam ist, dass ihr Schicksal und Verbleib unbekannt ist. Diese
Liste zeigt auf, dass die USA nicht nur die »Schlimmsten der
Schlimmen« in Geheimgefängnissen verschwinden lassen, sondern
auch weit weniger wichtige Personen. Auch wurden Angehörige
wie Frauen und Kinder inhaftiert. Z. B. wurden für einige Zeit die
Kinder von Khalid Scheich Mohammed im Alter von ca. 7 und
9 Jahren in einem CIA-Geheimgefängnis inhaftiert.[17] Der Report
dokumentiert auch Behauptungen, dass diese Gefangene gefoltert
und misshandelt wurden.

Eines der wenigen al-Qaida-Mitglieder, die je vor ein ordentliches
Gericht gestellt und verurteilt wurden, war Zacarias Moussaoui.
Die allermeisten anderen inhaftierten wirklichen und vermeint-
lichen Mitglieder von al-Qaida und anderer verbündeter Terror-
organisationen wurden niemals angeklagt und standen nie vor
einem ordentlichen Gericht. Stattdessen wurden sie zur »nachrich-
tendienstlichen Abschöpfung« in das geheime weltweite Gefängnis-
system der CIA verschleppt oder nach Guantanamo oder in andere
Gefangenenlager des US-Militärs überstellt. Hier wurden sie ihrer-
seits zu Opfer verschiedenster Verbrechen.
 Die Opfer und Hinterbliebenen des 11. September 2001 und
anderer Terroranschläge ebenso wie die Öffentlichkeit haben aber
ein Recht darauf, dass diese mutmaßlichen Täter angeklagt und
vor ein ordentliches Gericht gestellt werden. Sie haben ein Recht
darauf zu erfahren, ob die mutmaßlichen Täter auch die echten
Täter sind. Sie haben ein Recht darauf, die genauen Umstände der
Taten zu erfahren. Sie haben ein Recht darauf, dass die Täter nicht
selbst zu Opfern gemacht werden, sodass ihre Taten womöglich

---

17 amnesty international, human rights watch und andere, Off the Record, U.S. Re-
    sponsibility for Enforced Disappearances in the »War on Terror«, Juni 2007, S. 19.

kleiner erscheinen. Sie haben ein Recht darauf, dass mutmaßliche Täter nicht einfach sang- und klanglos entlassen werden müssen, weil wegen Folter oder anderer illegaler Haftumstände ein rechtsstaatlicher Strafprozess nicht mehr möglich ist. Sie haben ein Recht darauf, dass die wirklich Schuldigen zu Haftstrafen verurteilt werden, und nicht zahllose Unschuldige.

Kapitel VI

Diskriminierung und Vorurteile

Denn wovon lebt der Mensch?
Indem er stündlich
den Menschen peinigt, auszieht,
anfällt, abwürgt und frisst.
Nur dadurch lebt der Mensch,
dass er so gründlich vergessen kann,
dass er ein Mensch ist.

BERTOLT BRECHT

MARKUS MUNZER-DORN

Die Weisheit und die Macht

geben bekannt:
Wir haben uns offiziell getrennt
und wer die beiden ein wenig kennt,
hat es sich schon gedacht:
Das konnte nicht gut gehen,
sie sind einfach zu verschieden. Leider.

Und um sie herum nur Intriganten und Neider,
besonders die vielen Verehrer der Macht
wie Eigennutz, Dünkel und Angst
haben von Anfang an gehetzt
und frohlocken jetzt.

Die Weisheit und die Macht
geben bekannt:
Wir haben nie an Heirat gedacht,
wir leben offiziell getrennt.

Ja, zu viele hatten ein Geschrei
gemacht und gesagt, das Verhältnis sei
eine ganz unsaubere Sache –
schon wegen der Regeln der deutschen Sprache:
eindeutig lesbisch – man sehe nur recht,
sie haben beide das gleiche Geschlecht!
Sogar kühne Denker haben gesagt:
Weisheit und Macht
in einem Bett?
Viel zu gewagt!

Die Weisheit und die Macht geben bekannt:
Es war nur ein Flirt
und wie sich's gehört
tief in der Nacht,
wo es niemanden stört,
wo es keiner merkt.
Und nichts ward gezeugt
von Weisheit und Macht,
vielleicht gab es nie eine Liebesnacht;
keine von beiden wird ja so schnell schwach.

Die Weisheit betont, dass sie weiß, was sie will,
die Macht betont, dass sie macht, was sie will,
und lacht,
denn wir halten immer noch still.

CAROLIN PHILIPPS

Ein Traum in Weiß

Zwei, vier, sechs, acht Fenster in einer Reihe, drei Stockwerke übereinander. Jede Klasse hat vier Fenster, so viel wusste er von seinem Großvater. Das macht zwei Klassen pro Stockwerk nach vorne heraus. Nach hinten zu den Sportplätzen noch einmal das Gleiche. Also insgesamt zwölf Klassen. Jede Klasse hat höchstens zwanzig Schüler, macht insgesamt 240 Schüler. Weiße Schüler.

Joe saß auf einem Stein am Rande des Schulhofs und betrachtete das Gebäude, das er in weniger als einer Stunde betreten würde. Er war mit seinem Großvater gekommen, der hier als Gärtner arbeitete und vor dem Eintreffen der ersten Schüler ein letztes Mal die Wege harken und den Rasen mähen wollte.

Die weiße Farbe leuchtete in der Sonne. In den Ferien war die Schule frisch gestrichen worden. Sogar die Fensterrahmen hatte man neu lackiert. Natürlich weiß. Die Fenster waren blank geputzt, keine Spinnweben, kein Staub. Und wahrscheinlich gab es sogar für jeden Schüler einen Stuhl und einen Tisch.

Joe konnte sich nicht erinnern, dass seine alte Schule jemals gestrichen worden war. Und die hätte es nötig gehabt. Schwarz vor Dreck stand sie mitten auf einem grauen, staubigen Schulhof. Die Wände waren beschmiert mit Parolen und Zeichnungen, Fensterrahmen und Fensterscheiben gab es gar nicht. Fünfzig Schüler waren es pro Klasse, die meisten saßen auf dem Boden. Kein Wunder, dass sein Großvater und sein Vater davon träumten, dass eines Tages jemand aus der Familie auf diese jahrzehntelang den Weißen vorbehaltene Schule gehen könnte. »Wenn ein Schwarzer diese Schule betreten darf, um am Unterricht teilzunehmen, dann haben wir es geschafft. Dann ist die Freiheit da!«

Es war so eine Art Familientraum, mit dem die Kinder in Joes Familie aufwuchsen. Der Großvater selber hatte gar keine Schule besucht. Während der Schulbesuch für Weiße kostenlos war, mussten Schwarze Schulgeld bezahlen und auch für die Bücher aufkommen. Das war ganz einfach zu viel, außerdem musste Großvater schon mit zehn Jahren für das Überleben der Familie mitverdienen.

Joes Vater hatte eine Schule im Township besucht, die nur für Schwarze bestimmt war. Seit 1953 wurde nach Farben sortiert: weiße Schulen, Schulen für Farbige und Inder und eben Schulen für Schwarze. Für einen schwarzen Schüler gab die südafrikanische Regierung noch 1989 pro Jahr 595 Rand aus, für einen weißen dagegen 2722 Rand. Schwarze waren ja auch nur zum Dienen bestimmt, zu körperlicher Arbeit in den Gärten oder im Haushalt der Weißen. In den Bergwerken durften sie das Gold und die Diamanten fördern, die die Weißen in Südafrika reich gemacht haben.

Trotzdem schaffte es Joes Vater mit ungeheurem Fleiß, angetrieben durch die Träume seiner Eltern, auf die Universität für Schwarze zu gehen und Rechtsanwalt zu werden. Seine Eltern mussten ihr Leben lang schuften, um ihrem Sohn das zu ermöglichen.

Joes Großvater arbeitete seit dreißig Jahren hier an der Schule, zupfte Unkraut und mähte den Rasen. Und jeden Tag sah er die weißen Kinder in ihren frisch gewaschenen weißen Uniformen in das weiße Schulgebäude gehen, das er nicht einmal betreten durfte. Damals, vor dreißig Jahren fing es an mit seinem weißen Traum.

Auch Joes Vater träumte ihn. Obwohl er es weiter gebracht hatte als die meisten Schwarzen, war er nicht ganz zufrieden. Seine Familie war längst aus den Blechbaracken ausgezogen und wohnte in einem kleinen Haus aus Stein, umgeben von einem Zaun, in einer Siedlung am Rande des Townships. Hierher wurden die Touristen in Bussen gefahren, um ihnen zu zeigen, dass es mit der Apartheid nicht so schlimm sei, wie die Zeitungen in Europa immer behaupten. Die Schwarzen lebten doch ganz gut, oder etwa nicht? Joes Vater hätte sogar das Geld gehabt, sich in dem weißen Wohngebiet hier in der Nähe ein Haus zu kaufen und seine Kinder auf diese Schule zu schicken. Und doch hätte alles Geld der Welt nicht ausgereicht, um das zu schaffen. Die Gesetze schrieben vor, dass Schwarze in Townships, versteckt hinter Müllhalden und Industriegebieten, zu leben hatten, in Bussen für Schwarze fahren und Toiletten, Schwimmbäder und Parkbänke für Schwarze benutzen mussten. Selbst am Strand durften sie nur in bestimmten Abschnitten baden.

Also träumte die ganze Familie weiter davon, dass sich eines Tages alles ändern würde. Aber Joes Bruder Moses, zehn Jahre älter als Joe, und seine Freunde hatten die Nase voll vom Träumen. Sie wollten die Freiheit mit Gewalt erzwingen. Moses war vierzehn, so alt wie Joe heute, als er sich 1985 den Jugendlichen anschloss, die landesweit die Schulen boykottierten. Sie protestierten gegen den minderwertigen Unterricht, dagegen, dass ihre Schulabschlüsse nichts galten, dass man sie benachteiligte, nur weil sie schwarz waren. Die Regierung schloss daraufhin viele Schulen. Anderswo machte die Polizei Jagd auf Kinder, die nicht zur Schule gingen. Viele wurden verhaftet. Joe konnte sich an diese Ereignisse nur noch sehr dunkel erinnern, aber er kannte sie aus den Erzählungen der Familie.

Moses' Klasse hatte beschlossen, die Prüfungen aus Protest zu boykottieren. Daraufhin holte die Polizei die Schüler von zu Hause ab, um sie zu zwingen, die Prüfungen zu schreiben. Polizisten mit Gewehren in der Hand gingen in der Klasse auf und ab und prüften, was geschrieben wurde.

Die meisten Schüler malten oder schrieben Gedichte. Moses verfasste vor der Nase der Polizisten Aufrufe zum Schulboykott. Da holten sie ihn nach vorne, fragten, wie er heiße und wo er wohne. Statt zu antworten, fing Moses an zu tanzen. »Amandla!« (»Die Macht!«), schrie er in die Klasse hinein, den Kampfruf des ANC (»African National Congress«), der schwarzen Widerstandsorganisation. Und die Klasse sprang auf und brüllte zurück: »Amandla Ngawathu!« (»Die Macht dem Volk!«). Das war das Ende der Prüfungen. Alle rannten hinaus. Die Polizisten schossen. Später sagten sie, sie hätten in die Luft gefeuert. Aber eine Kugel saß in Moses' Rücken. Er starb noch in der Schule. In diesem Jahr fanden dort keine Prüfungen mehr statt. Die Schule wurde geschlossen, aber es wäre sowieso niemand mehr hingegangen. Boykott total. No education without liberation! (»Keine Ausbildung ohne Befreiung!«) Ganze Jahrgänge schwarzer Jugendlicher wuchsen so ohne jede Schulbildung heran. Auch Joe war fest entschlossen gewesen, niemals einen Schule zu betreten. Das war er seinem Bruder schuldig.

Als die Schulen dann wieder öffneten, wurde er von seinem Vater gezwungen hinzugehen. »Wenn die Freiheit kommt, brauchen wir Schwarze, die lesen und schreiben können«, sagte auch der Großvater. Aber so recht glaubte wohl keiner mehr daran.

Und dann kam sie tatsächlich, die Freiheit. Erst wurde Nelson Mandela nach über zwanzig Jahren im Gefängnis freigelassen, dann durften Schwarze in weißen Gebieten wohnen, weiße Schulen öffneten ihre Pforten für Schwarze. Und schließlich wurde Mandela sogar der erste schwarze Präsident Südafrikas. Die Freiheit war da.

Großvater blieb anfangs misstrauisch. Er hatte zu lange auf die Freiheit gewartet. »Die Gesetze brauchen wir schon lange nicht mehr«, meinte er. »Die Apartheid sitzt in den Köpfen. Und da wird sie noch lange sitzen.«

Für ihn änderte sich tatsächlich nichts. Er zupfte weiterhin Unkraut und mähte den Rasen. In »seine« Schule gingen wie immer nur weiße Kinder, denn die Entscheidung, ob Schwarze aufgenommen werden sollten, lag bei den Eltern, und die wollten zunächst nichts davon wissen.

Eines Tages aber entschied sich auch der Elternrat dieser Schule für die Aufnahme von Schwarzen. Die Mehrheit war knapp, aber sie reichte.

Und nun sollte ausgerechnet Joe der erste schwarze Schüler an dieser Schule sein. Er sollte den jahrelangen Traum wahr machen. Die ganze Familie war stolz und aufgeregt. Nur Joe hatte kein Interesse. Er wollte in seine alte Schule gehen. Keiner von seinen Freunden kam mit.

»Glaubst du, ich lass mir schon am ersten Tag den Kopf einschlagen?«, hatte sein Freund Jim gefragt.

Auch Joe hatte nicht vor, den Helden zu spielen, aber mit seinem Vater und seinem Großvater war kein vernünftiges Wort mehr zu reden. Sie wollten auf ihren Traum nicht verzichten.

Und so saß er hier auf dem Stein und wartete auf die weißen Schüler. Weiß. Alles um ihn herum war weiß. Die weiße Farbe des Schulgebäudes leuchtete. Vor Joes Augen begann es zu flimmern. Er schaute auf den Rasen, der die Schule wie ein grüner, dicker Teppich umgab. Man traute sich nicht, ihn zu betreten. Und dann die Blumenbeete überall, frisch geharkte Wege, auf denen an diesem Morgen noch niemand gegangen war. Ganz hinten konnte er die Sportplätze sehen. Riesige freie Flächen für Fußball, Kricket und Tennis. Und mittendrin die weiße Schule. Wenn sie nur nicht so weiß gewesen wäre! Angewidert schaute Joe an sich herunter. Auch er ganz in weiß. Weiße Hose, weißes Hemd, weiße Socken, weiße Schuhe. Wenn nicht seine schwarze Haut gewesen wäre, hätte man ihn glatt für einen Weißen gehalten.

Joe schüttelte sich. Wenn ihn sein Bruder so sehen könnte. »Haben wir dafür gekämpft? Bin ich dafür gestorben, dass du dich jetzt wie ein Weißer verkleidest, Joey? Hast du gar keinen Stolz mehr? Willst du so werden wie sie? Das schaffst du nicht. Morgen schießen sie wieder auf uns. Lauf weg, solange du noch laufen kannst!«

Joe sprang entschlossen auf. »Du hast recht, Moses. Was mache ich überhaupt hier? Ich wollte ja nie herkommen. Vaters Traum ...«

Er hörte das schrille Lachen seines Bruders. »Träume, Joey. Wach auf! Sie werden schießen! Mit den Weißen kannst du nicht verhandeln. Lauf weg, bevor es zu spät ist. Sie werden schießen ...«

Joe schrie auf und rannte los, quer über den Rasen, durch Blumenbeete und frisch geharkte Wege.

»Joey!« Mit dem Spaten in der Hand versperrte ihm sein Großvater den Weg. »Wohin gehst du?«

Joe schaute ihn trotzig an.

»Lasst uns die Vergangenheit vergessen, wir brauchen jetzt Vergebung und Versöhnung. Das hat unser Präsident gesagt. Joey, einer muss anfangen. Geh zurück!«

Mandela kann das gut sagen, dachte Joe. Er sitzt jetzt im Präsidentenpalast. Moses ist tot. Soll ich ihn auch vergessen?

Aber er drehte sich gehorsam um und ging zurück zu seinem Stein und wartete.

Vom Schulhof kam ein Geräusch, so als würde etwas gegen eine Wand geschlagen. Immer wieder. Joe stand auf, schlich um die Ecke und fuhr erschrocken zurück.

Ein weißer Junge in seinem Alter kickte einen Fußball gegen die Wand des schneeweißen Schulgebäudes. Dort, wo der Ball auf die Wand traf, war die frische weiße Farbe schon grau geworden.

Als der Junge Joe bemerkte, blieb er stocksteif stehen. Eine ganze Weile stand er nur da und starrte Joe an. Dann packte er plötzlich seinen Ball und ging ein Stück die Wand entlang von Joe weg. Dort spielte er weiter, ohne sich noch einmal umzudrehen.

Joe beobachtete ihn. Plötzlich flog der Ball auf ihn zu, an ihm vorbei auf den Rasen. Der weiße Junge stand da und bewegte sich nicht. Langsam ging Joe zum Ball und kickte ihn ganz leicht an. Er rollte auf den weißen Jungen zu, blieb vor ihm liegen. Dann kam der Ball zurück.

Sie spielten, ohne ein einziges Wort zu wechseln, bis der Bus um die Ecke bog und einen Schwall weißer Kinder in Schuluniformen ausspuckte. Joe drehte sich erschrocken um, als die Kinder lachend auf den Schulhof gelaufen kamen.

Einige bemerkten Joe gar nicht, aber die meisten blieben für einen Moment stehen, ihre Gesichter zeigten Verwunderung. Dann liefen sie weiter.

Nur eine Gruppe von zehn Jungen kam direkt auf Joe zu. Ein großer, blonder Junge sagte auf Afrikaans: »Was willst du hier?«

Joe bekam vor Schreck kein Wort heraus.

Die Jungen lachten. »Lass den Kaffer. Der versteht doch nur seine Kaffernsprache.«

Sie liefen zur Schultür. Auch die anderen gingen hinein. Am liebsten wäre Joe davongelaufen. Er schaute sich um. Sein Großvater winkte mit dem Spaten. Joe holte tief Luft und ging Schritt für Schritt auf die Eingangstür zu. Dort sah er die Gruppe von Jungen wieder. Sie hatten sich hinter der Tür aufgebaut und waren dabei, ein großes Plakat zwischen zwei Türpfosten zu befestigen. Mit großen Buchstaben war dort auf Afrikaans zu lesen:

»Den ersten Kaffer,
der meine Schule betritt,
schieße ich tot!
Haltet unsere Schulen weiß!«

Unter diese Worte hatte jemand drei leere Patronenhülsen geklebt.

Joe starrte auf die Worte. Der große Junge rief ihm zu: »Was willst du in der Schule? Geh zu deinem Großvater, Rasen mähen. Wozu musst du lesen und schreiben können? Es reicht, wenn deine Muskeln hart sind. Schwarze sind nur für körperliche Arbeit geschaffen, nicht zum Denken.«

Alle lachten. »Wenn du durch diese Tür kommst, bist du ein toter Mann.« Der Junge hob drohend seine Hand. Auf sein Zeichen schrieen alle: »Haltet unsere Schulen weiß!«

Es schallte über den ganzen Schulhof. Joe ging langsam Schritt für Schritt zurück. Jeden Moment konnten sie über ihn herfallen. Moses hatte recht gehabt. Mit den Weißen kannst du nicht reden. Ihre Antwort ist immer eine Kugel, so wie bei Moses.

In diesem Moment zischte etwas an seinem Ohr vorbei. Joe duckte sich erschrocken und schrie auf. Der Fußball landete mitten im Plakat und zerriss es in viele Fetzen. Die Jungen brüllten vor Wut.

Der Junge vom Fußballplatz stieß Joe von hinten an.

»Na los!«, sagte er. »Amandla! Oder wie ihr immer sagt.« Er ging langsam an Joe vorbei auf die anderen zu, die plötzlich ganz still geworden waren und mit geballten Fäusten jede Bewegung aufmerksam verfolgten.

»Amandla Ngawethu!«, antwortete Joe leise und folgte ihm Schritt für Schritt durch die Tür, an dem zerfetzten Plakat vorbei in die weiße Schule.

LUTZ VAN DIJK

Verdammt starke Liebe

Heute

In Dortmund wird der neunzehnjährige Markus B. auf dem Weg von einer stadtbekannten Schwulen-Disko nach Hause überfallen und so schwer misshandelt, dass er für mehrere Tage ins Krankenhaus muss. Ein Kieferbruch macht noch zwei Folgeoperationen nötig.

Als Täter können wenige Wochen später drei Jugendliche im Alter von sechzehn bis achtzehn Jahren verhaftet werden. Der Älteste von ihnen wird der rechten Szene zugerechnet. Markus B. besucht zum Zeitpunkt des Überfalls die Oberstufe einer Dortmunder Gesamtschule. Nach einem längeren Gespräch zwischen Markus, seinen Eltern und der Tutorin wird seine Rückkehr nach dem Krankenhausaufenthalt von seinen Mitschülerinnen und Mitschülern besonders vorbereitet: Auf seinem Platz in der Klasse steht ein Blumenstrauß und in einem gemeinsam verfassten Brief drücken die Jugendlichen ihre Abscheu gegenüber dem Verbrechen und ihre Solidarität gegenüber dem Mitschüler aus.

In dem Brief heißt es unter anderem: »Wir wissen von Deinem Schwulsein, seit Du siebzehn bist und damals zu einer Schulfete mit Deinem damaligen Freund kamst. Damals haben einige von uns gelacht. und ein paar haben es Dir wohl auch eine Zeit lang ziemlich schwer gemacht. Heute schämen wir uns dafür. Am meisten schämen wir uns aber […], dass wir nie offen mit Dir darüber geredet haben und auch im Unterricht nie die Verfolgung von Homosexuellen zum Thema gemacht haben.«

Die Geschichte von Markus steht nicht allein. Noch immer werden Witze gerissen über schwule Jungen und lesbische Mädchen, die angeblich keine »richtigen« Jungen oder Mädchen seien. Männer und Frauen, die homosexuell leben, werden angefeindet und ausgegrenzt, in manchen Ländern bis heute gefoltert und in Gefängnisse geworfen oder gar hingerichtet. Nicht viele wissen, dass in der Nazizeit in Deutschland auch rund 10000 homosexuelle Männer (die Zahl der Frauen ist bis heute nicht bekannt) in Konzentrationslager verbracht wurden, aus denen die meisten nicht zurückkehrten. Anders als bei vielen anderen verfolgten Gruppen, wie zum Beispiel den Juden, den Behinderten oder den Roma und Sinti, die 1945 von einer Befreiung sprechen konnten, wurde die strafrechtliche Verfolgung Homosexueller mit dem 1935 von den Nazis verschärften Paragrafen 175 in der Bundesrepublik Deutschland noch bis 1969 fortgesetzt. Erst 1994 wurde er endgültig abgeschafft.

Damals

Im Sommer 1939 ist der polnische Junge Stefan vierzehn Jahre alt. Er hat gerade die achtjährige Volksschule beendet und – ermutigt von seinem Klassenlehrer – eine Aufnahmeprüfung fürs Gymnasium bestanden. Er kommt aus einer armen Eisenbahnerfamilie und ist der Einzige, der nach den Sommerferien eine Oberschule besuchen soll. Die Eltern leihen sich Geld, um für den Jungen die damals noch übliche Schuluniform schneidern zu lassen.

Doch zum Besuch des Gymnasiums kommt es nicht mehr. Am 1. September 1939 überfällt die deutsche Wehrmacht Polen. Der Zweite Weltkrieg beginnt. Nach wenigen Wochen kapituliert die polnische Armee. Die deutsche Militärverwaltung veröffentlicht sofort mehrere Erlasse gegen die jüdische und die polnische Bevölkerung. Unter anderem wird polnischen Kindern der Schulbesuch nur noch bis zur vierten Klasse gestattet. Sie sollen – so heißt es in einem Erlass wörtlich – »vor allem lernen, den Deutschen gehorsam zu sein«.

Stefans Mutter bringt die angezahlte Schuluniform zurück zum Schneider. Der Vater wird als polnischer Soldat gefangen genommen und zur Zwangsarbeit nach Deutschland gebracht. Schließlich muss die Mutter mit den fünf Kindern die Wohnung für so genannte »Reichsdeutsche« räumen und in einem Landarbeiterhaus am Stadtrand ein einziges Zimmer ohne Bad und Küche beziehen.

Stefan sowie sein älterer Bruder Mikolaj werden zunächst von der Zwangsarbeit verschont, da sie eine Arbeit in einem deutschen Betrieb in der polnischen Stadt Torun nachweisen können. Stefan verdient sich noch etwas dazu, indem er abends als Chorsänger im Stadttheater arbeitet. Dafür bekommt er eine Sondergenehmigung, da polnische Bürger sich nach Einbruch der Dunkelheit nicht mehr auf der Straße zeigen dürfen. Während der Arbeit im Theater merkt Stefan, dass er sich von attraktiven Jungen und Männern besonders angezogen fühlt. Zunächst spricht er jedoch mit niemandem darüber.

Im Herbst 1941 – er ist inzwischen sechzehn Jahre alt – trifft er eines Abends auf dem Heimweg vom Theater einen anderen jungen Mann, der nicht viel älter ist als er selbst. Doch dieser andere junge Mann trägt eine Uniform und ist Soldat der deutschen Wehrmacht! Zunächst schüchtern und im Bewusstsein aller Gefahren, die ein vertrauliches Gespräch zwischen einem deutschen Soldaten und einem Polen nach sich ziehen kann, lernen sich die beiden kennen – und verlieben sich ineinander.

Stefan und Willi, so der Name des aus Wien stammenden jungen Soldaten, finden wenig später eine alte Scheune außerhalb der Stadt, in der sie sich von nun an regelmäßig heimlich treffen. Stefan erlebt hier, wie schön die Liebe zwischen Männern sein kann – und ist trotz seiner sonst so schwierigen Lebensumstände zum ersten Mal nach langer Zeit wieder richtig glücklich. Mehrere Monate können die beiden so unentdeckt zusammen sein. Ein Mitglied aus der Partisanengruppe von Stefans Bruder beobachtet ihn einmal mit Willi und erzählt Mikolaj umgehend davon. Als der Bruder aber von Stefan die wahren Hintergründe der Treffen erfährt, reagiert er fast erleichtert darüber, dass sein Bruder aus Liebe handelt und nicht etwa zum Verräter geworden ist.

Im Frühjahr 1942 werden Stefan und Willi jedoch von einem Tag auf den anderen auseinandergerissen, da Willi mit seiner Kompanie an die Ostfront verlegt wird. Sie versprechen, einander treu zu bleiben und regelmäßig zu schreiben. Stefan wartet jedoch vergeblich auf Post von Willi. Er ist überzeugt, dass ihm etwas zugestoßen sein muss, und macht sich große Sorgen. Als er es schließlich gar nicht mehr aushalten kann, schreibt er ihm einen Brief an eine zentrale Wehrmachtsanschrift an der Ostfront. Der Inhalt diese Briefes lautet wörtlich:

»Lieber Willi!

So lange habe ich von Dir gar keine Nachricht. Ich mache mir so viele Gedanken darüber. Du fehlst mir so sehr. Ich denke jeden Tag an Dich. Ich bin ständig in Gedanken bei Dir. Ich bete jeden Tag, dass Du gesund zurückkehrst.

Ich arbeite wie vorher auch im Theater, aber ich gehe nirgends aus. Auch nicht dort, wo wir uns getroffen haben. Ich bin Dir einfach treu und will es mein ganzes Leben lang bleiben. Bitte schreibe mir so schnell, wie Du kannst, damit ich beruhigt sein kann. Ich kann nicht schlafen, ich denke nur immer an Dich.

Ich grüße und küsse Dich, Dein Stefan.«

Auch auf diesen Brief erhält der Junge keine Antwort. Im September 1942 jedoch wird er zum örtlichen Gestapo-Hauptquartier zitiert. Dort zeigt ihm der vernehmende Beamte seinen Brief und teilt ihm mit, dass er nach Paragraf 175 in einem besonders schweren Fall – »Unzucht mit einem deutschen Soldaten« – verhaftet sei. Was mit Willi geschehen ist, wird ihm nicht gesagt.

Doch damit nicht genug. In den folgenden zwei Wochen wird Stefan auf brutalste Weise gefoltert und erniedrigt, auch weil er noch andere Homosexuelle verraten soll, die er aber gar nicht kennt. Er wird mehrfach bewusstlos geprügelt. Am Ende unterschreibt er ein »Geständnis«, ohne dessen Inhalt zu kennen. Im Dezember 1942 – er ist jetzt siebzehn – wird er zu fünf Jahren Zuchthaus verurteilt.

Die folgenden zwei Jahre bringt Stefan in verschiedenen Straflagern in Osteuropa zu, wo er als »Schwuler« immer wieder besonders schikaniert wird. Nur durch die Unterstützung weniger älterer Mitgefangener überlebt er diese Zeit. Jedoch wird er für den Rest seines Lebens unter gesundheitlichen Schäden durch Folter und Haft leiden. Anfang Januar 1945 muss er mit Hunderten anderer Gefangener bei eisiger Kälte auf den sogenannten »Todesmarsch« gen Westen gehen, da die Rote Armee näherrückt und die deutsche Wehrmacht sich zurückziehen muss. Viele geschwächte Gefangene überleben diesen Marsch ohne ausreichende Verpflegung und medizinische Versorgung nicht.

Stefan kommt völlig entkräftet bis in die Nähe von Hamburg, wo sein Transport auf der Jugendstrafinsel Hahnöfersand in der Elbe endet. Wenige Tage vor der Befreiung durch die Kanadier kann er mit einer Gruppe anderer Jungen von der Insel fliehen und sich bis Süddeutschland durchschlagen. Sein Traum ist es, nach Wien zu gehen und Willi zu suchen. Bei München bricht er jedoch zusammen und wird von den Amerikanern in einem Lazarett für »Displaced Persons« ganz in der Nähe des ehemaligen Konzentrationslagers Dachau aufgenommen. Erst nach zwei Jahren ist er wieder so bei Kräften, dass er weitere Pläne machen kann. Von Willi gibt es nach wie vor keine Spur. Jedoch hat er inzwischen Briefkontakt mit seiner Familie in Polen herstellen können. Seine Mutter wünscht sich nichts sehnlicher, als den Jungen wieder zu Hause zu haben. So geht Stefan 1947 zunächst nach Polen zurück.

Alle Pläne, Polen noch einmal zu verlassen, werden durch den zunehmenden Stalinismus unmöglich gemacht. Aus Gründen der persönlichen Sicherheit verschweigt Stefan gegenüber den Behörden sogar seinen Inhaftierungsgrund und gibt an, als Zwangsarbeiter nach Deutschland verschleppt worden zu sein. Mit 55 Jahren wird er aus gesundheitlichen Gründen mit einer minimalen Rente zwangspensioniert.

Erst Ende der Achtzigerjahre – im Alter von nunmehr 65 Jahren – beginnt er, den Mund aufzumachen. Im polnischen Fernsehen wird berichtet, dass die Bundesregierung einen Fonds für vergessene Opfer des NS-Regimes eingerichtet hat, an den sich auch Homosexuelle wenden können. Da er dringend eine medizinische Behandlung benötigt, die er sich aber selbst nicht leisten kann, schreibt er direkt an Bundeskanzler Kohl. In seinem Brief bittet er darum, dass lediglich die Kosten für den Krankenhausaufenthalt übernommen werden mögen, da sein schlechter gesundheitlicher Zustand Folge der in deutscher Haft erlittenen Folter sei, wie mehrere ärztliche Atteste belegen. Für sich persönlich erbittet er nichts.

Nach mehreren Monaten erhält er vom Finanzministerium einen kurzen, sachlichen Brief, in dem ihm mitgeteilt wird, dass er als Pole prinzipiell keinen Antrag bei diesem Fonds stellen könne. Hintergrund ist die ungelöste Frage der Entschädigung Tausender polnischer Zwangsarbeiter, die überlebt haben und bis zum heutigen Tag ebenfalls keinen Cent für ihre Arbeit in Deutschland bekommen haben. Als deutsche Menschenrechts- und Homosexuellengruppen von seinem Schicksal erfahren, werden mehrere Petitionen an den Deutschen Bundestag und alle großen Parteien gesandt. Doch niemand fühlt sich zuständig. Bis heute hat Stefan keinerlei Entschädigung aus Deutschland erhalten. Lediglich eine private Spendensammlung hat ihm ermöglicht, bestimmte Medikamente zu kaufen.

Trotz aller Erniedrigungen ist Stefan bis heute nicht gebrochen. Er ist ein freundlicher älterer Herr, der, nachdem seine Geschichte in einem Jugendbuch in Deutschland und den USA erschienen ist, den Jugendlichen, die ihm schreiben, persönlich antwortet und viel Freude daran gefunden hat.[1]

Im Nachwort zu dem Buch »Verdammt starke Liebe« schreibt er: »Willi verdanke ich bis heute, dass ich meine Liebesgefühle von Anfang an als etwas Schönes erleben konnte. Inzwischen ist mir auch über meinen persönlichen Fall hinaus wichtig geworden, dass Menschen in allen Ländern dieser Welt begreifen, dass es immer ein Verbrechen ist, Liebe zu bestrafen und Gewalt zu tolerieren. Allein umgekehrt macht es doch einen Sinn. «

Im November 2003 stirbt Stefan T. Kosinski in Warschau mit 78 Jahren. Er erlaubt, dass nach seinem Tod sein voller Name veröffentlicht werden kann.

---

1 Die ausführliche Geschichte von Stefan K. kann nachgelesen werden in: Lutz van Dijk: VERDAMMT STARKE LIEBE. Die wahre Geschichte von Stefan K. und Willi G., München 2005 (aktualisierte Neuauflage).

MARKUS MUNZER-DORN

Flaches Lied

Schlaf nicht so tief,
wir brauchen heut
oder sehr bald
ganz wache Leut!
Wo zu viele schlafen, ist Mief. –
Schlaf nicht so tief!

Denk nicht so tief,
denk lieber manchmal genau.
Mach nicht aus Ahnungen,
kosmischen Rätseln
einen Metaphern-Verhau;
ein paar dunkle Bilder,
auf Tiefsinn getrimmt,
durch die alles nur noch mehr verschwimmt,
und vor unsrer Nase
läuft immer noch alles schief –
Denk nicht so tief!

Fall nicht so tief,
wenn man dir mal
mitten im Flug
ein Stück Flügel abschlug.
Du musst nur dran glauben,
dass auch mit gestutz-
ten Flügeln das Flattern was nutzt –
wenn man die richtige Technik hat …

(So billig ist heute bei mir guter Rat!)
Fall nicht so tief!

Schweig nicht so tief,
sei nicht gleich still,
wenn niemand auf dich hören will.
Und auch wenn sie dich gar nicht
zu Wort kommen ließen,
lässt das noch nicht auf die Unbrauchbarkeit
deiner Stimmbänder schließen. –
War da nicht jemand, der rief?
Schweig nicht so tief!

Schlaf nicht so tief,
wir brauchen heut
oder sehr bald
ganz wache Leut!
Wenn alle schlafen, ist Mief. –
Schlaf nicht so tief!

REINER ENGELMANN

Gekauft und missbraucht

Der Richter ruft die Zeugin auf. Alle Augen im Gerichtssaal richten sich auf die Tür. Nur einen Spalt breit wird sie von außen geöffnet. Zögerlich schiebt eine junge Frau ihren schmalen Körper hindurch, hält abrupt inne, weicht wieder zurück. Eine zweite Frau, die sie begleitet, redet ihr Mut zu.

»Du musst keine Angst haben, Natascha, dir wird hier nichts geschehen. Sie wollen dir helfen!«, sagt sie leise, aber bestimmt.

Langsam, Schritt für Schritt, geht Natascha durch den Gerichtssaal, die Augen immer nach unten gerichtet. Es ist ein fast endloser Weg durch den Gerichtssaal bis zum Zeugenstuhl, und mit jedem Schritt fühlt Natascha die Blicke, die sie anstarren. Eigentlich möchte sie sich umdrehen, wegrennen, einfach los, irgendwohin.

Doch sie hatte sich entschieden, diesen Weg zu gehen, dem Gericht als Zeugin zur Verfügung zu stehen. Sie wird aussagen, ihre ganze Geschichte erzählen, von Anfang an. Alles!

Kurz bevor sie den Zeugenstuhl erreicht, hebt sie ihren Blick, schaut zuerst zum Richter hin, dann zu dem Angeklagten.

Ich kann mich noch genau an den Tag meiner Abreise aus Vilnius erinnern. Meine Güte, wie war ich aufgeregt. Ich hatte es geschafft. Ich war eine der Auserwählten, die ein besseres Leben führen sollten. In Vilnius hatte ich kein Glück. Nach der Schule hatte ich gelegentlich mal eine Aushilfsarbeit, aber das war's dann auch schon. Geld verdienen konnte ich damit nicht viel. Jedenfalls nicht so viel, dass es zum Leben gereicht hätte. Und Geld brauchte ich. Nicht nur für mich, sondern auch für meinen kleinen Sohn.

Von einer Familie hatte ich geträumt, als ich lange keine feste Arbeit hatte. Gebraucht werden wollte ich, von einem Mann, von einem Kind, eben von einer Familie. Ein Kind habe ich jetzt, aber alles andere nicht. Als ich meinem damaligen Freund von meiner Schwangerschaft erzählte, hat er sich auf und davon gemacht. So stand ich allein da, und wenige Monate später mit meinem Kind, und war auf die Hilfe meiner Eltern angewiesen, die selbst kaum genug zum Leben hatten.

Eines Tages traf ich vor der Markthalle auf Olga, die ich bis dahin nur vom Sehen kannte. Ich war unterwegs, um mir an einem Secondhand-Stand ein Paar Schuhe zu kaufen. Die alten waren durchgelaufen und auch nicht mehr zu reparieren.

Olga sprach mich an. »Hast du nicht genug Geld, um dir in einem Geschäft in der Fußgängerzone etwas zu kaufen? Da gibt es doch ganz tolle Modelle, wie man sie im Westen trägt!«

»Kann ich mir nicht leisten«, gab ich kurz zurück und wollte an ihr vorbei.

»Langsam, langsam«, Olga hielt mich fest, »die kannst du dir jetzt noch nicht leisten, aber …«

Dann lud sie mich auf einen Tee ein und erzählte mir von Frauen, die in den Westen gegangen seien, um dort zu arbeiten. Eine Menge Geld würden sie verdienen, könnten sich immer nach der neuesten Mode kleiden und hätten noch genug übrig, um auch ihre Familien unterstützen zu können. Und die Arbeit – sie machte eine abfällige Handbewegung – 'ne Kleinigkeit. Bedienungspersonal in Lokalen würde immer gesucht werden, oder Kindermädchen in reichen Familien.

Olga redete und redete und ich hatte bestimmt ganz rote Ohren vom Zuhören. Und später einen ganz roten Kopf, als ich mir ausmalte, in Deutschland oder in Frankreich zu arbeiten und Piotr ein besseres Leben bieten zu können.

Olga kannte jemanden, der alle notwendigen Formalitäten erledigen würde, und dann könne die große Reise losgehen. Sobald ich genug Geld zusammenhätte, könnte ich ja zu meinem kleinen Piotr zurückkehren.

224

Ich war so begeistert von Olgas Vorschlag, dass ich das Geld, das ich verdienen würde, schon förmlich vor mir sah.

Meine Eltern konnte ich nicht so schnell überzeugen. Mein Vater redete tagelang nicht mehr mit mir, nachdem er am Anfang, als ich ihm von meinem Entschluss erzählt hatte, laut brüllte, ich könne sie doch mit dem Kind nicht allein hier zurücklassen, sie seien schließlich nicht mehr die Jüngsten, viel arbeiten müssten sie jeden Tag, damit alles irgendwie weitergehe, und im Westen, ja, da liege sicher das Geld auch nicht auf der Straße, da würde man schon hart für arbeiten müssen. Und überhaupt, eine junge Frau in meinem Alter ... Mit einer Flasche Wodka wurde er ruhiger, bis er schließlich gar nichts mehr zu mir sagte.

Meine Mutter hatte in den Tagen bis zu meiner Abfahrt oft Tränen in den Augen.

Wenn Olga nicht schon nach wenigen Tagen mit einer Fahrkarte nach Deutschland vor mir gestanden hätte, dann hätte ich es mir vielleicht noch mal anders überlegt.

Am Tag der Abreise machten wir uns zum Busbahnhof. Vater, Mutter und ich mit Piotr auf dem Arm. Am liebsten hätte ich ihn mitgenommen, und es tat mir im ganzen Körper weh, als ich ihn meiner Mutter übergeben musste, bevor ich in den Bus eingestiegen bin. Mutter hatte wieder Tränen in den Augen. Vater stand nur stumm da und schaute mir nach.

Mein einziger Trost war, dass ich nach ein paar Monaten wieder zurückkehren würde, mit viel Geld in der Tasche. Und davon sollten auch meine Eltern profitieren, die so traurig an der Haltestelle standen. Das nahm ich mir fest vor.

Bevor ich mir im Bus einen Platz aussuchte, musste ich dem Fahrer meine Fahrkarte und auch meine Papiere abgeben. Ich machte mir keine Gedanken darüber. Das sei so üblich, sagte er, wegen der Grenzkontrollen.

Die Busfahrt dauerte fast zwei Tage. Ich war ziemlich aufgeregt. Die ersten Stunden grübelte ich noch darüber, ob meine Mutter mit Piotr zurechtkommen würde. Er konnte sehr anstrengend sein, besonders nachts, wenn er nicht schlafen wollte. Doch je länger wir unterwegs waren, desto mehr fragte ich mich, was auf mich zukommen würde. Von Olga wusste ich nur, dass Frankfurt am Main meine Endstation mit dem Bus war, dort würde ich abgeholt und zu meiner zukünftigen Arbeitsstelle gebracht werden. In einem Lokal sollte ich arbeiten. Worin meine Arbeit bestehen würde, wusste ich noch nicht. Auch Olga konnte oder, wie ich es heute sehe, wollte dazu nichts sagen. Aber was könnte es schon anderes sein als bedienen oder in der Küche aushelfen. Darauf hatte ich mich eingestellt. Das würde ich tun. Mit Freude. Auch die neue Sprache würde ich lernen.

Am späten Vormittag kamen wir in Frankfurt an. Ganz steif von der langen Fahrt fühlte ich mich, als ich zusammen mit den anderen Fahrgästen aus dem Bus ausstieg. Mit suchenden Blicken schaute ich mich nach einer Person um, die mich abholen sollte. Aber ich kannte sie ja nicht. Wird sie mich erkennen unter all den Fahrgästen?

Von zwei jungen Männern, die auf mich zukamen, wurde ich angesprochen. Sie trugen Sonnenbrillen, obwohl es ein trüber Herbstvormittag war. Sie redeten viel in der Sprache, die ich damals noch nicht verstand, und nur dadurch, dass sie öfter meinen Vornamen sagten, wusste oder ahnte ich, dass ich gemeint war. Wir gingen zu ihrem Auto – so ein tolles Auto hatte ich bisher höchstens mal im Vorbeifahren gesehen –, meine Tasche stellte ich in den Kofferraum und setzte mich nach hinten auf den Rücksitz.

Wie die beiden hießen, wusste ich noch nicht. Aber ich sollte sie kennenlernen. Ziemlich schnell rasten sie mit ihrem Auto durch die Straßen, und die Reifen quietschten, wenn es in eine Kurve ging. Vor einem Haus, über dessen Eingang ein Schild mit der Aufschrift »Bar« hing, hielten wir an. Ob dies mein Arbeitsplatz ist?, überlegte ich, bevor die Tür aufgerissen und ich mit lauten Worten offenbar zum Aussteigen aufgefordert wurde. Es sollte mein Arbeitsplatz sein, das erfuhr ich schon wenig später. Er war nur ganz anders, als ich ihn mir jemals vorgestellt hatte.

Über eine enge Treppe gingen wir in die zweite Etage und kamen in den Flur einer Wohnung, von dem mehrere Türen in die dahinterliegenden Zimmer führten. Vor der dritten Tür machten wir halt, einer meiner Begleiter schloss die Tür auf und schob mich hinein. Das Zimmer war mit einem breiten Bett und einem Schrank eingerichtet. An der linken Wand war ein Waschbecken mit einem Spiegel darüber. Die schweren dunklen Vorhänge am Fenster waren zugezogen.

Mehr konnte ich in diesem ersten Moment nicht wahrnehmen, denn einer meiner beiden Begleiter kam direkt auf mich zu und fing an, mir die Kleider vom Leib zu reißen. Als ich mich dagegen wehrte, bekam ich einen Fausthieb ins Gesicht. Ich taumelte nach hinten, stolperte und fiel rückwärts auf den Boden.

Alles, was danach kam, war schlimmer als ein böser Traum. Wie durch einen Nebelschleier bekam ich mit, wie mich zuerst diese beiden Männer vergewaltigten, dann waren da plötzlich noch mehr im Raum, die sich nacheinander alle auf mich legten.

Ich hatte Schmerzen, von dem Fausthieb, von dem Sturz und von den Vergewaltigungen, und ich hatte Angst, Angst vor den Männern, Angst vor neuen Schlägen, Angst, die mich lähmte.

Irgendwann sprach mich einer an. Ich verstand ihn. Er sprach meine Muttersprache.

»Das hier ist dein Arbeitsplatz und hier wirst du auch wohnen«, sagte er mit dunkler Stimme. »Die Kunden schicken wir zu dir hoch und sie werden dich für deine Dienste bezahlen.«

»Aber Olga sagte doch, ich würde in einem Lokal arbeiten«, warf ich ein.

»Vergiss Olga«, brüllte er mich an, »die hat ihren Job getan, jetzt bist du dran.«

Ich wollte protestieren, kam aber nicht dazu, denn unvermittelt trafen mich seine Schläge.

»Hör zu«, fauchte er mich an, »wir haben eine Menge Geld in dich investiert, für die Vermittlung, für die Papiere, für die Fahrt und für dieses Zimmer. Das musst du jetzt erst mal reinwirtschaften. Und komm bloß nicht auf die Idee, hier die Fliege zu machen. Du weißt, du hast keine Papiere, und wenn du von der Polizei geschnappt wirst, geht's für lange Zeit in den Knast. Und«, fügte er hinzu und grinste dabei, »du hast doch einen Sohn und willst sicher nicht, dass ihm etwas zustößt!«

Wie gelähmt saß ich vor ihm auf der Bettkante und starrte ihn an.

»Ein paar Formalitäten müssen wir noch klären, bevor ich gehe«, sagte er schließlich. »Du empfängst hier deine Kunden, die dich für deine Dienste bezahlen. Hier in der Schublade der Kommode liegen Briefumschläge. Das Geld, das du bekommst, steckst du dort hinein, und den Umschlag wirfst du in diesen Schlitz.« Er zeigte auf eine Briefkastenklappe. »Draußen im Flur hängt der Kasten, der jeden Tag geleert wird. Und versuch nicht, uns zu bescheißen, wir wissen genau, was die Kunden bezahlen. Wir erwarten von dir, dass du deine Arbeit ordentlich machst, unzufriedene Kunden sind nicht gut fürs Geschäft. Wenn es Klagen über dich gibt, wird Mike sich um dich kümmern. Du kennst ihn. Er war der Fahrer.«

Nach diesen Erklärungen stand er auf und ging aus dem Zimmer. Dann hörte ich nur noch, wie er den Schlüssel im Schloss umdrehte.

Wie viele Tage, Wochen oder Monate ich in diesem Zimmer eingesperrt war, weiß ich nicht. Ich hatte kein Zeitgefühl mehr. Ich hatte irgendwann gar kein Gefühl mehr. Mit jedem Freier, der zu mir ins Zimmer kam, stumpfte ich mehr und mehr ab. Es gab nur wenige Gelegenheiten, das Zimmer zu verlassen, in den Flur zu gehen, weiter nicht. Manchmal traf ich eine der Frauen, die auch hier »arbeiteten«. Wie sollte ich mich ihnen gegenüber verhalten? Konnte ich sie ansprechen? Würden sie meine Sprache verstehen? Das Einzige, was sie verstanden, war »Wodka«. Und den bekam ich.

Den brauchte ich. Immer öfter. Bevor ein Freier kam. Und hinterher erst recht. Wenn ich mal zuviel getrunken hatte oder einer meiner Freier unzufrieden mit mir war, dann kam Mike und verprügelte mich. Hinterher versuchte ich, mit einem nassen Waschlappen meine geschwollenen Augen zu kühlen. Freier musste ich aber auch in diesem Zustand empfangen.

Nach langer, langer Zeit öffnete sich für mich nicht nur die Tür meines Zimmers, sondern auch die zu der Wohnung, zum Haus und zum Auto. Mike holte mich ab, ich musste schnell meine wenigen Sachen zusammenpacken und dann fuhren wir los. Auf dem Beifahrersitz lagen einige Dosen Bier, die Mike unterwegs trank. Nicht in einer großen Stadt hielten wir nach einigen Stunden, sondern weit außerhalb an einem abseits gelegenen Haus, in dessen Nähe eine große Straße vorbeiführte.

In dem neuen Haus »arbeiteten« einige Frauen, die mich begrüßten. Mike kannte man offensichtlich hier, denn er wurde ganz freundlich empfangen und von den Frauen mit Küsschen bedacht. Gesehen habe ich, wie ein Mann auf Mike zuging, ihm ein Bündel Geldscheine zusteckte und mich dabei ansah. Damals hatte ich keine Erklärung dafür, aber heute weiß ich, dass Mike dieses Geld für mich bekam. Er hatte mich verkauft. Dieses Bündel Geldscheine musste ich für meinen neuen »Besitzer« wieder verdienen. Und damit sollte ich bald anfangen müssen. Ich musste meinen »Einstand« geben. Eine ganze Schlange von Kunden wartete darauf, meine Dienste in Anspruch nehmen zu können. Es war das Schlimmste, was ich bisher erlebt hatte.

Bis heute weiß ich nicht, wodurch plötzlich in mir eine Widerstandskraft gegen all die Erniedrigungen gewachsen ist. Aber sie war da. Ich spürte sie. Ich dachte wieder an zu Hause, an meinen Sohn, an die Versprechen, die ich ihm und meinen Eltern gegeben hatte. Nichts davon hatte ich bislang eingelöst.

Das war der Anfang. Ich konnte wieder denken. Und ich dachte nach. In jeder freien Minute. Alkohol trank ich keinen mehr.

Obwohl ich ihn gebraucht hätte. Mehr denn je. Der Alkohol wird nur meine Gedanken vernebeln, sagte ich mir, deswegen verzichtete ich darauf.

Die Fluchtmöglichkeit bot sich mir mehr durch einen Zufall als durch eigene Initiative schon nach einigen Wochen. Der Besitzer des Hauses hatte alle Frauen und einige Gäste zu einem Fest eingeladen. Es wurde viel gegessen, getanzt, gelacht und besonders viel getrunken. Mit dem Trinken hielt ich mich zurück, nippte nur ab und zu mal an meinem Glas. Die Tür des Hauses stand offen, man konnte zwischendurch mal raus an die frische Luft gehen.

Und dann entdeckte ich ihn. Den Autoschlüssel. Er lag ganz offen neben dem Telefon. Er gehörte meinem »Besitzer« und sein Auto kannte ich. In einem unbeobachteten Augenblick nahm ich den Schlüssel an mich. Lange durfte ich jetzt nicht mehr warten, denn er könnte ja vermisst werden. Unter dem Vorwand, etwas frische Luft schnappen zu wollen, ging ich nach draußen. Ich schlenderte an den Autos auf dem Parkplatz vorbei, bis ich schließlich an meinem Fluchtauto angelangt war. Noch nie in meinem Leben hatte ich hinter einem Steuer gesessen. Nur zugesehen hatte ich bislang, wie man ein Auto fährt.

Für einen kurzen Augenblick konzentrierte ich mich darauf, was ich in welcher Reihenfolge tun musste, und dann ging es los. Der Motor heulte zwar laut auf, als ich anfuhr, aber ich fuhr. Weg vom Parkplatz, hin zur Straße, auf der um diese späte Stunde nur wenige Autos fuhren. Ich hatte es geschafft. Ich war ihnen entkommen. Dachte ich. Hoffte ich. Im Rückspiegel konnte ich noch keinen Verfolger entdecken. Dafür kam mir aber ein Auto entgegen. Es fuhr schnurstracks auf mich zu. Ich wollte noch ausweichen, aber ich hörte nur noch ein lautes Krachen. Danach wurde alles um mich herum dunkel.

»Piotr, ich will zu Piotr!« Das waren die ersten Worte, an die ich mich erinnere. Ich weiß nicht, wie oft ich sie geschrieen habe, aber niemand schien mich zu hören, bis mich irgendwann jemand an den Schultern packte und mich kräftig rüttelte.

Allmählich kam ich zu mir. Ich öffnete meine Augen. Wo war ich? Was war passiert?

Eine in Weiß gekleidete Frau stand neben dem Bett, in dem ich lag, und redete mit sanfter Stimme auf mich ein. Ich schaute sie an und sie lächelte gütig. Mein Kopf schmerzte, und meine Arme waren, wie ich feststellte, aufgeschürft. Beim Atmen taten mir die Rippen weh. Nur langsam kehrte meine Erinnerung zurück.

»Wo bin ich hier?«, fragte ich mit leiser Stimme, »ist das der Himmel?« Eine andere Erklärung hatte ich nicht.

Die in Weiß gekleidete Frau gab mir eine Spritze und ich schlief ein.

Der neue Tag musste schon lange angebrochen sein, als ich aufwachte. Draußen war es hell und ab und zu kam die Sonne hinter den Wolken hervor. Neben meinem Bett saß eine Frau, die ich nicht kannte.

»Wie geht es Ihnen?« fragte sie, und ich konnte sie verstehen. »Ich heiße Helga Nowarre, und ich bin gekommen, um mit Ihnen zu reden. Und ich möchte sehen, ob ich etwas für Sie tun kann oder ob Sie etwas brauchen.«

Eine Antwort gab ich ihr nicht. Ich kannte sie ja nicht. Meine Angst ließ keinen klaren Gedanken zu.

»Sie müssen keine Angst haben«, redete sie weiter, »wir haben herausgefunden, wer Sie sind. Sie hatten einen Unfall und müssen sich erst einmal erholen. Danach sehen wir weiter.«

Einige Tage musste ich im Krankenhaus bleiben und Helga Nowarre kam jeden Tag zu mir. Und jeden Tag erzählte sie mir neue Dinge. Zunächst einmal, dass sie bei einer Organisation arbeite, die Frauen in meiner Situation beisteht. Dass der Besitzer des Hauses, in dem ich arbeiten musste, verhaftet wurde; dass man die anderen Frauen aus dem Haus schon verhört habe; dass der Fahrer des

Autos, mit dem ich zusammengestoßen sei, nur leichte Verletzungen hatte und das Krankenhaus schon verlassen habe, und dass die Polizei weiter ermittele.

Panik brach in mir aus, als ich das Wort »Polizei« hörte. Ich erinnerte mich wieder an die Worte, die man mir ganz am Anfang gesagt hatte. Nein, nicht ins Gefängnis, nur nicht dort hin!

Helga Nowarre schien meine Panik bemerkt zu haben und versuchte, mich zu beruhigen.

»Ihnen wird nichts geschehen«, sagte sie, »gegen ihren Willen wird nichts unternommen.«

Was sollte dieser Satz? Ich begriff ihn nicht! Die ganze Zeit über, seitdem ich in Deutschland war, hatte nie jemand auf meinen Willen Rücksicht genommen!

Aber Helga Nowarre schien es ernst zu meinen.

»Es gibt für Sie zwei Möglichkeiten, Natascha«, sagte sie mit ruhiger Stimme. »Die eine ist, Sie kehren in ihr Heimatland, zu Ihrer Familie zurück. Das können Sie tun, wenn Sie das möchten. Die andere ist etwas komplizierter. Sie können hier in Deutschland bleiben und als Zeugin vor Gericht aussagen, wenn der Mann, für den Sie arbeiten mussten, angeklagt wird. Das erfordert sicher viel Mut von Ihnen. Und bis es soweit ist, werden wir für Sie sorgen.«

Es dauerte lange, bis ich mich wirklich entschieden hatte.

Zunächst wusste ich nur, dass ich so, mit leeren Händen und vor allem mit meinen Erfahrungen, nicht zu meinen Eltern zurückkonnte. Wie sollte ich ihnen erklären, was passiert war?

Einen Tag vor meiner Entlassung aus dem Krankenhaus besuchte mich Helga Nowarre wieder. Sie habe eine sichere Wohnung für mich, weit weg von hier, in einem Haus, in dem noch andere Frauen lebten. Dort könne ich zunächst einmal bleiben, erklärte sie mir, wenn ich als Zeugin bei Gericht zur Verfügung stehe, so lange, bis das Verfahren abgeschlossen sei. Außerdem empfahl sie mir, einen Deutschkurs zu machen.

Ich glaube, als sie das gesagt hatte, lächelte ich zum ersten Mal nach all den Monaten wieder.

Am Tag der Entlassung aus dem Krankenhaus schaute ich zum ersten Mal bewusst in den Spiegel. Wer war diese Frau, die mich dort anstarrte? Sollte ich das etwa sein? Ganz eingefallen war mein Gesicht, die Backenknochen ragten spitz hervor und meine Augen lagen in tiefen dunklen Höhlen. Auch mein ganzer Körper war abgemagert. Kein Wunder! Denn seitdem ich im Krankenhaus war, konnte ich so gut wie nichts essen. Und wenn ich doch mal etwas runterbekommen hatte, musste ich sofort zum Klo rennen und würgte alles wieder raus. Trotz der Schlafmittel, die ich jeden Abend bekam, wachte ich in jeder Nacht irgendwann schweißgebadet auf, weil ich schreckliche Träume hatte.

Helga Nowarre hatte Wort gehalten. Sie holte mich im Krankenhaus ab, brachte mich weit weg in eine andere Stadt und in ein Haus, in dem ich heute noch lebe. Unterwegs konnte ich mir die Landschaft anschauen und dabei wurde mir ganz warm.

Klar, den Deutschkurs habe ich besucht. Obwohl es mich sehr viel Überwindung gekostet hat, unter fremde Menschen zu gehen. Ich dachte, man würde mir meine Geschichte, meine Vergangenheit ansehen. Deswegen hatte ich auch nie irgendwelche näheren Kontakte zu den anderen Kursteilnehmern. Aber es war gut für mich, die Sprache zu lernen, denn nur so konnte und kann ich mich mit den anderen Frauen im Haus unterhalten. Mit einigen von ihnen habe ich mich angefreundet.

Je näher der Termin für die erste Gerichtsverhandlung rückte, um so unruhiger wurde ich. Aber das sei normal, versicherten mir die Mitarbeiterinnen im Haus.

Am Tag vor dem ersten Verhandlungstermin ziehe ich mich mit einem Block und einem Stift auf mein Zimmer zurück. Lange sitze ich am Tisch und starre auf das weiße Papier. Dann fange ich an zu schreiben, um mich zu erinnern, und erinnere mich, um weiterleben zu können.

Zum Schluss fallen mir noch einige Fragen ein, die ich noch nicht beantwortet habe.

Was wird aus mir, wenn der Prozess zu Ende ist? Werde ich in mein Heimatland Lettland abgeschoben?

Was ist mit meinem Sohn, was mit meinen Eltern? Wann kann ich sie wiedersehen? Kann ich sie je wiedersehen?

Und die wichtigste Frage: Werde ich je wieder so etwas wie ein normales Leben führen können?

Morgen wird der erste Tag sein, an dem ich den ersten Schritt mache. Ich merke, wie meine Knie und meine Hände zittern, wie die Angst in mir hochsteigt. Aber ich werde ihn gehen.

Kapitel VII

Auf der Flucht

*Das deutsche Volk
ist ein Volk von Freien,
und deutscher Boden
duldet keine Knechtschaft.
Fremde Unfreie,
die auf ihm verweilen,
macht er frei.*

JACOB GRIMM

MANFRED THEISEN

Die große Freiheit von Lanzarote

Der Esel war alles gewesen, was Fesseha Tessema und seiner Mutter geblieben war. Er brachte ihnen einen Bündel Geldscheine ein. Fesseha war neunzehn Jahre alt, als er mit dem Geld Gondar verließ. Es schien ihm, als steige er aus der Hölle auf. Dabei war der Ort, der von halbkahlen Bergen und Wüste umgeben ist, einst ein Königssitz gewesen. Die Unesco versuchte noch ein paar geschichtsträchtige Steine zu retten, denn es sind die Steine, die im Gedächtnis der Welt haften bleiben.

Fesseha stieg in den Bus, in dem ein Hahn in einem Käfig hockte, eine Ziege unter dem Sitz seines Besitzers kauerte und nicht mehr jeder Platz fand. Er setzte sich auf den Boden vor der hinteren Bank, als gehöre er dorthin. Die Leute hinter ihm schimpften, traten, dann schwiegen sie, denn Fesseha war so berührbar wie ein Stein. Der Fahrer zog den Hebel neben seinem Sitz, die Türen schwangen zu, und es ging hinaus in die Berge, wo die Hauptstadt wartete wie ein Versprechen und wo er tief in der Nacht eintraf, als sei er direkt in die Schwärze gefahren …

Ich, Mulu Abbebe, stand am Köln-Bonner Flughafen und verglich die Angebote. Braun stand für Südamerika, blau war USA, gelb Asien, und Australien wie die übrigen Farben zu weit weg, um für einen Kurzurlaub infrage zu kommen. Ich hätte auch im Internet nachsehen können, aber ich fuhr lieber direkt zum Last-Minute-Schalter am Airport – ich hatte ohnehin abends nichts zu tun. Auf den ersten Blick waren die Balearen – rosa Zettel – preiswert und nah. Auf den zweiten Blick war es eine Falle, denn in dieser Jahreszeit konnte es passieren, auf Mallorca in einen Sturm zu geraten oder auf Ibiza schlichtweg unter einer Wolkendecke zu erfrieren. Naja, erfrieren ist etwas übertrieben, aber mir standen bei der Bank 30 Urlaubstage zu, da ich das 40. Lebensjahr erreicht hatte – und diese Freizeit sollte sonnig sein. Die Bank ist ein guter Arbeitgeber, da sie dir Sicherheit bietet, aber Sonne kann die beste Bank nicht garantieren. Dafür musst du selber sorgen. Ich packte also zweihundert Euro drauf und wählte die Kanaren zum Ziel, die auf den grünen Zetteln zu haben waren – immer noch billiger als ein Wintermantel.

Am Ende entschied ich mich der Vulkane wegen für Lanzarote, und weil es nah an Afrika liegt. Jeder fünfte Quadratmeter der Landfläche dieser Erde ist Afrika. Im Altertum verstanden die Europäer unter Afrika nur das heutige Tunesien, den Rest des Kontinents nannten sie schlicht »Die Hölle«. Ich kam aus der Hölle, genauer gesagt aus Kaffa im Süden Äthiopiens, nicht weit weg von der kenianischen Grenze, und hielt nun mein Ticket in der Hand und einen Pass, der rot und deutsch war. Mit einem roten Pass bist du ein Deutscher, selbst wenn du aus der Hölle kommst.

Er verließ den Bus, der wie eine verbeulte Arche die Leute mit ihren Tieren aus Gondar in die Hauptstadt gekarrt hatte, rannte durch das Gewühl und stieg in einen Ford Transit. Der Schleuser wartete, als hätte er Zeit. Es waren nur Männer, die Hautfarbe etwas dunkler als eine braune Papiertüte. Fesseha dachte an den Esel und seine Mutter. Hüte dich vor der Freundlichkeit der Weißen, sie wollen dich nicht unter sich. Bleib bei deinesgleichen, lass dich nicht zurückschicken zu uns, bleib fort. Schwarz war seinesgleichen und vor ihm und hinter ihm und neben ihm war Schwarz. Fesseha würde es bis Spanien schaffen. Er würde Zukunft haben.

Nur vier Tage dauerte die Fahrt von der Ost- zur Westküste, organisiert über Abu, den Kenianer. Er war in Nairobi geboren. Keiner der Flüchtlinge würde ihn je zu Gesicht bekommen. Ausgangspunkt der folgenden Fahrt: Äthiopien. Ziel: Mauretanien.

Islamische Republik. 700 Kilometer Atlantikküste. Von dort konnten es die Fischerboote bis zu den Kanaren schaffen. Früher bestiegen die Schwarzen im nördlich von Mauretanien gelegenen Marokko die Schiffe, schipperten durch die Straße von Gibraltar – vierzehn Kilometer – nach Spanien. Dann machten die Soldaten Marokko dicht. Sensibles Radar, Hubschrauber, Schnellboote. Marineverbände. Verfolgungsjagden.

Der Schleuser brachte Fesseha in der mauretanischen Hafenstadt Ahememedou zum nächsten Schleuser, der seine letzten Geldscheine nahm. Der hagere Kerl trug einen hellen Umhang, Adidas und hatte die Polizei bestochen – so gab er zumindest vor. Zuerst sagte er, dass achtzehn Männer im Schiff mitfahren würden, dann kamen noch drei Männer hinzu. Am Ende waren es neunundzwanzig Schatten, die im Schutz der Dunkelheit in der schmalen Patera von der Mole ablegten. Fesseha musste sich in die wankende Nacht hinaus übergeben. Es war keine Seekrankheit, er hatte schlicht Angst, da er nicht schwimmen konnte. Das Meer ist ein dunkles Grab. Djiby aus dem Senegal tröstete ihn. Er riet ihm, nicht mehr zu brechen, da es ihn schwächen würde. Wenn das Süßwasser an Bord später zur Neige ginge, würde Fesseha sonst als Erster sterben. Djiby trug eine Ray-Ban-Sonnenbrille. Woher er sie hatte? Er zeigte auf sein Messer.

Ich habe meinen Eltern ab und an Geld geschickt. Meine Eltern waren meine Mutter und meine Großmutter. Die Väter sind fort. Das ist in Äthiopien nicht anders als in Deutschland. Würde ich Mutter mehr Geld nach Hause schicken, so würde meine Familie denken, ich wäre reich. Aber ich bin nicht reich und die Vergangenheit hält keine Heimat mehr für mich bereit. Sie verkommt in einem Duft, in ein paar sentimentalen Momenten, wenn ich an die bewaldeten Berge denke. Ich gehöre nicht mehr dorthin, auch wenn hier meine Füße keine Wurzeln schlagen wollen. Man muss in den Verhältnissen denken, in denen man lebt. In Kaffa kannst du von einem Euro am Tag leben, in Köln kannst dafür nicht einmal atmen. Wie soll ich da meinen Eltern Geld schicken?

Vier Stunden Flugzeit sind es von Köln nach Lanzarote, das gleich neben Fuerteventura im Atlantik liegt. Ich bin Muslim und habe Angst vor der Hölle und vor Äthiopien. Die Kopten in unserem Land haben weniger Angst, denn es sind Christen. Ich habe früher mein Land geliebt, bis ich vor acht Jahren noch einmal dort gewesen bin und die blaue Blume Addis Abeba schrecklicher war als je zuvor. Im Sozialismus war ich groß geworden, wurde nach Moskau geschickt, um Agrarökonomie zu studieren, flog nach Westdeutschland und studierte in Köln Betriebswirtschaft – erfolgreich – und befand mich jetzt im Landeanflug auf Lanzarote. Die erloschenen Vulkane waren Eingänge zur Hölle und ich war noch im Himmel. Paradiesisches Leben. Der Sauerstoff ist zu dünn hier oben, als dass Menschen ohne Maske im Himmel leben könnten. Dafür musst du tot sein oder dich in einem Flieger befinden. Wer gläubig ist, dem werden die Pforten zum Himmel geöffnet. Wer ungläubig ist, der wird in die Hölle einfahren oder muss mit einem Boot über den Atlantik. La costa de la muerte. Nachts kommen Flüchtlingsboote auf Fuerteventura an. Sin papeles, Leute ohne Papiere. Ich weiß, dass Afrikaner aus dem Sudan, aus Somalia, aus dem Senegal, in Boote steigen, um nach Schengen-Land zu kommen. Ich mache die Augen zu, ich mag es nicht, wenn die Maschine aufsetzt. Mir wird dann immer ein bisschen schlecht und der Druck in meinen Ohren ist unerträglich. Es sind nur wenige Urlaubstage, und ich habe auch nicht mehr Freizeit als einer der Weißen, die um mich herum in diesem Flieger sitzen und darauf warten, dass die Maschine endlich ihre Position erreicht hat. Bitte bleiben Sie angeschnallt! Warum sollte ich meiner Mutter einen Brief schreiben? Warum sollte ich mich um die Flüchtlinge kümmern? Nur weil ich schwarz bin? Sind wir Schwarzen die besseren Deutschen?

Die Frauen sehen mich gerne an. Ich bin zwar einer dieser bitter dreinblickenden Arabertypen, aber meine Haut ist etwas heller als die meiner Landsleute und mein Gesicht etwas runder, da ich ein Oromo bin und kein Amhare – aber welche Frau interessiert das schon? Ich hatte bei meinem letzten Besuch in Äthiopien mit einer Äthiopierin geschlafen. Sie kam aus Gondar und arbeitete in einer Bar. Sie war vierzehn und wollte unbedingt mit mir ins Bett. Vielleicht hatte sie Hoffnung, ich könnte ein Stück Weiß in mir tragen. Ich weiß nicht, ob das Mädchen schwanger geworden ist. Ich habe ihr nicht wie versprochen geschrieben. Ich habe mich danach testen lassen und hatte kein Aids. Die Küste der Toten. Wir stiegen aus dem Flieger, ich zeigte meinen roten Pass vor und auch der Bus hatte Klimaanlage.

Ich glaube, es war warm draußen. Die Leute trugen kurze Hemden. Die Ärmel flatterten leicht im Wind. Es schien Sturm aufzukommen, obwohl die Passatwinde in dieser Jahreszeit eigentlich hätte schweigen müssen. Es war die Zeit der Hochzeiten, wo die Boote der Flüchtlinge das Meer besteigen wie eine Jungfrau, weil es in der Regel vor Weihnachten glatt wie ein Spannbetttuch ist. Schirokko. Mistral. Meltemi. Bora. Chili. Passat. Welche Winde waren es, die euch von der Freiheit abhielten? Sive hieß das Sicherheitssystem, dass überall an den Küsten installiert wurde. Die europäische Union gibt ihren Obolus, damit die Einwanderung nicht unkontrollierbar wird. Sive spürt die Boote sicher auf. Grüne wabernde Punkte auf einem Bildschirm. Die Küstenwache hat stets weiße Hemden. Es sind Männer mit gepflegten Bärten. Daheim schließen die Mülltonnen vor ihren Häusern sicher dicht und werden einmal die Woche abgeholt.

Der Außenborder knatterte. Wie sollte Fesseha Tessema in dieser Nussschale bis nach Fuerteventura kommen? Mulu Abbebe hatte das Glück schon gesucht und Deutschland West gefunden. Er war eine Generation älter als Fesseha und fuhr im klimatisierten Bus in das Hotel am roten Strand, während der junge Fesseha den Wind spürte. Die bunten Muster auf den Booten verstand er nicht, er kannte nicht deren Bedeutung und vielleicht verließ ihn deshalb das Glück. Der Wind wurde stärker.

»Wir müssten Fuerte bald sehen«, sagte der Fischer.

Mulu überlegte, ob es nicht ein Fehler gewesen war, all-inclusive zu nehmen. Das Buffet gefiel ihm nicht: zu wenig Obst, zu viel Fleisch, und auf Äpfel reagierte er allergisch. Es gab nur ein Reisgericht, war dem russischen Plow ähnlich, aber Kartoffeln in allen Variationen gab es – bis hinunter zum untersten Dienstgrad Pommes. Mulu blieb beim Reis und fühlte sich schließlich satt.

Fesseha dachte nicht an seinen Magen. Das Boot war nicht mehr zu retten. Der Fischer zückte sein Handy und hatte Gott sei dank Empfang. Er rief die spanische Küstenwache. Alle legten sich flach auf die Bänke, wie es ihnen der Fischer befahl, trotzdem kippte der Kahn um. Fesseha hielt sich weiter an der Bank fest. Für einen Moment atmet er die Luft, die unter dem Boot war, für einen Moment war alles ruhig, dann kam die nächste Welle und schleuderte das Boot fort. Fesseha griff nach der Stange, die vor seinem Gesicht auftauchte. Woher kam sie? Sie schien nach oben kein Ende zu haben.

Mulu Abbebe sah die Welt rosa. Er hatte sich ein wenig verliebt. Draußen an der Küste und vor dem Hotel tobte der Sturm. Er hatte bei der Animation eine Bankangestellte aus Nürnberg kennengelernt. Sie redete von drohender Arbeitslosigkeit, vom Aktienmarkt und der Sicherheit der Energiewerte. Ökowerte seien nicht nur jetzt hoch im Kurs. Der Trend würde sich sicher halten, weil die Chinesen immer mehr Energie bräuchten. Sie war hübsch, sah man von ihrem Alter ab, das ihr schon Falten ins Gesicht geschlagen und Speck an die Hüften geworfen hatte. Mulu würde Claudia heute Nacht mit auf sein Zimmer nehmen.

Fesseha hielt sich an der Stange fest, ein Gesicht über ihm sprach in einer Sprache, die er kannte, aber nicht verstand. Spanisch. Der Mann lächelte und zog ihn an Bord. Fesseha versuchte auch zu lächeln, er konnte nicht. Seine Lungen schmerzten. Noch nie hatte er so kaltes Wasser geschmeckt. Salz in seinem Mund und die Küstenwache brachte ihn nicht nach Fuerteventura, sondern nach Lanzarote.

Am nächsten Vormittag stand Mulu Abbebe am Pool. Er stieg vorsichtig ins Wasser, und Claudia sagte: »Du musst nicht nervös sein. Jedes Kind lernt schwimmen.«

»Unsere Kinder nicht«, sagte Mulu. »Unsere Kinder ertrinken im Meer.« Er lachte und sie lächelte hübsch.

Am Hotel fuhr ein Transporter der Guardia Civil vorbei. Es gab nur einen einzigen Gast: Fesseha Tessema. Er konnte nicht hinaussehen, da er auf der Bank saß und das Fenster zu hoch angebracht war. Der Polizist lächelte ihn an. Er war freundlich. Eigentlich hätte das Rote Kreuz den Schwarzen gefahren, aber die Polizei war heute früh hilfsbereit. Der Polizist sagte: »Sie haben es geschafft. Sie werden nicht ausgeliefert. Ihr Land hat kein Auslieferungsabkommen mit Spanien«. Fesseha konnte ihn nicht verstehen und hatte Angst.

Mulu begann mit den Schwimmzügen, aber er ging unter. Claudia küsste ihn. Das Leben war schön. Er war verliebt. Natürlich war sie zu schlau, um ihm später Kinder schenken zu wollen. Europa war die Zukunft und brachte keine Kinder zur Welt. Da stupste Claudia ihn mit dem Kopf unter Wasser. Und Fesseha geriet in Panik, als der Polizeiwagen an der Ampel vor dem Hotel warten musste. Es war nur einen Moment, aber er war unendlich. Mulu hielt sich an Claudia fest, er würde nie wieder loslassen. Er wollte nicht ertrinken und Fesseha nie wieder zurück nach Gondar. Er stieß den

Polizisten zur Seite, riss die Tür auf und rannte los. Der Polizist wollte hinterher, rutschte weg und fiel mit dem Hinterkopf gegen das Trittbrett des Gefangenenwagens. Sein Kopf blutete.

Der Fahrer stieg aus, sah, was geschehen war. Er stürmte auf Fesseha zu, der im Reflex nach der Waffe des Polizisten griff. Ehe er sie jedoch ziehen konnte, lag er selbst schon mit einem Loch in der Brust auf dem Boden. Der menschliche Körper hat sieben Liter Blut. Die Hautfarbe spielt keine Rolle. Du bist kein guter Mensch, weil du schwarz bist, und auch kein schlechter.

Mulu hatte sich von seinem Schreck erholt. Die Musik am Pool war laut gewesen, aber während er Claudia geküsst hatte, hatte er trotzdem den Schuss gehört, der hinter der Mauer gefallen war. Er musste vom Meer her kommen. Und der Bass setzte ein. Bis zum Abendbuffet lernte er schwimmen, nur ein paar Züge aber es reichte, um sich frei zu fühlen.

CHRISTINE GRUNERT

Flüchtlinge – niemand flieht ohne Grund

Vor drei Generationen zählte Deutschland zu den Ländern, aus denen Menschen vor Gewalt und Terror flüchteten. Vor einer Generation versuchte ein Teil Deutschlands, seine Bürger mit Waffengewalt daran zu hindern, ihr Land zu verlassen. Heute zählt Deutschland in Europa zu den Hauptaufnahmestaaten von Flüchtlingen. Welch ein Wandel!

Mitte der 90er-Jahre flüchteten Zehntausende Menschen aus den Staaten des ehemaligen Jugoslawien vor »ethnischen Säuberungen«, Todeslagern und Heckenschützen in die Nachbarstaaten. Viele von ihnen leben noch heute in Deutschland. Sie tragen das Grauen und die Schrecken des Krieges weiter in sich; nach außen merkt man selten etwas davon. Ähnliches gilt für die Türkei, aus der seit fast dreißig Jahren bis heute Menschen vor Verfolgung nach Deutschland flüchten. Dies sind nur Beispiele aus unserer unmittelbaren Nachbarschaft: Menschen aus Afghanistan, dem Irak, aus Sri Lanka oder aus Vietnam, aus Liberia, Sierra Leone, Eritrea und viel zu vielen anderen Staaten der Welt konnten nur überleben, indem sie ihre Heimat verließen und sich auf den gefährlichen Weg in eine ungewisse Zukunft machten.

»Asyl« gibt es schon lange. Es bezeichnete ursprünglich einen Ort, an dem keine Verfolgung stattfinden darf, eine Freistätte[1]. Schon im Alten Testament befahl Gott Mose, im Land Kanaan Freistätten zu errichten, an denen Schutz gewährt wurde vor Blutrache

---

1 Strenge, Irene, Asylrecht, Wertmesser der Gesellschaft, ZAR 1995, S. 127.

bei »versehentlichem Totschlag«. Später, zur Zeit der griechischen Stadtstaaten, bezog man das Schutzrecht nicht mehr nur auf den Ort, sondern es wurde dem Flüchtenden selbst Schutz vor der verfolgenden Macht zugesichert[2]. Im Mittelalter, das geprägt war vom Nebeneinander weltlicher und kirchlicher Macht, gab es neben dem staatlichen/völkerrechtlichen Asyl ein kirchliches Asylrecht, dessen Tradition bis in die heutige Zeit fortwirkt. Doch waren die Asylsuchenden bis dahin meist Straftäter, die Schutz suchten vor der oft grausamen staatlichen Strafverfolgung[3].

Die Weiterentwicklung des Asylrechts war und ist eng verbunden mit Massenfluchtbewegungen und hängt in ihrem Erfolg oft genug ab von der wirtschaftlichen Lage der Asyl gewährenden Staaten. Die Integration der Flüchtlinge gelang so lange gut, als die ökonomische Situation ihnen ein wirtschaftlich unabhängiges Leben erlaubte. Verschlechterte sich die wirtschaftliche Lage des Aufnahmestaates, entstand Konkurrenzneid, begann plötzlich die »Andersartigkeit« der Flüchtlinge eine Rolle zu spielen[4].

Die Religionskriege im Europa des 16. und 17. Jahrhunderts, eingeleitet von der Reformation, führten zu schwerer, religiös begründeter Verfolgung und der Flucht Zehntausender Engländer, französischer Hugenotten und Niederländer in die Nachbarstaaten. Die Aufnahmestaaten standen vor einer neuen Herausforderung: dem Schutz Tausender Menschen vor politischer Verfolgung[5]. Der Rechtslehrer Hugo Grotius, selbst aus den Niederlanden vor religiöser Verfolgung nach Frankreich geflohen, erkannte bereits 1625, dass das Asyl*recht* des Einzelnen eigentlich eine Asyl*pflicht* des Staates ist[6]. Doch dauerte es in Deutschland bis nach dem Zweiten

---

2 Strenge, S. 128.
3 Tremmel, Hans; Grundrecht Asyl, Die Antwort der Sozialethik; Herder-Verlag, Freiburg, Basel, Wien, 1992, S. 56.
4 Strenge, S. 129.
5 Tremmel, S. 56.
6 Strenge, S. 129.

Weltkrieg, bis dieser Grundpfeiler eines funktionierenden Flüchtlingsschutzes in Deutschland in der Verfassung verankert wurde.

Das 20. Jahrhundert wurde zum Jahrhundert der Flüchtlinge. Im Deutschland der Weimarer Republik überwog noch das Verständnis des Asyls als Gnadenrecht. Aber der Völkerbund schuf nach dem Ersten Weltkrieg das Amt des Hochkommissariats für Flüchtlinge, das Hunderttausenden staatenlos gewordenen Flüchtlingen eine Um- oder Neuansiedlung ermöglichte.

Der Zweite Weltkrieg und die durch ihn hervorgerufenen politischen Umwälzungen lösten erneut fast auf der ganzen Welt riesige Flüchtlingsströme aus. Die Weiterentwicklung des Menschenrechtsverständnisses führte auch zu einer Fortentwicklung des Asylrechts. In Art. 14 fand das Asylrecht seine Aufnahme in die Allgemeine Erklärung der Menschenrechte von 1948 und gehört damit zu den Grundlagen des humanitären Völkerrechts.

Die deutsche Nachkriegsverfassung, das Grundgesetz, brachte ein modernes, tolerantes Asylrecht auf den Weg: Erstmals wurde das Asylrecht als einklagbarer Rechtsanspruch gegenüber dem Staat formuliert. Seit 1933 hatten rund 800 000 Deutsche versucht, vor der nationalsozialistischen Herrschaft ins Ausland zu fliehen. Viele waren an der Grenze von Nachbarstaaten zurückgewiesen worden, oft genug mit der Begründung, sie seien Wirtschaftsflüchtlinge. Für viele Flüchtlinge bedeutete dies das Todesurteil.

Das deutsche Grundgesetz wollte, dass Asyl »dem Ausländer gewährt wird, der in seinem Land nicht mehr leben kann, weil er durch das politische System seiner Freiheit, seines Lebens oder seiner Güter beraubt wird«.[7] Klar, einfach und mit voller Absicht großzügig formulierte man daher in Art. 16 Abs. 2 S. 2 GG alter Fassung: »Politisch Verfolgte genießen Asylrecht.« Damit zeigte Deutschland nicht nur, dass es aus der Vergangenheit gelernt

---

7 Parlamentarischer Rat, Verhandlung des Hauptausschusses, Stenografischer Bericht, 74. Sitzung vom 19.1.1949, S. 582, zit. nach Strenge S. 130.

hatte. Es setzte zugleich ein Zeichen für Weltoffenheit und Toleranz[8].

In den letzten Jahren ist allerdings zunehmend eine Entwicklung zu beobachten, die weniger die Schutzbedürftigkeit der Flüchtlinge als die (tatsächliche oder vermeintliche) Aufnahmekapazität des Aufnahmestaates in den Vordergrund stellt. Die Verabschiedung des Grundgesetzes fiel in die Zeit des Wirtschaftswunders, in der man sich noch Arbeitskräfte ins Land holte, um die Arbeit zu bewältigen. Seitdem seit den 80er-Jahren große Flüchtlingsströme nach Deutschland kamen, angezogen von Demokratie und der Achtung der Menschenrechte und ohne sich darum zu kümmern, dass die deutsche Wirtschaft nicht mehr unbegrenzt boomte, wurden Stimmen lauter, den Zustrom an Flüchtlingen zu begrenzen. Nachdem auf dem Höhepunkt im Jahre 1992 438 000 Menschen in Deutschland um Asyl nachgesucht hatten, wurde das Grundgesetz geändert. Ein neuer Art. 16 a GG wurde geschaffen. Dieser enthält zwar in seinem Absatz 1 weiterhin und an erster Stelle das Bekenntnis zum Asylrecht. Doch es folgen gewichtige Einschränkungen: zum einen durch die sog. Drittstaatenregelung, Art. 16 a Abs. 2 GG – kein Asyl erhält, wer auf dem Landweg durch einen der Nachbarstaaten nach Deutschland kommt, die sämtlich als »sichere Drittstaaten« gelten –, zum anderen durch die Schaffung sogenannter »sicherer Herkunftsländer«, Art. 16 a Abs. 3 GG, bez. derer der Flüchtling die Vermu-tung widerlegen muss, dass in diesen Ländern *keine* Verfolgung stattfindet. Wie geplant gingen die Flüchtlingszahlen bereits im Folgejahr zurück, und zwar um rund 100 000 auf 323 000 und sinken seither ständig weiter. Heute fliehen pro Jahr weniger Menschen nach Deutschland als Anfang der 90er-Jahre in einem einzigen Monat[9].

---

8 Strenge, S. 130.
9 ausführliche Statistik beim Bundesamt für Migration und Flüchtlinge, www.bamf.de

Im europäischen Vergleich der Asylaufnahmeländer liegt Deutschland zwar weiterhin in der Spitzengruppe der Aufnahmeländer von Asylsuchenden, doch nehmen 'die Nachbarstaaten England und Frankreich schon seit Jahren weit mehr Flüchtlinge auf. Setzt man die Anzahl der aufgenommenen Flüchtlinge ins Verhältnis zur Einwohnerzahl, liegt Deutschland im europäischen Vergleich gar nur im unteren Mittel[10]. Die Europäische Union bemüht sich seit dem Vertrag von Amsterdam (1999) um eine möglichst einheitliche Behandlung der Flüchtlinge in Europa. Zu diesem Zweck wurden zahlreiche Richtlinien erlassen, die von den Mitgliedstaaten in das jeweilige nationale Recht umgesetzt werden müssen[11]. Nach außen arbeiten die europäischen Staaten in der Grenzschutzagentur Frontex zusammen zum Schutz der Außengrenzen der Europäischen Union. Um den »Raum der Freiheit, der Sicherheit und des Rechts«[12] gegen unerwünschte Personen zu sichern, verstärkt die »Festung Europa« ihre Grenzen, baut hohe Stacheldrahtzäune und lässt tags wie nachts Grenzschutzkräfte patrouillieren. Doch der Ansturm der Flüchtlinge in die EU hält an, und der Europäischen Union fehlt es bislang an einem gerechten Verteilungsverfahren und einem gemeinsamen fairen Asylsystem, das die Staaten an den Außengrenzen der EU entlastet und damit dazu beiträgt, dass Abschiebungen von dort in unsichere Herkunftsländer unterbleiben[13].

Selbst wenn bei entsprechend günstiger Witterung täglich Hun-

10 www.bamf.de; die Zahlen in Zypern, Malta, Schweden und Österreich liegen deutlich höher (2006).

11 Besonders wichtig für den Flüchtlingsschutz sind die Qualifikationsrichtlinie vom 29.04.2004, die Aufnahmerichtlinie vom 27.01.2003 und die Asylverfahrensrichtlinie vom 29.04.2005, die inzwischen durch das Zuwanderungsgesetz ins deutsche Recht übernommen worden sind.

12 Verordnung (EG) 2007/2004 des Rates der Europäischen Union vom 26. Oktober 2004.

13 Vgl. Förderverein Pro Asyl, Stiftung Pro Asyl; »The truth may be bitter, but it must be told – über die Situation von Flüchtlingen in der Ägäis und die Praktiken der griechischen Küstenwache«, Okt. 2007.

derte Flüchtlinge auf Malta oder Lanzarote landen: im weltweiten Vergleich haben wirtschaftlich schwache Schwellen- bzw. Entwicklungsländer einen großen Teil der Flüchtlinge zu bewältigen. Während Europa 18% der Flüchtlinge aufnimmt, bleiben 25% in Afrika, 10% auf den amerikanische Kontinenten und 9% in Asien und dem Pazifik. Unter anderem bedingt durch die riesigen Flüchtlingsströme aus Afghanistan und dem Irak, verzeichnet die Region in Zentral- und Südwestasien/Mittlerer Osten/Nordafrika weltweit die höchste Flüchtlingsrate (40%). So waren im Jahr 2006 Pakistan und der Iran die beiden Hauptaufnahmestaaten von Flüchtlingen, Kamerun musste 2006 bspw. 20000 Flüchtlinge aus der Zentralafrikanischen Republik aufnehmen, der Sudan 20000 Menschen aus dem Tschad[14].

Zusätzlich zu den weltweit 9,9 Mio. Flüchtlingen verzeichnete das UNHCR – das Flüchtlingshochkommisariat der Vereinten Nationen – im Jahre 2006 598000 Asylbewerber[15]. Die Mehrzahl der Asylanträge wird weiterhin in den Industrieländern Westeuropas gestellt (rund 70000 positive Bleiberechtsentscheidungen), gefolgt von Afrika (53800), Asien (34900) und Nordamerika (32500).

Niemand flieht freiwillig. Selbst wenn es gelingt, das Leben zu retten: Es bleibt die Sorge um Angehörige, die im Heimatland geblieben sind und nun oft genug anstelle des Geflüchteten von den Verfolgern unter Druck gesetzt werden. Es ist schwierig, sich in einem anderen Land, einer anderen Kultur, einer fremden Sprache zurechtzufinden. Rechtliche Regelungen sind schwer durchschaubar, aber möglicherweise entscheidend für den weiteren Aufenthalt. Welchem der fremden Menschen, welchem ihrer Ratschläge kann man vertrauen?

---

14 »UNHCR 2006 global trends«, www.unhcr.org/statistics mit ausführlichem Zahlenmaterial.

15 Hinzu kommen 12,8 Mio. Binnenvertriebene und 5,8 Mio. Staatenlose – in beiden Personengruppen ist die Anzahl der Betroffenen 2006 zum Teil gegenüber 2005 verdoppelt, vgl. »UNHCR 2006 global trends«.

Die Änderungen des Grundgesetzes und das neu gefasste Ausländergesetz von 1993 führten dazu, dass in Deutschland nur noch knapp 1 % der Flüchtlinge als Asylberechtigte im Sinne des Art. 16a GG anerkannt wurden. Dies gilt bis heute, auch nachdem zum 01.01.2005 das neue Aufenthaltsgesetz[16] in Kraft getreten ist. Allerdings bedeutet dies nicht, dass alle anderen Asylbewerber abgeschoben werden. Denn das Schutzsystem für Flüchtlinge ist mehrstufig: Neben dem Schutz aus der Verfassung, Art. 16a Abs. 2 GG, verbieten auch völkerrechtliche Regelungen die Abschiebung eines Menschen, der wegen seiner politischen Überzeugung, Rasse, Religion, Staatsangehörigkeit oder der Zugehörigkeit zu einer bestimmten sozialen Gruppe[17] bedroht ist. Dieses Verbot des »Refoulement« findet sich in Art. 33 der Genfer Flüchtlingskonvention von 1951. Weiterhin finden sich Abschiebungsverbote in der Europäischen Menschenrechtskonvention (EMRK)[18] und wegen Folter, drohender Todesstrafe oder einer »erheblichen konkreten Gefahr für Leib, Leben oder Freiheit« (in der Regel eine schwere Krankheit, die im Heimatland nicht behandelbar ist). § 60 Absätze 2, 3, 5 und 7 Aufenthaltsgesetz verbietet in diesen Fällen eine Abschiebung.

Haben die Flüchtlinge ein »starkes« Aufenthaltsrecht – wie die Asylberechtigten nach dem Grundgesetz oder die Flüchtlinge nach der Genfer Flüchtlingskonvention –, haben sie weitestgehend die gleichen Rechte wie Deutsche. Flüchtlinge, die aufgrund anderer Regelungen des Aufenthaltsgesetzes in Deutschland bleiben

---

16 Das Zuwanderungsgesetz hatte eine Vielzahl von Regelungen, die das Flüchtlings- und Ausländerrecht betrafen, geändert und das Ausländergesetz von 1993 durch das neue Aufenthaltsgesetz ersetzt. Im August 2007 wurde das Aufenthaltsgesetz erneut geändert, um mehrere europäische Richtlinien in deutsches Recht umzusetzen.

17 Z.B. als Frau, ausdrücklich klargestellt in § 60 Abs.1 S. 2 AufhG.

18 Konvention vom 4. Nov. 1950 zum Schutz der Menschenrechte und Grundfreiheiten.

dürfen – z. B. wegen krankheitsbezogener Abschiebehindernisse[19] oder wenn die Abschiebung ohne Verschulden des Ausländers längere Zeit unmöglich ist[20] –, haben vielfach nur eingeschränkte Rechte hinsichtlich der Möglichkeit, ein dauerhaftes Aufenthaltsrecht zu erreichen, der Frage, ob sie ihre Familienangehörigen nach Deutschland nachholen dürfen, und bestimmter sozialer Rechte wie etwa dem Bezug von Kinder- und Erziehungsgeld, BAFöG etc.

Wer in Deutschland als Flüchtling anerkannt werden will, muss einen Asylantrag beim Bundesamt für Migration und Flüchtlinge[21] stellen. Dort findet möglichst schnell eine Anhörung statt, in der der Flüchtling seine Verfolgungsgeschichte erzählen und begründen muss, warum er in Deutschland Schutz gesucht hat. Dolmetscher übersetzen die Worte in die jeweilige Landessprache des Flüchtlings. Entscheidend ist, ob die Fluchtgeschichte für den Einzelentscheider des Bundesamtes glaubhaft ist. Denn in der Eile der Flucht bleibt üblicherweise keine Zeit, Beweise für die Verfolgung zu besorgen und mitzunehmen; dies wäre u. U. auf der Flucht auch zu gefährlich. Vielfach gibt es keine schriftlichen Dokumente für die Verfolgung oder Haft und Zeugen sind nicht verfügbar.

Manche Menschen haben besondere Schwierigkeiten, ihre Geschichte nachvollziehbar zu erzählen. Dazu gehören vor allem Folteropfer: Einige Überlebende der Folter können gar nicht über das sprechen, was sie erlebt haben, bei manchen hört sich die Geschichte wirr und widersprüchlich an. Wissenschaftler haben in neuerer Zeit herausgefunden, dass die Folter und die damit verbundene Angst sich auf das Sprachzentrum des Gehirns auswirken können, sodass bestimmte Erlebnisse zeitweise nicht in Worten

---

19 § 60 Abs. 7 S. 1 AufhG.

20 Vgl. § 25 Abs. 5 AufhG, demzufolge nach 18-monatiger Duldung eine Aufenthaltserlaubnis erteilt werden soll.

21 www.bamf.de

wiedergegeben werden können. Frauen, die vergewaltigt wurden, können vielfach nur gegenüber anderen Frauen über die Vergewaltigung sprechen. Stammen sie aus traditionellen, oft muslimischen Kulturen, müssen sie fürchten, aufgrund der Vergewaltigung selber wegen Verletzung der Familienehre verstoßen und umgebracht zu werden.

Aber auch für andere Flüchtlinge ist es schwierig, unmittelbar nach der Ankunft in Deutschland, nach den Ängsten und Strapazen der Flucht und all den neuen und ungewohnten Eindrücken ihre Geschichte möglichst vollständig, detailliert und widerspruchsfrei zu erzählen. Nur sehr wenige Flüchtlinge werden daher schon vom Bundesamt als Verfolgte anerkannt. Die meisten erhalten eine Ablehnung. Gegen die Ablehnung des Asylantrages kann geklagt werden. Dann überprüft das Verwaltungsgericht, ob die Ablehnung zu Recht erfolgt ist; in der Regel hört es den Flüchtling in einer mündlichen Verhandlung noch einmal an. In einem Teil der Fälle führt dies dazu, dass die Ablehnung des Bundesamtes aufgehoben und den Flüchtlingen vom Gericht doch noch ein Bleiberecht zugesprochen wird. Flüchtlinge, die im gerichtlichen Verfahren erneut abgelehnt werden, können bei Vorliegen neuer Umstände einen Asylfolgeantrag stellen. Wenn auch die Dauer der Asylverfahren sich inzwischen deutlich verkürzt hat, dauert ein durchschnittliches Asylverfahren heute immer noch etwa 6 – 12 Monate[22].

Nach einer Ablehnung werden die meisten Flüchtlinge nicht sofort abgeschoben, sondern leben noch einige Zeit weiter in Deutschland, bis Pässe vorliegen und das Heimatland sich zur Rückübernahme bereit erklärt hat, oder weil rechtliche oder praktische Gründe vorliegen, die einer Abschiebung entgegenstehen[23]. In dieser Zeit erhalten die Menschen eine »Duldung«.

---

22 www.bamf.de
23 Solche Gründe wären etwa fehlende Flugverbindungen, eine anstehende Operation oder eine Krankheit o. Ä.

Die Zeit des Asylverfahrens ist für Flüchtlinge ein Zustand höchster Ungewissheit und Angst. Werden wir in Deutschland bleiben können? Was wird aus uns, wenn wir zurückmüssen? Warum hat man uns nicht geglaubt? Um »Wirtschaftsflüchtlinge« abzuschrecken, wurden seit den 70er-Jahren die Lebensbedingungen für Flüchtlinge immer weiter verschlechtert. Während des Asylverfahrens und zum Teil auch als Geduldete – mithin in der Regel über viele Jahre hinweg – sind die Flüchtlinge verpflichtet, in Gemeinschaftsunterkünften zu wohnen; eine Familie mit zwei Kindern erhält in der Regel 1–2 Zimmer mit Gemeinschaftsküche und -sanitärräumen, alleinstehende Flüchtlinge sind in Mehrbettzimmern untergebracht. Die Wohnstandards sind sehr einfach, viele Flüchtlingsunterkünfte liegen abgelegen und/oder an großen Straßen. Die Flüchtlinge erhalten vorgefertigte Essenspakete oder Chipkarten mit einem bestimmten Guthaben zum Einkauf in ausgewählten Geschäften. Es ist außerordentlich schwierig, mit den Nahrungsmitteln aus den Essenspaketen gesund und vitaminreich zu kochen. Im ersten Jahr dürfen die Flüchtlinge nicht arbeiten, danach erhalten sie nur die Stellen, für die sich zuvor kein Deutscher, EU-Bürger oder anderer bevorrechtigter Ausländer[24] finden konnte. Jeder Flüchtling erhält ein kleines monatliches Taschengeld[25], oft genug der einzige Barbetrag, der den Flüchtlingen zur Verfügung steht. Ihre Stadt bzw. den Landkreis, in dem sie wohnen, dürfen die Flüchtlinge nur mit Erlaubnis der Ausländerbehörde verlassen (Residenzpflicht), andernfalls können sie sich strafbar machen[26]. Manche Flüchtlinge werden teilweise bis zu zehn Jahre auf diese Weise »festgehalten«. In einigen Bundesländern müssen abgelehnte Asylbewerber mit ihren Familie in haftähnlichen »Ausreise-

---

24 Geregelt in zwischenstaatlichen Abkommen.

25 40 € für Erwachsene, 20 € für Kinder.

26 Die erste Residenzpflichtverletzung ist noch eine Ordnungswidrigkeit, beim zweiten Mal dann eine Straftat.

zentren« leben, damit sie für die Abschiebungsbehörde erreichbar sind. Engere Kontakte mit der deutschen Bevölkerung bleiben die Ausnahme. All diese Maßnahmen dienen zur Abschreckung, d.h. dazu, den Aufenthalt der Flüchtlinge so zu gestalten, dass diese möglichst bald wieder »freiwillig« Deutschland verlassen.

Im Laufe seines Aufenthaltes in Deutschland kommt ein Flüchtling mit einer verwirrenden Vielzahl von Stellen in Kontakt, die jeweils nur für einen Ausschnitt seines »Asylantenlebens« zuständig sind: die Ausländerbehörde, das Bundesamt für Migration und Flüchtlinge, das Verwaltungsgericht, das Regierungspräsidium, die Bezirksstelle für Asyl, der Sozialdienst für Asylbewerber, der Rechtsanwalt, ehrenamtliche Asylbetreuer, das Sozialamt, das Arbeitsamt, das Gesundheitsamt. Name, Alter und Nationalität werden abgefragt – aber die Bildung, der Beruf, die individuellen Stärken, sie sind asylrechtlich praktisch ohne Bedeutung[27]. Die Menschenwürde bleibt oft genug auf der Strecke.

In Deutschland wurde für die Jahre 1993 bis 2005 dokumentiert:

- 131 Menschen starben angesichts ihrer drohenden Abschiebung aufgrund Selbstmords oder bei dem Versuch, zu fliehen, 49 davon in Abschiebehaft,
- 629 Menschen haben sich aus Angst vor der Abschiebung oder aus Protest gegen die drohende Abschiebung (Hungerstreik) selbst verletzt oder versuchten, sich umzubringen,
- fünf Flüchtlinge starben während der Abschiebung,
- 299 Menschen wurden während der Abschiebung verletzt[28].

---

27 Manfred Köhnlein, Flüchtlinge und Asylsuchende, in: Meier-Braun, Weber (Hrsg.): Kulturelle Vielfalt Baden-Württemberg als Einwanderungsland, Landeszentrale für politische Bildung 2006, S.185 (196f.).
28 Zahlen nach Percy MacLean, Menschenrechte für Flüchtlinge. Kritische Anmerkungen zur deutschen Behördenpraxis, in: Jahrbuch Menschenrechte, Frankfurt am Main 2006, S. 260–267.

Jeder Einzelne von ihnen ist mit der Hoffnung auf Schutz und ein Leben in Frieden und Freiheit nach Deutschland gekommen.

Asyl zu gewähren, setzt voraus, dass man Menschenrechtsverletzungen als solche erkennt und nicht mehr bereit ist, sie hinzunehmen. Wer Asyl gewährt, muss daher Mut haben:

- Mut zur Empörung darüber, wie ein anderer Staat mit seinen Bürgern umgeht.
- Mut zur Unterstützung eines Menschen in Not.
- Mut zu Vertrauen und Akzeptanz eines Menschen, der vielleicht anders aussieht und aus einer anderen Kultur kommt, aber Leid, Schmerz und Freude ebenso empfindet wie jeder Mensch.

Empörung über die Missachtung von Menschenrechten und Mut – an ihre Stelle sind heute im Umgang mit Flüchtlingen vielfach Abschreckung, Misstrauen und Kontrolle getreten.

In der Diskussion um die Abschottung der europäischen Grenzen, um Flüchtlinge, Asyl und Terrorismusbekämpfung beginnt man aus den Augen zu verlieren, dass Flüchtlingsschutz zuallererst Menschenrechtsschutz ist. Wir sollten uns auf die einstige Stärke und Generosität des Grundgesetzes zurückbesinnen. Flüchtlingsschutz ist keine noble Geste für Schutzwürdige, Flüchtlingsschutz ist eine zwingende Verpflichtung zugunsten Schutzbedürftiger[29]!

---

29 Reinhard Marx, Thesenpapier zum Flüchtlingsschutz 2004.

REINER ENGELMANN

Eine Zeitungsente?

Hannover. Ein Beamter der niedersächsischen Landeshauptstadt Hannover stellte bei der zuständigen Behörde einen Beihilfeantrag auf Zahnersatz. In dem Bescheid, der ihm nach wenigen Wochen Bearbeitung zugestellt wurde, teilte die Behörde mit, dass sie, in Anbetracht der angespannten Haushaltslage, den Antrag ablehnen müsse. Bewilligt werde ihm jedoch die Kostenübernahme zur Anschaffung eines Pürierstabes.

Das ist doch eine Lüge, eine Zeitungsente!

In dieser Formulierung sicher.

Streicht man aber das Wort Beamter aus dem Artikel und ersetzt es durch Asylbewerber, dann wird aus dieser Zeitungsente ein kurzer Bericht über eine wahre Begebenheit.

Kapitel VIII

Umgang mit den Tätern

*Erzähle mir
die Vergangenheit
und ich werde
die Zukunft erkennen.*

KONFUZIUS

WIEBKE POSCHMANN

Wider die schwersten Verbrechen – der Internationale Strafgerichtshof

»Wir, die Richter des Internationalen Strafgerichtshofs, gegründet durch das Römische Statut, gewählt von der Versammlung der Vertragsstaaten, befinden den ehemaligen Präsidenten von Liberia, Charles Taylor, der Begehung von Verbrechen gegen die Menschlichkeit für schuldig und verurteilen ihn zu 23 Jahren Haft.«

So oder so ähnlich werden die Urteilssprüche des Internationalen Strafgerichtshofs ausfallen. Noch hat er kein Urteil gefällt, doch gibt es ihn auch noch gar nicht so lange. Und dass es ihn gibt, grenzt an ein Wunder. Die Geschichte seiner Entstehung beginnt im Jahr 1872, als Gustave Moynier, zu dieser Zeit schon weltweit bekannt als einer der Gründer des »Internationalen Komitees vom Roten Kreuz«, anlässlich der Auswüchse des Deutsch-Französischen Krieges vorschlug, einen permanenten Gerichtshof zur Aburteilung von Kriegsverbrechen einzurichten. Umgesetzt wurde diese Idee aber erst nach dem Ende des Zweiten Weltkriegs, und das auch nur teilweise.

Es begann in Nürnberg

Damals beschlossen die Siegermächte USA, Großbritannien, Frankreich und die Sowjetunion, nationalsozialistische Hauptkriegsverbrecher wegen ihrer individuellen strafrechtlichen Verantwortlichkeit vor einen internationalen Militärgerichtshof mit Sitz in Nürnberg zu bringen. In den sogenannten »Nürnberger Prozessen« wurden erstmals in der Weltgeschichte Hauptverantwortliche wegen Verbrechen gegen den Frieden, Kriegsverbrechen und Verbrechen gegen die Menschlichkeit verurteilt.

Was damals so hoffnungsvoll begann, fand allerdings auch schnell wieder ein Ende. Zwar wurde die Errichtung eines ständigen internationalen Strafgerichtshofs seither von den Vereinten Nationen erwogen. Doch führte der Kalte Krieg zwischen den Ost- und den Westmächten fast ein halbes Jahrhundert lang zu einem faktischen Stillstand der Bemühungen, Straftaten von einer solchen politischen Bedeutung zu verfolgen – eine wirklich unabhängige internationale Verurteilungsinstanz sprengte damals die politische Vorstellungskraft. Tatsächlich findet auch heute allseits die Frage der Unabhängigkeit des Internationalen Strafgerichtshofs – kurz IStGH – die größte Aufmerksamkeit. Zu ihrer Absicherung sind deshalb eine ganze Reihe von Vorkehrungen getroffen worden.

Gründung und Organisation des IStGH

Das römische Statut
Hierzu gehört vor allem, dass die Staaten selbst den Gerichtshof gegründet haben und darüber bestimmen, ob sie sich ihm unterwerfen. Die Errichtung des Internationalen Strafgerichtshofs wurde auf einer von der Generalversammlung der Vereinten Nationen eigens dafür einberufenen Staatenkonferenz beschlossen. Einen Monat lang tagten Diplomaten aus weit über 100 Staaten in Rom, um am 17. Juli 1998 das sogenannte Römische Statut des Internationalen Strafgerichtshofs zu verabschieden. 120 Staaten stimmten für die Errichtung, 21 enthielten sich und nur sieben stimmten dagegen – neben Irak, China, Israel, Jemen, Quatar und Libyen auch die USA. In Kraft getreten ist das Römische Statut allerdings erst am 1. Juli 2002, nachdem 60 Staaten den Vertrag ratifiziert hatten.

Die Ratifizierung ist ein Verfahren, durch das der jeweilige Staat einen internationalen Vertrag – wie das Römische Statut – in die eigene nationale Gesetzgebung übernimmt und damit die innerstaatlichen Voraussetzungen schafft, seinen völkerrechtlichen Verpflichtungen nachzukommen.

Mittlerweile sind über 100 Staaten Vertragsstaaten geworden. Wann immer nun eine Änderung des Römischen Statuts von einem dieser Staaten gewünscht wird, müssen alle Vertragsstaaten darüber im Konsens oder mit Zweidrittelmehrheit abstimmen und diese Änderung wiederum ratifizieren. Das Verfahren ist umständlich und langwierig. Es soll jedoch gewährleisten, dass Entscheidungen von einer möglichst großen Zahl von Vertragsstaaten getragen werden.

Aufbau und Zusammensetzung des Gerichtshofs

Auch der Aufbau und die Zusammensetzung des Gerichtshofs orientieren sich an dem Anspruch, seine Unabhängigkeit zu sichern. Da gibt es zunächst die Anklagebehörde samt Ankläger und Stellvertretenden Anklägern. Sie nimmt »inhaltlich erhärtete Informationen« von Staaten, Organisationen oder Einzelpersonen darüber entgegen, dass ein der Rechtsprechung des Gerichtshofs unterliegendes Verbrechen begangen wurde, prüft diese, führt entsprechende Ermittlungen durch und vertritt im Falle eines Hauptverfahrens die Anklageseite. Sie nimmt dabei weder Weisungen von innerhalb des Gerichtshofs noch von außerhalb entgegen. Der Ankläger und die Stellvertretenden Ankläger müssen jeweils unterschiedlicher Staatsangehörigkeit sein und laut Statut »ein hohes sittliches Ansehen genießen sowie ein Höchstmaß an Sachverstand und umfangreiche praktische Erfahrung in der Strafverfolgung […] besitzen.«

Dasselbe gilt für die 18 Richter des Gerichtshofs. Offizielle Kriterien, wann eine Person ein hohes sittliches Ansehen genießt, sind nicht vorhanden. Nichtsdestotrotz sind bisher nur Personen vorgeschlagen und gewählt worden, deren hohes sittliches Ansehen keinen Anlass zu Streitigkeiten gegeben hat.

Sowohl Ankläger als auch Richter werden in einer geheimen Abstimmung auf einer eigens zu diesem Zwecke einberufenen Versammlung der Vertragsstaaten einmalig für neun Jahre gewählt. Der Vorschlag zur Wahl kommt vonseiten der Vertragsstaaten. Bei der Auswahl der Richter müssen die Vertragsstaaten darauf achten, dass die wichtigen Rechtssysteme der Welt vertreten sind, also auch dass eine gerechte geographische Verteilung und eine ausgewogene Vertretung weiblicher und männlicher Richter gewährleistet ist.

Die Richter sind zur Sicherung einer umfassenden Selbstkontrolle auf drei Kammern verteilt: eine Vorverfahrenskammer, eine Hauptverfahrenskammer und eine Berufungskammer. Unter den Kammern sticht die Vorverfahrenskammer hervor. Ihre Aufgabe ist es, die Ermittlungstätigkeit des Anklägers auf ihre Schlüssigkeit hin zu überprüfen und auf diese Weise eine politische Motivation des Anklägers auszuschließen.

»Wer bezahlt, bestimmt«?: Die Finanzierung des IStGH
Ein wichtiger Punkt bei der Frage nach der Unabhängigkeit einer Institution ist ihre Finanzierung. Im Falle des Gerichtshofs speist sie sich aus drei Quellen: erstens aus (unterschiedlich hohen) Beiträgen der Vertragsstaaten, zweitens aus Mitteln der Vereinten Nationen und schließlich aus freiwilligen Zuwendungen Dritter. Die letztgenannten Beiträge müssen mit der Natur und den Funktionen des Gerichtshofs im Einklang stehen; was darunter zu verstehen ist, muss die Staatenversammlung, die jährlich stattfindende Versammlung aller Vertragsstaaten, allerdings noch beschließen. Es ist jedoch klar, dass sie von Regierungen, internationalen Organisationen, Einzelpersonen, Unternehmen und jeder sonstigen Einrichtung geleistet werden dürfen. Über die Finanzen des Gerichtshofs wacht im Übrigen ein unabhängiger Rechnungsprüfer.

Das Prozedere des IStGH

Wann nun wird der Internationale Strafgerichtshof aktiv? Zunächst einmal darf der Gerichtshof keine Staaten oder Organisationen, sondern nur Personen anklagen, und zwar unabhängig von ihrem Amt oder ihrer Stellung in Staat oder Gesellschaft. Das können ehemalige oder sogar amtierende Staats- oder Regierungschefs sein, Außenminister oder militärische Befehlshaber, aber auch Anführer von Rebellengruppen oder anderweitig organisierter Opposition gegen die Staatsgewalt. Eines besonderen Auftrags der Staatenversammlung oder anderer Stellen, tätig zu werden, bedarf es nicht. Kommt der Ankläger des Gerichtshofs in einer bestimmten Situation zu der Überzeugung, dass ausreichende Anhaltspunkte dafür vorliegen, dass eines der vom Gerichtshof verfolgten Verbrechen verübt wurde, ist er befugt, von sich aus Ermittlungen aufzunehmen. Zusätzlich muss er allerdings den Eindruck haben, dass der Staat, auf dessen Territorium die Verbrechen begangen wurden beziehungsweise dessen Staatsbürger die Verbrechen begangen haben, nicht willens oder fähig ist, diese Verbrechen strafrechtlich zu ahnden. Denn es ist und bleibt zuallererst Aufgabe dieses Staates, strafrechtlich aktiv zu werden.

Die Straftatbestände

Der Gerichtshof verfolgt nur die »schwersten Verbrechen, die die internationale Gemeinschaft als Ganzes berühren«. Das sind Völkermord, Kriegsverbrechen, Verbrechen gegen die Menschlichkeit sowie, mit Einschränkungen, das Verbrechen des kriegerischen Angriffs, auch »Aggression« genannt.

- *Völkermord* wird als Absicht definiert, eine nationale, ethnische, rassische oder religiöse Gruppe ganz oder teilweise zu zerstören. Dieses Ziel kann sowohl durch die Tötung von Mitgliedern dieser Gruppe verwirklicht werden als auch durch die Auferlegung von unmenschlichen Lebensbedingungen, durch erzwungene Abtreibungen oder durch die gewaltsame Überführung von

262

Kindern aus der betroffenen Bevölkerungsgruppe in eine andere Bevölkerungsgruppe.

- *Kriegsverbrechen* werden Verbrechen genannt, deren Begehung gegen die vier sogenannten Genfer Konventionen aus dem Jahre 1949 und ihre zwei Zusatzprotokolle aus dem Jahre 1977 verstoßen. Diese verbieten unter anderem jegliche Form von Folter oder unmenschlicher Behandlung, vorsätzliche militärische Angriffe auf die Zivilbevölkerung oder auf zivile Objekte wie Wohnstätten, Schulen oder Krankenhäuser, aber auch Angriffe, die zwar gegen militärische Objekte gerichtet sind, bei denen der Angreifende jedoch weiß, dass dieser Angriff Verluste an unbeteiligten Zivilisten oder Beschädigungen an zivilen Objekten mit sich bringen wird, die in keinem Verhältnis zu dem verfolgten militärischen Ziel stehen. Sie verbieten des Weiteren zum Beispiel das vorsätzliche Aushungern von Zivilpersonen als Methode der Kriegsführung oder die Zwangsverpflichtung von Kindern unter fünfzehn Jahren in die nationalen Streitkräfte. Kriegsverbrechen können nur im Rahmen eines kriegerischen Konflikts begangen werden.

- Die *Verbrechen gegen die Menschlichkeit* umfassen dagegen Verbrechen, die ein Staat im Rahmen eines ausgedehnten oder systematischen Angriffs gegen die Zivilbevölkerung ausführt, um seine Politik durchzusetzen. Verboten sind unter anderem vorsätzliche Tötung, Versklavung, Folter, Vergewaltigung, erzwungene Schwangerschaften, Vertreibung ganzer Bevölkerungsgruppen oder das zwangsweise »Verschwindenlassen« von Personen.

- Auf eine Definition des *Verbrechens der Aggression* hat sich die jährlich stattfindende Versammlung der Vertragsstaaten des Römischen Statuts bisher nicht einigen können. Ob die ausgesprochen kontroversen Standpunkte, wann eine auf die territoriale Unversehrtheit oder die politische Unabhängigkeit eines Staates gerichtete oder sonst mit den Zielen der Vereinten Nationen unvereinbare Androhung oder Anwendung von Gewalt durch einen anderen Staat vorliegt, in absehbarer Zeit eine Einigung gestatten, ist zweifelhaft. Solange jedoch keine Definition verabschiedet wird, kann der Internationale Gerichtshof dieses Verbrechen nicht verfolgen.

Die völkerrechtlich anerkannten Grundsätze eines ordnungsgemäßen Verfahrens, wie die richterliche Unabhängigkeit in der Beweiswürdigung und Urteilsfindung oder die sogenannte Unschuldsvermutung, also die Vermutung, dass der Angeklagte unschuldig ist, bis das Gegenteil bewiesen wurde, gelten auch vor dem Internationalen Strafgerichtshof.

Die ersten Schritte des neuen Gerichtshofs

Im November 2007 hat es eine erste mündliche Anhörung vor der Vorverfahrenskammer gegeben. Sie beruhte auf einer Anklage wegen Kriegsverbrechen, begangen durch Thomas Lubanga Dyilo, Gründer und Führer der bewaffneten Milizen »Union des Patriotes Congolais« und »Forces patriotiques pour la libération du Congo« in der Demokratischen Republik Kongo. Ihm wird vorgeworfen, zwischen Juli 2002 und Dezember 2003 Kinder unter 15 Jahren zwangsrekrutiert und in kriegerischen Auseinandersetzungen eingesetzt zu haben. Der Angeschuldigte sitzt zur Zeit in Untersuchungshaft in einer Haftanstalt in Den Haag, dem Sitz des Gerichtshofs.

Die Verhandlung vor der Vorverfahrenskammer dient dazu, zusätzlich zu dem Ankläger drei Richter darüber befinden zu lassen, ob der dringende Verdacht besteht, dass der Angeschuldigte das ihm zur Last gelegte Verbrechen begangen hat – wie erwähnt, eines der Mittel zur Sicherung der Unabhängigkeit des Gerichtshofs. Der Ankläger legt also der Kammer seine Anklagepunkte sowie Beweismittel vor. Die Richter räumen daraufhin dem Angeschuldigten die Möglichkeit ein, sich gegen die vom Ankläger erhobenen Vorwürfe zur Wehr zu setzen. Er kann Einwendungen gegen die

Anklagepunkte sowie seinerseits Beweise für seine Unschuld vorbringen. Befindet die Vorverfahrenskammer, dass den Ausführungen des Anklägers zu folgen ist, wird sie für die Eröffnung eines Hauptverfahrens stimmen. Wenn sie die Ausführungen des Anklägers nicht überzeugen, kann sie den Ankläger auffordern, weitere Beweise zu erbringen. Sie kann aber auch nur einzelne Anklagepunkte ablehnen.

Opfer und Zeugen vor Gericht

Eine geradezu revolutionäre Neuheit in der internationalen Strafrechtspflege sind die Bemühungen des Gerichtshofs um die Verbrechensopfer und -zeugen. Eine seiner Abteilungen ist nur dafür da, eine umfassende und effektive Teilnahme von Zeugen an den Verfahren zu gewährleisten. Hierzu gehört, wenn nötig, die Aufnahme in ein Zeugenschutzprogramm. Die Erfahrungen der beiden Straftribunale für das Gebiet des ehemaligen Jugoslawien und für Ruanda haben gezeigt, wie wichtig es ist, dafür zu sorgen, dass Zeugen ausreichenden Schutz und ausreichenden rechtlichen Rat zur Seite haben, um eine umfassende Aufarbeitung des Geschehenen zu ermöglichen. Außerdem können Opfer eine finanzielle Wiedergutmachung erhalten, falls der Angeklagte verurteilt wird. Für Letzteres ist eigens ein Fonds eingerichtet worden, der sich aus Geldstrafen oder Einziehungen der erlangten Gelder des Verurteilten und aus freiwilligen staatlichen und privaten Zuwendungen speist.

Der IStGH: Was bleibt zu tun?

Es gibt trotz aller Fortschritte in der internationalen Strafrechtspflege auch zukünftig Verbesserungsbedarf. So bemängeln Befürworter des Gerichtshofs den Kompromisscharakter vieler Bestimmungen des Römischen Statuts. Durch ihn soll gewährleistet werden, dass sich möglichst viele Staaten politisch in der Lage sehen, dem Statut beizutreten. Dadurch bleiben jedoch einige Bestimmungen hinter bereits bestehenden internationalen rechtlichen Standards zurück.

Befehl und Gehorsam als Rechtfertigung?

So darf etwa unter dem Statut ein Militärangehöriger seine Tat damit rechtfertigen, dass er auf Befehl gehandelt habe und er auch nicht gewusst habe, dass die Tat rechtswidrig war. Diese Rechtfertigung kann zwar nicht vorgebracht werden, wenn die Tat offensichtlich rechtswidrig war, wovon bei Völkermord und Verbrechen gegen die Menschlichkeit immer ausgegangen wird. Bei der Verfolgung von Kriegsverbrechen aber kann sich der Nachweis der Kenntnis von der Rechtswidrigkeit des Handelns durchaus als schwierig erweisen. Die beiden Strafrechtstribunale für das ehemalige Jugoslawien und für Ruanda verneinen daher einen solchen Rechtfertigungsgrund. Sie überlassen es stattdessen den Richtern, die schwierige Lage des Befehlsempfängers bei der Strafmaßfindung zu berücksichtigen, »wenn es die Gerechtigkeit erfordert«. Schließlich wird sich der Gerichtshof nicht mit der Verantwortlichkeit von einfachen Militärangehörigen oder Rebellen beschäftigen, die die rechtliche Dimension ihres Handelns nicht zu überblicken vermögen, sondern nur mit Personen, denen mutmaßlich ein hohes Maß an Verantwortlichkeit bei der Begehung der Verbrechen zukam und von denen kaum zu erwarten ist, dass sie nicht um die Verbote wussten.

Politik statt Justiz? – Die Rolle des Sicherheitsrates

Als problematisch wird auch gesehen, dass der Sicherheitsrat der Vereinten Nationen durch ein entsprechendes Ersuchen sowohl Ermittlungen wie auch die Strafverfolgung durch den Gerichtshof für die Dauer von zwölf Monaten und länger unterbrechen kann. Die Voraussetzung für ein solches Dazwischentreten des Sicherheitsrates ist zwar, dass durch die Unterbrechung des Strafverfahrens ein Konflikt, der den Weltfrieden bedroht, möglicherweise eine Befriedung erfährt. Dennoch liegt die Entscheidung, ob Ermittlungen aufgenommen werden sollen oder nicht, auf diese Weise nicht mehr allein in der Hand des Gerichtshofs – eine klare Einschränkung seiner Unabhängigkeit.

Der US-amerikanische Sonderweg

In praktischer Hinsicht wiederum stellt es ein großes Problem dar, dass noch bei Weitem nicht alle Staaten dem Römischen Statut beigetreten sind und vor allem die USA ausdrücklich gegen ihn opponieren. Bei ihnen ist die Angst groß, dass der Internationale Strafgerichtshof dazu missbraucht werden könnte, ihre politische Souveränität zu beeinträchtigen. Insbesondere die USA fürchten, dass ihre Staatsangehörigen wegen des Einsatzes auf fremdem Staatsgebiet vor dem Gerichtshof zur Rechenschaft gezogen werden könnten. Aus diesem Grund verhandeln sie mit einer wachsenden Anzahl von Staaten Abkommen, in denen vereinbart wird, US-amerikanische Staatsbürger, die wegen Völkermordes, Kriegsverbrechen oder Verbrechen gegen die Menschlichkeit auf dem Gebiet eines Vertragsstaates angeklagt sind, nicht an den Gerichtshof auszuliefern. Andernfalls drohen die USA mit dem Abbruch jeglicher militärischer Unterstützung. Doch haben sich die Vertragsstaaten des Römischen Statuts mit ihrer Ratifizierung zur Auslieferung von Verdächtigen unabhängig von ihrer Staatsangehörigkeit verpflichtet. Sie begehen mit dem Abschluss eines solchen Nichtauslieferungsabkommens mit den USA also einen Vertragsbruch. Hierin zeigt sich einer der Schwachpunkte des Internationalen Gerichtshofs – er ist mangels eigener Vollstreckungsorgane auf die enge Zusammenarbeit mit seinen Vertragsstaaten angewiesen, ob es sich um die Festnahme und Auslieferung von gesuchten Personen handelt oder um die Unterstützung bei den Ermittlungstätigkeiten, die sich als besonders schwierig erweisen, wenn auf dem Gebiet, auf dem ermittelt werden soll, noch immer Konflikte ausgetragen werden.

Das Ende vom Lied ...?

Manche behaupten, der Internationale Strafgerichtshof sei die wichtigste institutionelle Neuerung auf internationaler Ebene seit der Gründung der Vereinten Nationen im Jahre 1945. Diese Behauptung ist nicht zu hoch gegriffen. Der Internationale Strafgerichtshof ist ein Zeichen dafür, dass sich ein Bewusstseinswandel vollzieht.

Mit der Errichtung des Gerichtshofs ist jedoch noch lange nicht alles Wünschenswerte erreicht. Schon aus Kapazitätsgründen werden nur wenige Täter vor ihm angeklagt werden können. Die Hauptarbeit der strafrechtlichen Aufarbeitung von Konflikten bleibt in der Verantwortung nationaler Gerichte. Hier fehlen aber vielfach noch ausreichende rechtliche und institutionelle Grundlagen. Gleichzeitig wird es noch großer Bemühungen bedürfen, damit der Internationale Strafgerichtshof auch wirklich international wird und eine universelle Strafgerichtsbarkeit ausüben kann. Zu viele Staaten, die in kriegerische oder anderweitig konfliktreiche Auseinandersetzungen verwickelt sind, sind bisher nicht Vertragsstaaten geworden. Vor allem mächtige Staaten wie China, Russland, Indien und eben die USA werden kaum zu einem Beitritt zu bewegen sein. Die Glaubwürdigkeit des Gerichtshofs wird jedoch auf Dauer leiden, wenn sich die Verfolgungstätigkeit vor allem auf den afrikanischen Kontinent beschränkt.

Auch bei einem weiteren äußerst sensiblen Thema wird sich zeigen, wie weit der Wille zur Verbindlichkeit bei der Schaffung des Internationalen Strafgerichtshofs tatsächlich geht. Denn es herrscht ja immer Krieg, irgendwo auf der Welt. Und irgendjemand hat ihn begonnen. Bislang muss sich der Gerichtshof damit begnügen, die Übereinstimmung der Kriegsführung mit dem geltenden internationalen Kriegsrecht zu überprüfen. Eine Anklage wegen Aggression war aber wegen einer fehlenden Definition derselben nicht möglich. Die Vertragsstaaten haben ihren guten Willen geäußert, das zu ändern. Ob dem Taten folgen, bleibt abzuwarten.

DIETER SCHENK

Der beste Freund der Schwarzen ist der Mensch

(Südafrikanisches Sprichwort)

Pretoria, im August 1981:

Die Bekanntschaft mit Daniel Nicholson verdanke ich Sarah McGregor, der Englischlehrerin in einer Junior Primary School in Soweto.

»Er erwartet dich mit seinem Auto Ecke Meintjies-/Schoemanstreet in Pretoria, ganz in der Nähe des Caledonian Sportsground. Ich habe ihm von dir erzählt, und er wird dir erklären, was Apartheid in diesem Land bedeutet.«

Ich erfahre von Sarah, dass man Daniel an der Universität Kapstadt exmatrikuliert hat, weil er dort einer der farbigen Studentenführer war und sich nach Meinung der Apartheidvertreter bei einer Untersuchung über die Situation der städtischen Schwarzen zu weit vorgewagt hat.

»Die Resultate haben der Regierung nicht gepasst«, sagt Daniel zwei Stunden später. »Noch Anfang 1980 hat eine Meinungsumfrage ergeben, dass 61 Prozent der städtischen Schwarzen die Reformpolitik des Premiers Botha begrüßen. Aber das Bild hat sich heute, ein Jahr später, gewandelt.«

»In welcher Form?«, will ich wissen.

»Die Reformen sind nur kosmetische Retuschen, an den Essentials ändert sich nichts. Hauptmerkmale der farbigen Bevölkerung sind Ziellosigkeit, Resignation und Zynismus mit einer immer größer werdenden Tendenz zur Radikalität.«

Tief saugt er den Rauch seiner Zigarette ein. Lebendige Augen unter einer hohen Stirn, sprechende Hände, die seine Worte unterstreichen; er hat mich wie einen Freund begrüßt.

»Frau McGregor ist die Lehrerin meines jüngsten Bruders, ich mag sie sehr. Es gehört inzwischen Mut dazu, als weiße Frau Lehrerin in Soweto zu sein. Niemand ist in der Lage, das gegenwärtige Ausmaß des Weißenhasses in Soweto zu beurteilen.«

Ich erinnere mich, was Sarah weiter über Daniel gesagt hatte: »Er ist ein Zulu und Anhänger von Buthelezi, dem Ministerpräsidenten von Kwa Zulu. Die intellektuelle Jugend unter den Einheimischen verachtet Buthelezi, weil er innerhalb der Grenzen des Systems arbeitet, aber Daniel denkt darüber anders.«

Ich spreche ihn darauf an.

»Ich finde es richtig, dass Buthelezi gegen Gewalt ist und im System gegen das System arbeitet, um die Apartheid zu überwinden.«

Daniel hat den Motor angelassen, der alte Peugeot biegt in die Schoemanstreet ein. Ich erzähle ihm, wie mir Südafrika in den wenigen Tagen Aufenthalt begegnet ist: »Ein Land, wo vor dem Hotel, das man nach 18 Uhr in Jeans nicht mehr betreten darf, ein »Mohr« mit schwarzem Zylinder unterwürfige Verbeugungen zelebriert, wo das Zimmermädchen, dem man ein Trinkgeld gibt, einen Knicks macht, in dessen Fernsehen man jeden Tag das Wort zum Sonntag hört, dessen christliche Nächstenliebe aber so aussieht, dass der schwarze Notfall in einem weißen Krankenhaus nicht aufgenommen wird.«

In Daniels ruhigem Blick liegen Verständnis und Übereinstimmung. »Ich habe gesagt, dass ich gegen Gewalt bin. Ich habe nicht von meinem Hass und meiner Verbitterung gesprochen, nicht davon, wie vier Millionen Weiße 20 Millionen Nichtweiße demütigen, nicht von der Negation der Menschlichkeit, nicht von der Gewalt des Stärkeren, die Herrschaft und Privilegien sichert, nicht von dem zynischen Herstellen und Ausnutzen gesellschaftlicher Unterschiede zugunsten der weißen Minderheit.«

Mir kommt Sartres Vorwort zu Frantz Fanons Buch »Die Ver-
dammten dieser Erde« in den Sinn. »Denn es ist zunächst nicht ihre,
der Schwarzen Gewalt, sondern unsere, die in ihnen anwächst.«

Ich zitiere den Satz und frage Daniel, was er davon hält.

»Ich lehne Gewalt generell ab, erstens weil ich überzeugter
Christ bin und zweitens wegen der personellen und materiellen
Überlegenheit des weißen Sicherheitsapparats. Die Beispiele der
Vergangenheit haben es doch gezeigt: Jeder Widerstand endet in
einem Blutvergießen und wir Schwarzen sind die Opfer.«

Daniel steuert das Auto am Caledonian Sportsground vorbei und
deutet auf das Arcadia-Stadion. »Sport und Kirche haben eine über-
ragende Bedeutung im gesellschaftlichen Leben Südafrikas. Der internationale Boykott des südafrikanischen Sports trifft die Weißen
an einer sehr empfindlichen Stelle. In diesem Stadion darf keine
schwarze Mannschaft spielen, man will keine schwarzen Zuschauer
in der Stadt haben. Immerhin, es gibt auch gemischte Mannschaf-
ten, aber können Sie sich vorstellen, dass sich Schwarze und Weiße
nach einem gemeinsamen Wettkampf nicht zusammensetzen dürfen, um ein Glas Bier zu trinken? Das verbietet der *Liquor Act*.«

Es ist ein Tag mit Bilderbuchwetter. Strahlend blauer Himmel
und trotz des afrikanischen Winters lässt die Sonne das Thermo-
meter auf über zwanzig Grad klettern.

Wir fahren durch die gepflegten, sauberen Straßen Pretorias.
Geschäftiges Innenstadtleben, das sich kaum von Hamburg oder
München unterscheidet.

Farbige sieht man zu dieser Zeit im Stadtbild nur selten. Daniel
zeigt mir im Burgerspark die getrennten Toiletten für Schwarze
und Weiße und die ausschließlich nur Schwarzen zugewiesenen
Taxis und Busse.

Ich werde an meinen Besuch in Durban erinnert, wo der Strand
in Abschnitte für Schwarze, Farbige, Inder und Weiße eingeteilt ist.

Daniel meint, das sei doch alles noch harmlos. Apartheid bedeute mehr, als nicht auf einer Bank sitzen zu dürfen. »Zum Beispiel

meine Schwester Cheryl. Sie arbeitet als Hausangestellte bei einem südafrikanischen Bankdirektor und hat in dessen Haus in Johannesburg ein Zimmer. Ihr Ehemann ist als Gärtner beim Viktoria-Hotel in derselben Stadt beschäftigt und wohnt im Bedienstetenhaus. Meinen Sie, die beiden könnten zusammenziehen, was die selbstverständlichste Sache der Welt wäre? Sie lebt in der Brucestreet und er in der Fraserstreet, etwa sechs Kilometer auseinander, aber einen gemeinsamen Hausstand dürfen sie nicht gründen. Das verbietet der *Group Area Act*.

In zwei Monaten kommt ihr Baby auf die Welt. Cheryl darf ihr Baby nur sechs Monate lang behalten, dann muss sie es in ein Homeland geben oder selbst mit dem Kind in ein Homeland ziehen, also ihre Arbeitsstelle aufgeben. Das bestimmt auch der *Group Area Act*.«

»Was wird sie tun?«

»Sie kann es sich nicht leisten, ihren Job aufzugeben.«

»Sie muss das Baby wirklich abgeben?«, frage ich ungläubig.

»Das schwarze Baby hat keine Wohnerlaubnis im weißen Wohngebiet.«

Ich will genauer wissen, was *Group Area Act* bedeutet.

»*Group Area Act*«, sagt Daniel, »das ist neben den Passgesetzen das größte Disziplinierungs- und Kriminalisierungsinstrument der Weißen. Sie beanspruchen 87 Prozent des Landes für sich, obwohl sie nicht einmal 15 Prozent der Gesamtbevölkerung bilden. *Group Area Act*, darunter versteht man die Internierung von Schwarzen in Vorstädten, den sogenannten Townships. *Group Area Act,* das bedeutet die zwangsweise Umsiedlung von Abertausenden aus dem weißen Wohn- und Wirtschaftsgebiet in sogenannte Homelands.«

Wie Daniel berichtet, sind die Homelands hoffnungslos übervölkerte Abladeplätze für Menschen, deren Arbeitskraft nicht gebraucht wird: Frauen, Witwen, Rentner, Kinder, Arbeitslose, Alte. Familien werden auseinandergerissen, die Lebensbedingungen sind katastrophal.

Daniel tritt zornig auf das Gaspedal. »Nach einer Untersuchung der WHO stirbt dort die Hälfte aller Babys vor dem Erreichen des fünften Lebensjahres. Das ist das Schicksal meiner kleinen Nichte! In den Homelands herrscht durch strukturelle Armut, Hunger und Unterernährung eine der größten Sterblichkeitsraten der Welt. Sie nennen die Homelands ›schwarze Nationalstaaten‹ und zwingen uns deren ›Staatsbürgerschaft‹ auf. Meine Heimat ist Südafrika, aber ich bin nicht mehr Bürger dieses Landes.«

Ich schlage Daniel vor, irgendwo einen Kaffee zu trinken. Er lacht verbittert und macht mich darauf aufmerksam, dass das nicht möglich ist. In den Lokalen besteht Rassentrennung.

»Aus dem Cafe fliegen wir raus. Ich habe hier keine Rechte, ich darf hier nur arbeiten – als Buchdrucker, nachdem man mich nicht mehr studieren lässt. Ich bin einer von Millionen sogenannter Wanderarbeiter, deren Familien 600 Kilometer entfernt ohne Söhne und Väter in einem Homeland vegetieren.«

Vergleiche drängen sich mir auf: internierte Fremdarbeiter, die Hitler zwangsdeponieren ließ, oder KZ-Häftlinge, die in unterirdischen Anlagen der Rüstungsindustrie arbeiten mussten.

»Das schwarze Menschenleben zählt nicht viel. Man erschießt uns, foltert uns zu Tode, lässt uns verhungern oder erfrieren. Hier, lesen Sie, was sich in den letzten Tagen in Kapstadt ereignet hat.«

Er deutet auf die *Rand Daily Mail*, die auf der Mittelkonsole des Autos liegt. Ich überfliege den Artikel. Er ist überschrieben mit »Brutal und inhuman« und schildert, dass die Provinzregierung der Kapstädter Townships Nyanga und Langa zum »weißen Gebiet« erklärt hat. Dort leben schätzungsweise 2500 bis 4000 Schwarze, die sich weigern, das Gebiet zu verlassen. In einer Nacht- und Nebelaktion führten starke Polizeikräfte mit Hunden und Tränengas eine Razzia durch und ließen alle Hütten und Wohnbaracken von Bulldozern niederwalzen. Obdachlos standen die Menschen, darunter viele Frauen und Kleinkinder, in der kalten, regnerischen Winternacht. Sie ließen alle Maßnahmen über sich ergehen, tanzten und beteten und sangen: »Some people say, we are not people, but on this earth we are all God's people.«

»Das ist südafrikanische Wirklichkeit«, bemerkt Daniel, als ich voller Abscheu die Zeitung sinken lasse.

Wir fahren wieder stadteinwärts. In Pretoria haben sich die Straßen mit schwarzen Arbeitern belebt, einige Firmen scheinen die Nachmittagsschicht beendet zu haben. Ordentlich aufgereiht in einer Schlange wartend, stehen sie an einer Bushaltestelle, wirken ernst und bedrückt, um in einem Bus, den noch nie ein Weißer betreten hat, in das schwarze Mamelodi transportiert zu werden. Andere eilen zum Bahnhof, hastigen Schrittes und scheu, so als seien sie auf der Flucht aus der weißen Gegend, wo sie nicht geduldet werden, und mit der deprimierenden Konsequenz, auch am Ziel ihrer Fahrt nicht zu Hause zu sein.

Ich habe öfter von Weißen das Argument gehört, den südafrikanischen Schwarzen gehe es im Unterschied zu den Bewohnern anderer afrikanischer Staaten ökonomisch viel besser. Was das Pro-Kopf-Einkommen betrifft, ist das zwar richtig, aber das schlechte Gewissen kann diese Tatsache keineswegs beruhigen. Die Menschen im Sudan, im Tschad oder in Niger leben in Armut, können aber bis zu einem gewissen Grad ihr Dasein selbstverantwortlich gestalten, haben nicht Lebensmut, Optimismus und Freude gänzlich verloren. Dagegen legt der leere Gesichtsausdruck der Schwarzen in Südafrika ein beredtes Zeugnis davon ab, wie tief sich die Spuren des Apartheidregimes eingegraben haben, wie depressiv die Grundstimmung einer geduldeten Schicht ist, die nur ihre Arbeitskraft zur Verfügung stellen und sich der sozialen Umgebung nicht zugehörig fühlen darf.

Daniel errät meine Gedanken, als wir durch einen Verkehrsstau in Höhe einer Bushaltestelle zum Stehen kommen.

»Viele von uns sind in ihrer persönlichen und geistigen Entwicklung manchmal um Jahrzehnte zurück. Das hat allerdings nichts mit Sozialdarwinismus zu tun, wie es die Weißen gerne sehen, sondern hat ganz andere Ursachen: erstens unsere tatsächliche Sozialisation in Großfamilien, die in alten Traditionen verhaftet sind. Zweitens haben uns die Kolonialherren Bildung als fundamentales Menschenrecht bewusst vorenthalten, um uns auf dem Niveau von Hilfsarbeitern und Hausangestellten zu halten. Schließlich hat man uns drittens von Geburt an deutlich fühlen lassen, dass wir Menschen zweiter Klasse sind, was unser Rollenverhalten prägt.«

Daniel holt sein *Reference Book* aus der Brieftasche und zeigt mir diesen Pass der Schwarzen, in dem ihnen Arbeit, Aufenthaltsort, Steuern, Verbote und Gebote vorgeschrieben werden.

»Wir sind der einzige Staat der Welt, der den Rassismus in dieser Form legalisiert hat. Ein engmaschiges Netz von 300 Bantu-Gesetzen schränkt unser Leben von Geburt bis zum Tode ein. Zu den Schlimmsten gehören die Passgesetze, gegen die seit 1945 über zwölf Millionen Menschen verstoßen haben. Wir werden systematisch kriminalisiert, verurteilt, registriert. Auch ich bin nicht in der Lage, alle Restriktionen zu kennen, sodass man jedem von uns jederzeit eine Gesetzesübertretung nachweisen kann. Wer Weißer, Farbiger, Inder oder Schwarzer ist, bestimmt eine Klassifizierungs-Kommission im Innenministerium. Ausgerechnet die Israelis, die unter Rassenverfolgung am meisten zu leiden hatten, sind der beste Freund dieses Apartheidstaates. Das begreife, wer will.«

Vergleiche zum Dritten Reich drängen sich mir erneut auf. Vieles könnte wörtlich aus den Nürnbergern Rassengesetzen übernommen sein: Eheschließung mit Juden / *Marriage Act;* Geschlechtsverkehr mit »Fremdvölkischen« / *Immorality Act;* Berufsverbote / *Job Reservation Act;* Bücherverbrennungen / Verbote von Publikationen; Rasse- und Siedlungshauptamt / SABRA, das südafrikanische Büro für Rassenfragen. Der Führungsanspruch der Buren, ihre Ideologie, entspricht bis ins Detail der Herrenmenschentheorie. So ist es denn auch nicht verwunderlich, dass sich die Afrikaaner Weerstands Beweging (AWB), eine paramilitärische Gruppe mit Nazisymbolen, gebildet hat.

»Wenn ich ein alter Nazi wäre«, sagt Daniel, »dann könnte ich mich in Südafrika verdammt wohl fühlen.«

Ich verstumme und hänge trüben Gedanken nach. Auch Daniel scheint traurig zu sein. Jetzt fahren wir in der Pretoriusstreet am COMPOL-Building, dem Polizeipräsidium, vorbei.

»Einzig das Polizeimuseum ist in diesem Hochhaus harmlos«, sagt Daniel sarkastisch, »ich kenne mich hier aus. Etwa zwanzig Festnahmen in den letzten Jahren reichen aus.« Er deutet auf Narben an seinen Handgelenken, die von überstarken Fesselungen herrühren. »Verhaftung, Schläge, kein Rechtsanwalt, keine Benachrichtigung von Angehörigen, unbegrenzte Verhöre, wieder Schläge, Einzelhaft, schließlich Entlassung, weder Gerichtsverhandlung noch Verurteilung, ich wüsste auch nicht, wofür. Die schwarzen Polizisten behandeln die Schwarzen oft schlimmer als die weißen Polizisten. Am gefürchtetsten ist die Security Police, die für die Verfolgung sogenannter politischer Straftaten zuständig ist. Und der Geheimdienst BOSS – jetzt haben sie ihn in *National Intelligence Service* (NIS) umgetauft – hat ein ungeheueres Informantennetz aufgebaut, das nach dem Nazi-Blockwartsystem funktioniert. In den Gefängnissen sterben immer wieder Oppositionelle an den Folterungen. Nur spektakuläre Fälle, wie der von Steve Biko, gelangen an die Öffentlichkeit. Weiße werden dagegen mit Samthandschuhen angefasst. Bester Beweis ist die Todesstrafe. Ich habe darüber an der Uni Kapstadt eine Dokumentation erstellt. Seit 1910 wurden 2740 Personen gehenkt, weniger als hundert davon waren Weiße. Bei Vergewaltigung erwartet den Schwarzen immer die Todesstrafe, den Weißen niemals.«

Ich bitte Daniel, mit mir nach Soweto zu fahren. Während der Fahrt über die Autobahn nach Johannesburg erzählt er mir von seinem Freund Alan Clark, der als Studentenführer gebannt worden sei, eine Maßnahme, die dazu dient, Oppositionelle mundtot zu machen. »We put him in just to cool off« (»Wir lochen ihn ein, damit er ruhiger wird«), sei die Begründung eines Brigadiers für

58 Tage Vorbeugehaft gewesen, danach sei der Bannbefehl gekommen: Auf fünf Jahre darf er nicht mit mehr als einer Person gleichzeitig zusammen sein, den Wohnort nicht verlassen, keine Publikationen, keine Reden, nichts darf von ihm zitiert werden, Post und Telefon werden überwacht. In den letzten dreißig Jahren habe man 1400 Südafrikaner auf diese Weise zum Schweigen gebracht. »Bei der letzten Festnahme haben sie auch mir diese Maßnahme angedroht.«

Szenenwechsel: Township Soweto. Die deprimierende Wirkung dieser Johannesburger Vorstadt, die an die perfekt-unmenschliche Ordnung deutscher Konzentrationslager erinnert, stülpt sich über mich. Eine unübersehbare, schmutzig-staubige, rotbraune Fläche mit Abertausenden von kleinen, ungepflegten Häuschen. Internierungslager für 860000 erfasste und 1,2 Millionen geschätzte schwarze Bewohner, die als Arbeitnehmer dort leben müssen und als Menschen keine Freizügigkeit genießen dürfen.

Soweto – das bedeutet fünfzehn Morde pro Woche.

Soweto – in der Weltöffentlichkeit bekannt für gnadenloses Vorgehen der Polizei, die auf demonstrierende Kinder und Schüler schoss, 600 von ihnen tötete und der ein offizieller Untersuchungsbericht bescheinigte, sich »einwandfrei« verhalten zu haben.

Soweto – das steht für das fehlende soziale Gewissen der Verantwortlichen, unterschiedliche Löhne für schwarze und weiße Arbeitnehmer, zehnfach höhere Aufwendungen für ein weißes gegenüber einem schwarzen Schulkind.

Soweto – die Stadt der 300 Kirchen, aber der fehlenden Elektrizität und sanitären Einrichtungen.

Soweto – eine Stadt, die nach Meinung der offiziellen Touristikinformation *Afrika Mosaik* einen erstklassigen Lebensstandard bietet.

Soweto – das ist die Grenze der persönlichen Leidensfähigkeit und die Keimzelle des zukünftigen Widerstandes, wenn sich farbige Menschen nicht mehr damit abspeisen lassen, dass sie den gleichen Postschalter wie die Weißen benutzen dürfen.

KEN SARO-WIWA

Schlusswort

vor dem vom Militär eingesetzten Sondertribunal in Port Harcourt, Rivers State, Nigeria

Euer Ehren,

wir alle stehen vor der Geschichte. Ich bin ein Mann des Friedens, der Ideen. Voller Entsetzen über die erniedrigende Armut meines Volkes, das auf einem reichen Land lebt, voller Sorge über seine politische Marginalisierung und wirtschaftliche Strangulierung, voller Empörung über die Zerstörung seines Landes, seines höchsten Erbes, bestrebt, sein Recht auf Leben und anständige Lebensbedingungen zu bewahren, und entschlossen, dieses Land als Ganzes in ein gerechtes und faires demokratisches System zu überführen, das jeden Einzelnen und jede ethnische Gruppe schützt und uns allen einen Rechtsanspruch auf menschliche Zivilisation gibt, habe ich meine geistigen und materiellen Mittel, ja, mein Leben, einer Sache geweiht, an die ich uneingeschränkt glaube und vor der ich mich weder durch Erpressung noch durch Einschüchterung abbringen lasse. Ich zweifele nicht im Mindesten, dass meiner Sache letzten Endes Erfolg beschieden ist, ganz gleich, welche Prüfungen und Leiden mir und all jenen, die mit mir daran glauben, auf unserem Weg auch bevorstehen mögen. Weder Gefängnis noch Tod können unseren Sieg letzten Endes aufhalten. Ich wiederhole, wir alle stehen vor der Geschichte. Ich und meine Kollegen sind nicht die Einzigen, die hier vor Gericht stehen. Shell steht hier vor Gericht, und es ist nur gut, dass der Konzern durch einen Anwalt vertreten ist, der angeblich als Beobachter fungiert. Diesem Verfahren ist das Unternehmen ausgewichen, aber sein Tag wird sicher kommen, und dann mögen sich die Lehren, die es hier gezogen hat, als nützlich erweisen, denn ich hege keinerlei Zweifel, dass der ökologische Krieg, den der Konzern im Delta führt, eher früher als später zur Untersuchung kommen wird und die Verbrechen des Krieges ordnungsgemäß bestraft werden. Auch das Verbrechen des schmutzigen Krieges dieses Unternehmens gegen das Volk der Ogoni wird seine Strafe erfahren.

Vor Gericht steht auch der Staat Nigeria, seine gegenwärtigen Machthaber und jene, die ihnen helfen. Jeder Staat, der Schwachen und Unterprivilegierten das antun kann, was der Staat Nigeria den Ogoni angetan hat, verliert seinen Anspruch auf Unabhängigkeit und Nichteinmischung von außen. Ich gehörte nicht zu jenen, die vor Protesten gegen Ungerechtigkeit und Unterdrückung mit dem Argument zurückschrecken, dass damit in einem Militärregime zu rechnen ist. Das Militär handelt nicht allein. Es wird unterstützt von einer Schar von Politikern, Anwälten, Richtern, Akademikern und Geschäftsleuten, die sich alle hinter der Behauptung verstecken, sie täten lediglich ihre Pflicht, von Männern und Frauen, die zuviel Angst haben, den Urin aus ihren Unterhosen zu waschen. Wir alle stehen vor Gericht, Euer Ehren, denn durch unser Verhalten haben wir unser Land erniedrigt und die Zukunft unserer Kinder gefährdet. In dem Maße, wie wir das Unterdurchschnittliche billigen und zweierlei Maß akzeptieren, in dem Maße, wie wir lügen und offen betrügen, wie wir Ungerechtigkeit und Unterdrückung in Schutz nehmen, leeren wir unsere Klassenzimmer, verschlechtern wir unsere Krankenhäuser, füllen wir unsere Bäuche mit Hunger und machen wir uns aus eigener Entscheidung zu Sklaven all jener, die sich höheren Maßstäben verpflichten, nach Wahrheit streben und Gerechtigkeit, Freiheit und harte Arbeit ehren.

Ich wage die Vorhersage, dass diese Szene hier von Generationen, die noch nicht geboren sind, wieder und wieder gespielt wird. Manche haben sich schon jetzt in die Rolle der Schurken gefügt, manche sind tragische Opfer, manche haben noch eine

Chance, sich zu retten. Die Entscheidung liegt bei jedem Einzelnen.

Ich wage die Vorhersage, dass die Entscheidung in der Frage des Nigerdeltas bald kommen wird. Die Agenda wird bei diesem Prozess festgelegt. Ob die friedlichen Methoden, die ich vorgezogen habe, beibehalten werden, hängt von der Entscheidung des Unterdrückers ab und von den Signalen, die er der wartenden Öffentlichkeit gibt.

In meiner Unschuld bezüglich der falschen Anklagen, denen ich mich hier gegenübersehe, in meiner unerschütterlichen Überzeugung rufe ich das Volk der Ogoni, die Völker des Nigerdeltas und die unterdrückten Minderheiten Nigerias auf, jetzt aufzustehen und furchtlos und friedlich für ihre Rechte zu kämpfen. Die Geschichte ist auf ihrer Seite. Gott ist auf ihrer Seite. Denn der Koran sagt in Sure 42, Vers 42 f: »Und wer sich selber Rache verschafft, nachdem er beleidigt worden ist, der kann nicht mit Recht gestraft werden. Die aber können mit Recht gestraft werden, welche sich gegen andere Menschen frevelhaft betragen und wider Recht auf der Erde stolz und vermessen leben; diese erleiden schwere Strafe.« Möge der Tag kommen.

Anhang

Autorenverzeichnis

Sr. Lea Ackermann, Dr. phil,
geboren 1937 in Völklingen/Saar, 1960 Eintritt in den Orden
»Unserer lieben Frau von Afrika«, Lehrerin in Ruanda, bis 1985
Bildungsreferentin bei Missio, München; 1985–88 Lehrerin in Ke-
nia, Gründung von Solwodi/Kenia; 1988–2004 Gründung von
10 Solwodi-Kontaktstellen mit angegliederten Frauenschutzwoh-
nungen in Deutschland, zahlreiche Fernsehauftritte und Veröffent-
lichungen.

Harald Bauer
geboren 1973 in Göppingen, Mitglied von amnesty international,
lebt und arbeitet als Mathematiker in München.

Osvaldo Bayer
geboren 1927 in Santa Fé/Argentinien, Historiker, Autor, Journalist und Professor für Menschenrechte an der Universität Buenos
Aires; lebt in Linz und Buenos Aires/Argentinien.

Lutz van Dijk
geboren 1955 in Berlin, Studium der Pädagogik und Geschichte,
Dr. phil., mehrfach preisgekrönter Jugend- und Sachbuchautor,
viele Jahre Mitarbeiter der Anne-Frank-Stiftung in Amsterdam, lebt
seit 2001 in Kapstadt als Co-Direktor der Stiftung HOKISA –
Homes for Kids in South Africa.

Reiner Engelmann
geboren 1952 in Völkenroth/Hunsrück, Sozialpädagoge an einer
Schule für Lernbehinderte, Lehrerfortbildungen in den Bereichen

Leseförderung und Gewaltprävention an Schulen, Autor und Herausgeber zahlreicher Anthologien zu gesellschaftlichen Brennpunktthemen, darunter Menschenrechtsthemen, seit 1969 Mitglied bei amnesty international, lebt in Sprendlingen/Rheinhessen.

Liliana Felipe
geboren 1954 in Villa Maria/Argentinien, Pianistin, Schauspielerin, Autorin, lebt in Mexiko-City.

Urs M. Fiechtner
geboren 1955 in Bonn, aufgewachsen in Lateinamerika, verließ die Schule, um Schriftsteller zu werden. 1976 gründete er die interkulturelle *autorengruppe 79* für die Zusammenarbeit zwischen Autoren aus verschiedenen Kulturräumen und die Verbindung von Literatur und Musik. Er schreibt sowohl für Jugendliche wie für Erwachsene, darunter viele Bücher über Menschenrechtsthemen (»Annas Geschichte«, »Geschichten aus dem Niemandsland«). Seit 1970 arbeitet er in Menschenrechtsorganisationen wie amnesty international und initiiert regionale Projekte wie z. B. die Gründung von Behandlungszentren für Folteropfer. Er lebt heute als freiberuflicher Schriftsteller, Herausgeber und Übersetzer für lateinamerikanische Literatur in Langenau bei Ulm.

Hans-Martin Große-Oetringhaus
geboren 1948 im Sauerland, Lehrerstudium, mehrere Jahre Lehrauftrag zur »Pädagogik der 3. Welt«, zahlreiche Studien- und Arbeitsaufenthalte im Ausland, seit 1984 Referent für »Globales Lernen« beim Kinderhilfswerk terre des hommes, seit 1980 Veröffentlichung von Kinder- und Jugendbüchern, später auch Romane und Anthologien für Erwachsene, lebt in Krefeld.

Christine Grunert
Juristin mit dem Spezialgebiet Asyl- und Ausländerrecht. Seit 1998

ist sie Mitarbeiterin im Behandlungszentrum für Folteropfer Ulm, dort koordiniert sie u. a. die Zusammenarbeit an der Schnittstelle von Recht und Gesundheit. Seit 1992 ist sie Mitglied bei amnesty international und arbeitet im Ulmer Bezirk als Referentin für politische Flüchtlinge in der Einzelfallbetreuung und mit Vorträgen. Christine Grunert ist in Berlin geboren und lebt seit vielen Jahren in Ulm.

Thomas Hensgen

geboren 1959, Sprecher der Koordinationsgruppe gegen die Todesstrafe der Sektion der Bundesrepublik Deutschland von amnesty international, Aachen.

Francisco Heredia

geboren 1948 in Córdoba/Argentinien; Autor, Komponist und Musiker, lebt, nach langem Aufenthalt in Mexiko, später in Buenos Aires, heute wieder in der Nähe seiner Geburtsstadt Córdoba.

Mecka Lind

geboren 1942, freiberufliche Schriftstellerin, viele Auszeichnungen, ihre Bücher wurden in mehrere Sprachen übersetzt, lebt in Stockholm.

Dorothea B. Morefield

Mutter von sechs Kindern, hat 1976 ihren Sohn Rick durch einen Mord verloren; lebt im US-Staat Virginia.

Markus Munzer-Dorn

geboren 1955, Komponist und Liedermacher, arbeitete als Schauspielmusiker an verschiedenen Theatern, u. a. in Ingolstadt, Ulm, Karlsruhe und Meiningen. Er ist Kleinkunstpreisträger und Stipendiat der GEMA-Stiftung.

Carolin Philipps
geboren 1954 in Hildesheim, lebt und arbeitet als Lehrerin und Schriftstellerin in Hamburg.

Wiebke Poschmann
geboren 1978 in Jena, Studium der Rechtswissenschaft in Erlangen, Turku/Finnland und Berlin, Mitglied bei amnesty international seit 1994, u.a. in der Fachkommission Jugend und der Sektionskoordinationsgruppe gegen Straflosigkeit, Rechtsreferendarin in Berlin.

Ken Saro-Wiwa
geboren 1941, Schriftsteller, Bürgerrechtler und Umweltschützer, wurde 1995 in einem Gefängnis in Port Harcourt in Ostnigeria auf Befehl des Militärs gehenkt.

Dieter Schenk
geboren 1937, Autor und Journalist, lebt in Schenklengsfeld/Hessen.

Ali Schirasi
geboren 1940 in der Nähe von Teheran, politischer Gefangener sowohl unter dem Schah- als auch unter dem Khomeini-Regime, lebt und schreibt heute in Deutschland.

Bruno Staudenrausch
geboren 1971, Dipl.-Ing. (FH) Elektronik, seit 1998 Mitglied bei amnesty international, lebt in Biberach an der Riß.

Manfred Theisen
geboren 1962, Studium der Deutschen und Englischen Philologie, Politikwissenschaft, Zeitungsvolontariat, zahlreiche Auslandsaufenthalte, schreibt Kinder- und Jugendbücher, lebt in Bonn.

Bernd Thomsen

geboren 1949, Herausgeber und Autor verschiedener völkerrecht-licher Publikationen, Mitglied von amnesty international, lebt und arbeitet als Rechtsanwalt und Notar in Bremen.

Sergio Vesely

geboren 1952 in Santiago de Chile, Autor und Musiker, ehemali-ger politischer Gefangener unter der Militärdiktatur, lebt seit seiner Ausweisung 1976 in der Nähe von Esslingen. Gemeinsam mit U.M. Fiechtner entwickelte er zur Verbindung von Literatur und Musik die heute von vielen nachgeahmte »Konzertlesung«.

Quellenverzeichnis

Lutz van Dijk, »Verdammt starke Liebe«, Auszug aus: Ders., *Verdammt starke Liebe. Die wahre Geschichte von Stefan K. und Willi G.* © 2005 by cbt/cbj Verlag.

Thomas Hensgen, »Wenn der Staat tötet«, Auszug aus: *Wenn der Staat tötet*, Herausgeber: amnesty international, Sektion der Bundesrepublik Deutschland e. V., Koordinationsgruppe gegen die Todesstrafe, Postfach 100215, 52002 Aachen, www.amnesty-todesstrafe.de, todesstrafe@amnesty.de

Dorothea B. Morefield, »Das Leben meines Sohnes war mir zu wichtig«, aus: *Ein Mensch weniger* © 1989 by amnesty international, Bonn.

Ken Saro-Wiwa, »Schlusswort vor dem vom Militär eingesetzten Sondertribunal in Port Harcourt, Rivers State, Nigeria«, aus: Ders., *Flammen der Hölle. Nigeria und Shell – Der schmutzige Krieg gegen die Ogoni* (Rowohlt Taschenbuch 2002) © Ken Saro-Wiwa.

Ali Schirasi, »Lebt wohl, Freunde« aus: Ders., *Lebt wohl, Freunde – Erinnerungen aus dem Ewin-Gefängnis, Iran* © 1995 by Stephanus Edition, Uhldingen.

Reiner Engelmann (Hg.)
Keiner hat was gesehen –
Texte über Gewalt an der Schule

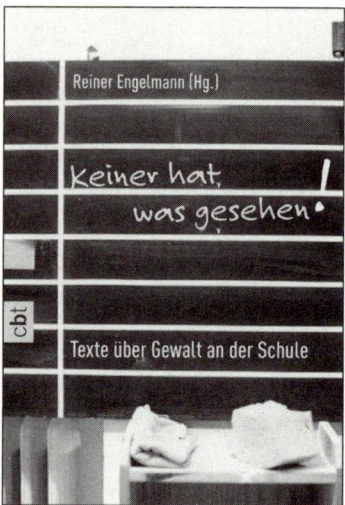

192 Seiten   ISBN 978-3-570-30387-0

Was verursacht Gewalt? Spielen Medien eine Rolle? Wie äußert sich Gewalt an der Schule? Wer sind die Täter, wer die Opfer? Namhafte Autoren wie Nina Schindler, Wolfram Hänel u. a. sowie Fachleute der Stiftung Civil-Courage und des Max-Planck-Instituts für Bildungsforschung beleuchten für Schüler, Lehrer und Eltern das Thema Gewalt in Kurzgeschichten, Reportagen und Sachbeiträgen, die zum Nachdenken, Diskutieren und Handeln auffordern.

www.cbj-verlag.de